RENCONTRES
136

Série *Civilisation médiévale*
dirigée par Richard Trachsler et Estelle Doudet
16

Les Centres de production des manuscrits vernaculaires au Moyen Âge

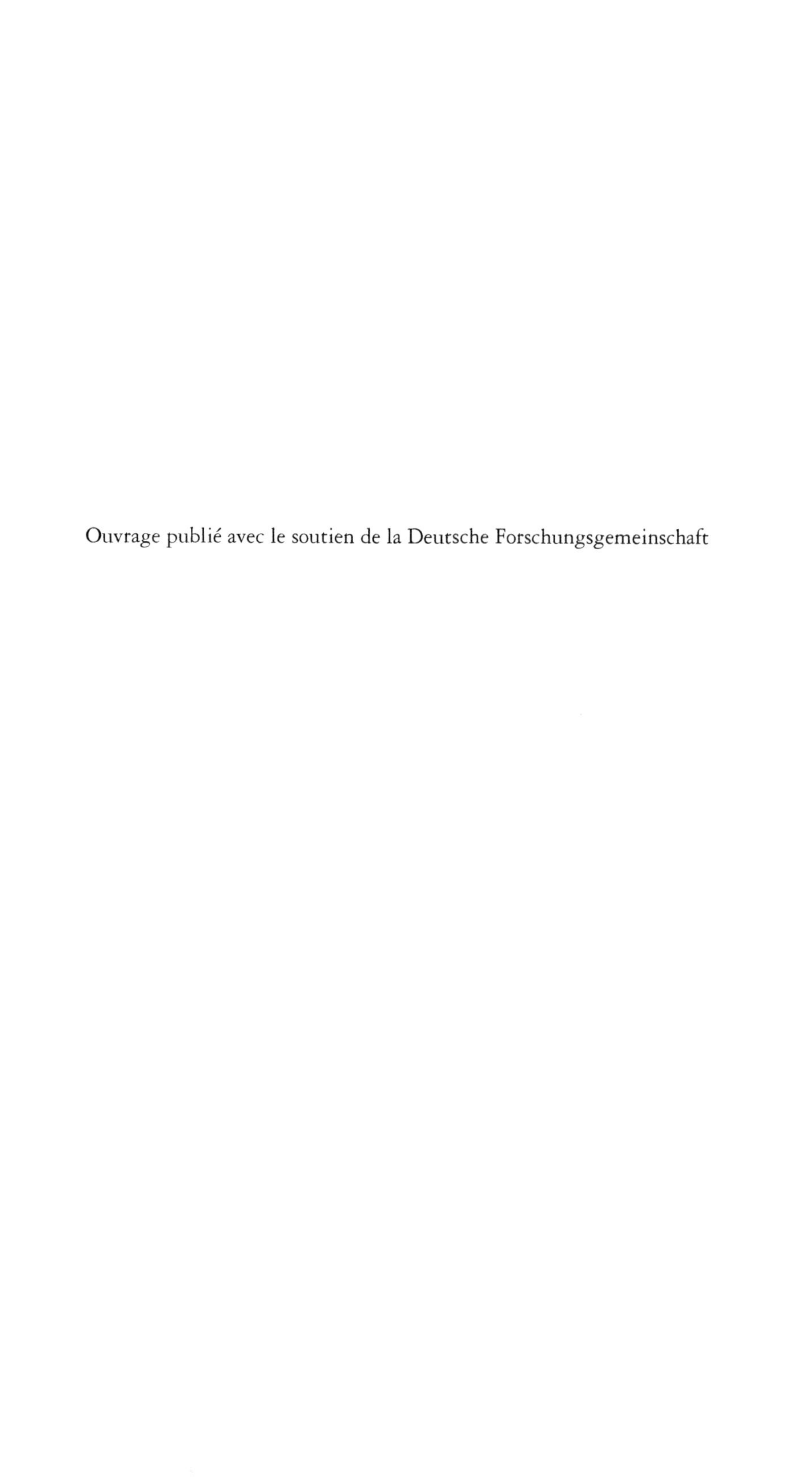

Ouvrage publié avec le soutien de la Deutsche Forschungsgemeinschaft

Les Centres de production des manuscrits vernaculaires

au Moyen Âge

Sous la direction de Gabriele Giannini et Francis Gingras

PARIS
CLASSIQUES GARNIER
2015

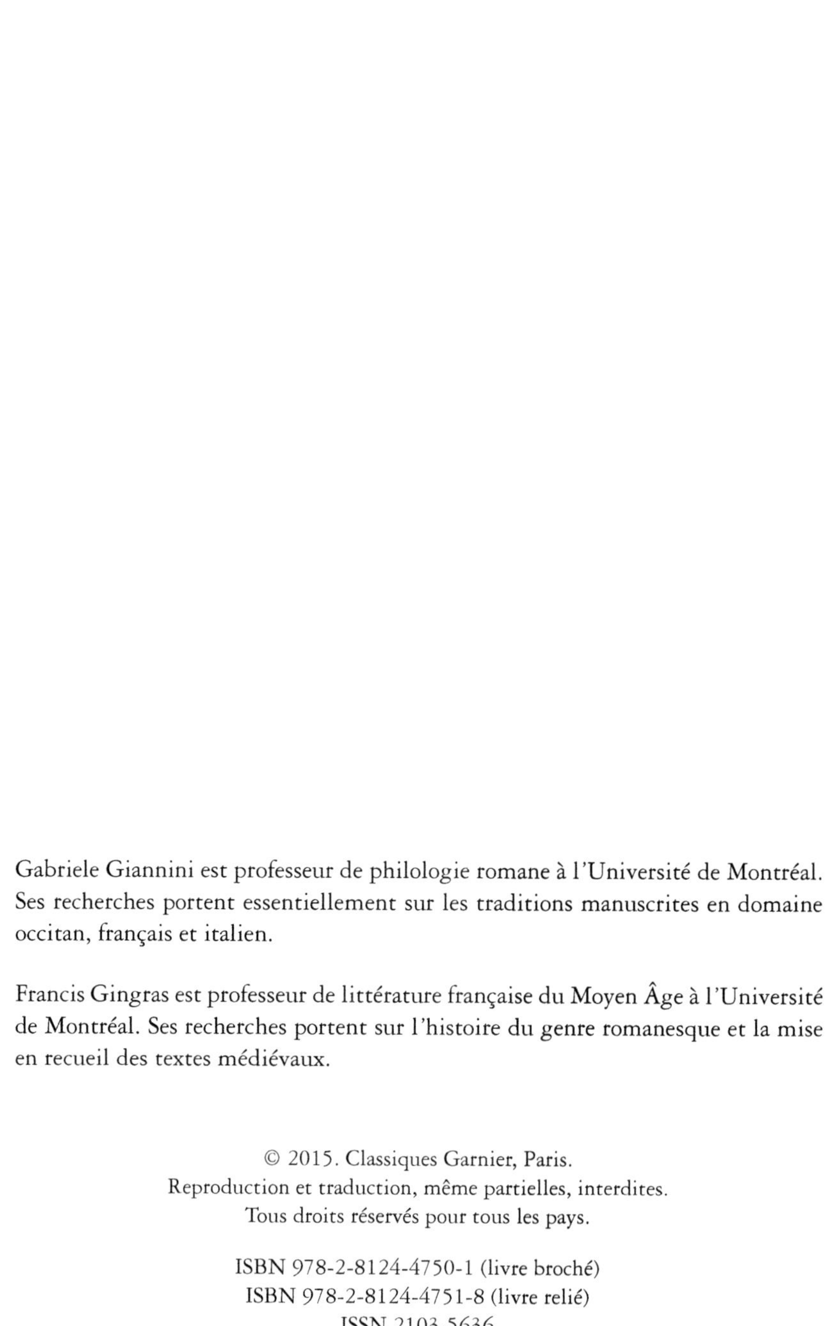

Gabriele Giannini est professeur de philologie romane à l'Université de Montréal. Ses recherches portent essentiellement sur les traditions manuscrites en domaine occitan, français et italien.

Francis Gingras est professeur de littérature française du Moyen Âge à l'Université de Montréal. Ses recherches portent sur l'histoire du genre romanesque et la mise en recueil des textes médiévaux.

ISBN 978-2-8124-4750-1 (livre broché)
ISBN 978-2-8124-4751-8 (livre relié)
ISSN 2103-5636

AVANT-PROPOS

Le projet de recherche international *Lire en contexte à l'époque prémoderne. Enquête sur les recueils manuscrits de fabliaux* (2010-2014), financé par le Conseil de Recherches en Sciences Humaines du Canada, par le Fonds National pour la Recherche Scientifique en Suisse et par la *Deutsche Forschungsgemeinschaft* en Allemagne, a mis au centre de sa démarche les véhicules de la transmission écrite des fabliaux, à savoir la quarantaine de manuscrits et de fragments arrivés jusqu'à nous contenant un ou plusieurs spécimens du genre. Décrire la composition et l'agencement de chacun d'entre eux au Moyen Âge, leur cadre typologique de référence et l'orientation littéraire et culturelle dans laquelle s'inscrit leur réalisation, telle a été la tâche prioritaire de l'équipe du projet, composée de spécialistes expérimentés et de jeunes chercheurs rattachés aux universités de Montréal, Genève, Zurich et Göttingen[1]. Bien entendu, ce long mais stimulant labeur devait poser à la base la datation de chaque témoin et son ancrage dans un contexte géographique et socio-culturel aussi précis que possible. Ce préalable n'a pas été contourné. Le démontrent les préoccupations et objectifs qui marquent l'un des premiers aboutissements du projet, le numéro thématique de la revue *Études françaises* paru en 2012 (t. 48/3). Les membres de l'équipe ont cependant été confrontés à un écueil de taille : l'incertitude et parfois même le caractère contradictoire de nos connaissances entourant la question capitale des centres de production des manuscrits vernaculaires à l'époque médiévale.

Malgré les avancées notables que les études des codicologues, des paléographes, des philologues, des historiens du livre et des spécialistes de la décoration et de l'enluminure ont permis d'accomplir au cours des trente dernières années, force est de constater que, pour les manuscrits

1 Il s'agit, suivant l'ordre alphabétique, de Beatrice Barbieri, Ariane Bottex-Ferragne, Olivier Collet, Isabelle Delage-Béland, Gabriele Giannini, Francis Gingras, Serena Lunardi, Gaëlle Morend-Jaquet, Olaf Posmyk, Julien Stout et Richard Trachsler.

vernaculaires et *a fortiori* pour les manuscrits français, les contours des aires et des centres de production demeurent flous, faiblement marqués et somme toute instables, notamment en ce qui concerne le cœur de notre corpus : les recueils littéraires du XIIIe siècle et de la première moitié du siècle suivant. Nombre de facteurs concourent à ce sentiment d'imprécision : la nature souvent inachevée ou opaque des recueils (*libelli*, recueils cumulatifs, recueils composites), le rôle encore mal défini du livre vernaculaire jusqu'au début du XIVe siècle, la précarité des lieux de conservation au fil des siècles (notamment sur le continent), les résultats parfois peu probants auxquels arrivent les analyses linguistiques, le manque de coordination entre les spécialistes des différentes composantes du manuscrit (écriture, décoration, illustration, textes) et la circulation parfois difficile des résultats produits dans chaque domaine de spécialité.

Sans prétendre résoudre ici cet ensemble de problèmes, dont l'origine est bien souvent *in re* et les issues enchevêtrées, nous avons choisi de concentrer nos efforts sur la question des centres de production de nos recueils, chacun selon ses créneaux d'élection et sa perspective heuristique, et de confronter nos doutes, nos acquis et nos hypothèses au sujet de témoins individuels ou de constellations cohérentes au cours de journées d'étude organisées à l'Université de Montréal les 24 et 25 octobre 2013. À l'approche de cette rencontre, il nous a paru vital d'inviter des spécialistes confirmés travaillant habituellement sur d'autres ensembles de manuscrits, selon différents angles d'approche et à la lumière de compétences variées, afin qu'ils puissent nous éclairer en proposant de nouvelles méthodes et en ouvrant de nouvelles pistes d'analyse.

Sans trop de surprise, deux aires décisives, aussi bien pour la composition des récits brefs et des fabliaux que pour leur rayonnement jusqu'en 1350, se taillent la part du lion : le Nord-Est d'oïl et l'espace anglo-normand. Au sein de ce dernier, des suggestions nouvelles de localisation sont proposées par Maria Careri, à la lumière du travail de fond qui a conduit à la récente publication du catalogue illustré des manuscrits français du XIIe siècle, tandis que deux jeunes chercheuses de l'équipe, Beatrice Barbieri et Isabelle Delage-Béland, se sont penchées sur certains spécimens insulaires comportant également des fabliaux, parmi une masse parfois impressionnante de textes dont l'interprétation globale reste difficile. Du côté de la Picardie et de ses abords, la multitude de centres très actifs entre 1250 et 1320 environ et la difficulté – endémique, dans bien des domaines – d'en cerner avec assurance les caractéristiques et lignes de force individuelles n'ont pas empêché d'aborder sous un nouveau jour la production réelle ou supposée de quelques centres : Arras, entre mythe historiographique et réalité matérielle (Olivier Collet), Soissons et son ancien diocèse, au-delà des volumes consacrés à Gautier de Coinci (Gabriele Giannini), Tournai, à la lumière des témoins du Reclus de Molliens (Ariane Bottex-Ferragne). Suivent des contributions où, l'aspect géo-culturel étant moins urgent ou mieux défini dès le départ, des interrogations plus fines peuvent être formulées : le sujet du recueil composite, à partir de deux spécimens dialoguant à distance (Gaëlle Morend-Jaquet), les questions d'interprétation que soulève une tradition manuscrite circonscrite et solidaire, celle de Watriquet de Couvin (Julien Stout), ou les perspectives se dégageant d'une considération renouvelée des mises en prose illustrées, vers le milieu du XVe siècle, dans l'atelier du Maître de Wavrin (Isabelle Arseneau). Les actes se closent sur l'étude par Alison Stones de l'illustration des témoins de fabliaux, avec le double intérêt de soulever ainsi des problèmes d'attribution et de permettre de tisser d'autres types de liens entre les manuscrits.

Sans vouloir apporter des réponses définitives à la question fondamentale des centres de production des manuscrits médiévaux, ces actes ont l'ambition d'attirer le regard sur un aspect qui reste essentiel à toute enquête portant sur la littérature médiévale et sa réception et, au final, de poser quelques jalons pour l'histoire du livre vernaculaire au Moyen Âge.

Gabriele GIANNINI
Francis GINGRAS

Note : sauf indication contraire, les fabliaux (titres, textes, variantes) sont cités d'après le *Nouveau recueil complet des fabliaux*, éd. par Willem Noomen et Nico van den Bogaard, 10 t., Assen-Maastricht, Van Gorcum, 1983-1998, désigné par le sigle *NRCF*.

LUOGHI DELLA PRODUZIONE MANOSCRITTA IN FRANCESE DEL XII SECOLO

Sulla base della recente esperienza di ricerca pubblicata nel volume *Livres et écritures en français et en occitan au* XII*e* *siècle*[1] vorrei qui presentare alcuni esempi nei quali la localizzazione di un manoscritto (e la datazione, spesso conseguente) può avere importanti ricadute sullo studio dei testi e della loro storia, dalla genesi alla ricezione.

Tra le 103 descrizioni di manoscritti contenute nel libro, in una trentina di casi nel campo « Origine » è stata proposta una particolare zona o uno *scriptorium*, che andasse oltre il generico « Angleterre » o « France[2] ». Tale precisione è stata possibile quando all'esame linguistico abbiamo potuto affiancare alcuni dati codicologici (scrittura, decorazione, storia dei libri), che ci hanno permesso di riconoscere un contesto librario preciso (individuazione di un *cluster*). Come ci si può aspettare, i manoscritti che rispondono meglio ai risultati dell'indagine codicologica sono quelli di fattura più raffinata che di solito contengono testi di tipo devozionale: traduzioni dalla Bibbia, commenti ai salmi, raccolte di sermoni. Inoltre i codici copiati in Inghilterra offrono maggiori spunti di confronto utili alla localizzazione perché la storia del libro inglese del XII secolo è stata molto bene ricostruita da eccellenti studiosi, anche grazie alla quantità e alla qualità del materiale conservato[3].

Rientrano in tutti questi criteri (belli, inglesi, devozionali) i testimoni databili entro il 1200 della traduzione francese del Salterio gallicano, « versione di Oxford » ed ebraico, « versione di Cambridge ». Per 7 dei

1 Maria Careri *et al.*, *Livres et écritures en français et en occitan au* XII*e* *siècle. Catalogue illustré*, Roma, Viella, 2011.

2 Per l'impiego di queste categorie *cf. ibid.*, p. XXXII-XXV.

3 Molti studi descrivono la produzione libraria inglese del XII secolo. Rinvio al più recente Rodney M. Thomson, *Books and Learning in Twelfth-Century England: the Ending of* Alter Orbis, Walkern, Red Gull Press, 2006 e ai vari lavori contenuti in *The Cambridge History of the Book in Britain. II. 1100-1400*, ed. by Nigel J. Morgan – Rodney M. Thomson, Cambridge, Cambridge University Press, 2008.

12 manoscritti che contengono questo testo abbiamo individuato un luogo di produzione coincidente con un importante centro scrittorio benedettino del sud-est della Gran Bretagna (monastero o cattedrale): Christ Church, Canterbury (Cat. 13 = Cambridge, Trinity College, R.17.1 e Cat. 81 = Paris, BnF, lat. 8846; Cat. 49 = Maidstone, Kent County Archives, Fa Z 1), Saint Albans (Cat. 60 = Oxford, Bodleian Library, Douce 320), Peterborough (Cat. 31 = London, BL, Arundel 230)[1], Winchester (Cat. 34 = London, BL, Cotton Nero C.IV); London, Westminster? (Cat. 76 = Paris, BnF, lat. 768)[2].

Se proiettiamo questi dati su una cartina geografica aggiungendo il dato cronologico, risulta subito evidente la veloce e peraltro circoscritta diffusione della « versione di Oxford » (secondo la nostra ricostruzione riconducibile a Saint Albans e legata all'importante Salterio latino conservato ad Hildesheim, Dombibliothek, Sankt Godehard 1)[3] e la sua ricezione in zone vicine e in contatto con l'importante abbazia di Saint Albans (voir ci-après, fig. 1). Il testo francese, a partire dal ms. di Oxford, che contiene la sola versione francese non accompagnata dal testo latino, è stato riprodotto nelle sue copie bilingui in forma di glossa (salteri interlineari) o di traduzione a fronte (salteri paralleli). Le due possibilità nascondono probabilmente diverse esigenze da parte dei lettori; certo è che nei salteri paralleli il francese ormai si afferma come lingua alla pari del latino[4]. Valutazione a parte meritano i due mss confezionati a

1 *Cf.* Nigel J. Morgan, *English Monastic Litanies of the Saints after 1100. 1. Abbotsbury-Peterborough*, London, Boydell, 2012, p. 36, n° LIV (« Peterborough c. 1160-1180 »).

2 Secondo una recente proposta di Michael Gullick alla tavola rotonda sul volume Careri *et al.*, *Livres et écritures [...]*, *op. cit.* (Paris, Institut de Recherche et d'Histoire des Textes, 3 octobre 2013), « the character of the script is close to the work of a London scribe active about 1200 ». Per il gruppo di manoscritti da ricondurre a questo scriba *cf.* Malcom B. Parkes, *Their Hands Before Our Eyes: a Closer Look at Scribes*, Aldershot, Ashgate, 2008, p. 134-136 e ill. 58-59; Michael Gullick, « A Preliminary List of Manuscripts, Manuscript Fragments and Documents of English Origin or the Work of English Scribes in Norway to before 1225 », *Latin Manuscripts of Medieval Norway. Studies in memory of Lilli Gjerløw*, ed. by Espen Karlsen, Oslo, Novus Press, 2013, p. 123-198 (in part. p. 127, n° 9 e ill. 42); Åslaug Ommundsen, « Psalms Interrupted. The Psalter Fragments in the NRA in Oslo », *ibid.*, p. 279-306 (in part. p. 283-285 e ill. 4-8).

3 Ian Short *et al.*, « Les Psautiers d'Oxford et de St Albans: liens de parenté », *Romania*, 128 (2010), p. 29-45.

4 Christine Ruby, « Les psautiers bilingues latin/français dans l'Angleterre du XIIe siècle. Affirmation d'une langue et d'une écriture », *Approches du bilinguisme latin-français au Moyen Âge: linguistique, codicologie, esthétique*, éd. par Stéphanie Le Briz – Géraldine Veysseyre, Turnhout, Brepols, 2010, p. 167-190.

Canterbury (Christ Church), che riportano la traduzione della versione ebraica (Cambridge, Trinity College, R.17.1 e Paris, BnF, lat. 8846), il cui rapporto con la versione di Oxford mi pare ancora tutto da indagare[1].

Ai sette codici già menzionati si possono aggiungere gli altri cinque testimoni del Salterio francese, tutti copiati in Inghilterra entro il 1200, per i quali non siamo stati in grado di individuare una localizzazione più precisa: Cat. 68 = Paris, AN, AB XIX 1734 (dossier Orne) n. 1 (metà des XII sec.)[2]; Cat. 19 = København, Universitetsbiblioteket, AM 618 4° (ultimo terzo del XII sec., sud-est); Cat. 67 = Oxford, St. John's College, HB4/4.a.4.21 (seconda metà del XII sec.); Cat. 88 = Paris, BnF, nal. 1670 (fine del XII sec.); Cat. 36 = London, BL, Cotton Vitellius E.IX (fine del XII sec.)[3].

Risulta evidente che ci troviamo di fronte a un corpus di manoscritti ricco, cronologicamente e geograficamente molto ben circoscritto, la cui conservazione è stata forse favorita dalla tipologia testuale e codicologica. Sicuramente la traduzione francese del Salterio diviene un testo necessario negli ambienti benedettini della seconda metà del XII secolo, il che ci spinge a cercare una motivazione: non è escluso, come abbiamo accennato a proposito del ms. Oxford, BL, Douce 320[4], che queste traduzioni siano in qualche modo legate alla lettura del testo nei monasteri femminili e comunque tra coloro che non capivano perfettamente il testo latino.

Altro testo ben localizzato è il lapidario in prosa tràdito dai mss Oxford, BL, Digby 13 (Cat. 56) e Paris, BnF, nal. 873 (Cat. 87). Entrambi provengono da Canterbury: uno, più antico, sarebbe stato copiato a Christ Church entro il 1130 (Oxford) e l'altro nella vicina St.

---

1 *Cf.* Dominique Markey, « The Anglo-Norman Version », *The Eadwine Psalter: text, image, and monastic culture in twelfth-century Canterbury*, ed. by Margaret Gibson *et al.*, London, Modern Humanities Research Association, 1992, p. 139-156.

2 L'ipotesi di Charles Samaran (« Fragment d'une traduction en prose française du Psautier, composée en Angleterre au XIIe siècle », *Romania*, 55 [1929], p. 161-173), secondo la quale questo frammento riporterebbe una terza traduzione (diversa da quelle di Oxford e Cambridge) è a mio avviso da rivedere, dal momento che le poche varianti rispetto alla versione di Oxford sono riconducibili ad un preciso sistema, sempre spiegabile a partire dal testo di Oxford (semplificazione del testo attraverso l'eliminazione di particolari, come ad esempio i nomi propri).

3 Per la tradizione successiva *cf.* Ruth J. Dean – Maureen B.M. Boulton, *Anglo-Norman Literature: a guide to texts and manuscripts*, London, Anglo-Norman Text Society, 1999, n° 445.

4 Short *et al.*, « Les Psautiers [...] », art. cité, p. 40-44.

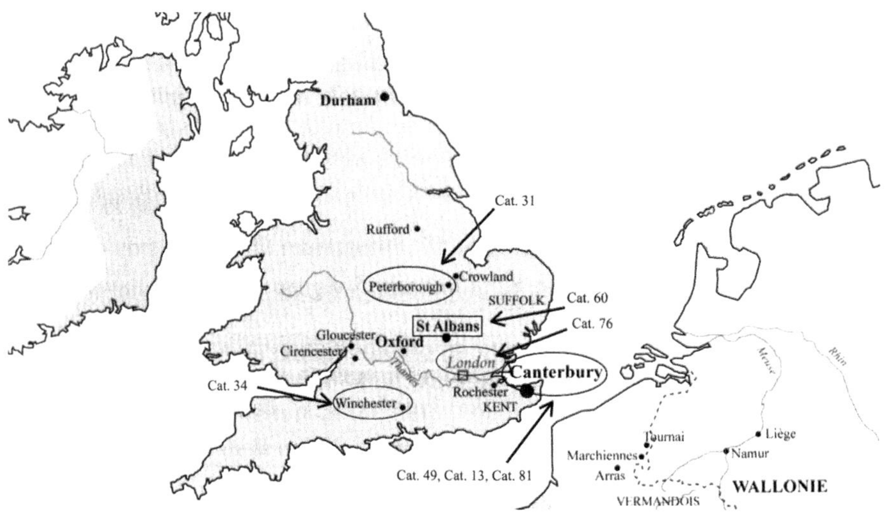

FIG. 1 – Lieux de production des psautiers anglo-normands du XIIe siècle, schéma réalisé par l'auteur.

Augustin alla fine del XII sec. (Paris). Il testo è conservato anche da altri due codici più recenti: London, BL, Royal 12.F.XIII (Rochester, 1230 circa) e Dublin, Trinity College, 370 (seconda metà del XIII sec.). La localizzazione e la datazione del ms. di Oxford pongono un problema relativo alla genesi del testo. Secondo la critica si tratterebbe di un frammento di una prosificazione prodotta verso la metà del XII sec. a partire dalla traduzione francese in versi del lapidario di Marbodo[1]. La datazione del codice induce a rivedere sia la data della traduzione che quella della sua fonte in versi. In quest'ultimo caso la collocazione geografica e cronologica di un codice non è compatibile con la datazione corrente del testo; la storia letteraria deve fare i conti con i dati materiali.

In parte assimilabili a quest'ultimo caso sono alcuni altri esempi, dove riscontriamo una sorta di contraddizione tra i dati linguistici e quelli codicologici. Si tratta di casi che inducono alla cautela, nel senso che nel momento in cui identifichiamo geograficamente *scripta*/scrittura/decorazione di un ms. dovremmo sempre non dare per scontato che ne consegua la localizzazione del codice. È noto che i professionisti del libro (copisti, ma anche artisti) erano itineranti e che dunque è possibile che un copista che presenta tratti linguistici orientali lavori in Champagne come anche che un artista che ha imparato il suo lavoro in Champagne collabori a decorare un manoscritto in una zona diversa[2].

Interessanti in proposito i casi dei mss Paris, BnF, fr. 900 (Cat. 72) e fr. 22892 (Cat. 73): nella decorazione di entrambi Patricia Stirnemann ha riconosciuto lo stile detto Manerius, localizzabile in Champagne entro un'area compresa fra Troyes, Provins, Sens e Pontigny[3]. Tuttavia,

1 Paul Studer – Joan Evans, *Anglo-Norman Lapidaries*, Paris, Champion, 1924, p. 94-96.

2 *Cf.* Paola Supino Martini, « Linee metodologiche per lo studio dei manoscritti in *litterae textuales* prodotti in Italia nei secoli XI-XIV », *Scrittura e civiltà*, 17 (1993), p. 43-101; Ead., « Orientamenti per la datazione e la localizzazione delle cosiddette *litterae textuales* italiane ed iberiche nei secoli XII-XIV », *Scriptorium*, 54 (2000), p. 20-34; Ead., « Il libro nuovo », *Il Gotico europeo in Italia*, a c. di Martina Bagnoli *et al.*, Napoli, Electa, 1994, p. 351-359; Ead., « Sul metodo paleografico: formulazione di problemi per una discussione », *Scrittura e civiltà*, 19 (1995), p. 5-29. Per l'ambito artistico si veda Francesca Manzari, « Mobilité des artistes et migration des styles : les cours papales d'Avignon et de Rome durant le Grand Schisme », *Les transferts artistiques dans l'Europe gothique (XIIe-XVIe siècles). Repenser la circulation des artistes, des œuvres, des thèmes et des savoir-faire*, éd. par Jean-Marie Guillouët *et al.*, Paris, Picard, 2014, p. 289-302.

3 *Cf.* Patricia Stirnemann, « Some Champenois Vernacular Manuscripts and the Manerius Style of Illumination », *Les manuscrits de Chrétien de Troyes*, éd. par Keith Busby *et al.*,

se il primo codice presenta elementi propri della Champagne nella *scripta*, il secondo è marcato linguisticamente in senso orientale e nord-orientale[1].

Altre contraddizioni si possono trovare tra lingua e scrittura dei copisti. Così per il frammento del *Roman de Troie* (Basel, UB, N I 2, 83 e Bruxelles, BRB, II.139/3 [Cat. 5]). Coerentemente con un metodo che valorizza il dato linguistico, esso è attribuito a un contesto francese, per la presenza di tratti linguistici continentali, in particolare nord-occidentali[2], anche se il codice presenta una scrittura evidentemente insulare. In casi simili ci troviamo a dover scegliere tra due ipotesi entrambe possibili: un copista inglese che conserva tratti linguistici non compatibili con i suoi oppure un copista francese che possiede un'educazione grafica insulare. Probabilmente le nostre categorie semplificano eccessivamente i dati e non sono in grado di descrivere la complessità grafico-linguistica in esame.

L'idea che i copisti in fase di trascrizione aggiornino la lingua ringiovanendola crea difficoltà anche all'interno di uno stesso sistema linguistico. Ne abbiamo un esempio con il Salterio detto di Corbie (Paris, BnF, lat. 768 [Cat. 76]), per il quale la *scripta*, che presenta la notazione delle dentali finali (es. *humilitet*), risulta piuttosto arcaica in rapporto alla data proposta per la realizzazione del codice (1200)[3]. Anche qui dobbiamo ipotizzare che il copista abbia conservato alcune grafie arcaiche del suo modello.

Riscontriamo anche un esempio di mimetismo paleografico. Nel ms. della *Vie de Thomas Becket*, Oxford, BL, Rawlinson C 641 (Cat. 64), si riscontra l'uso della « Christ Church Script » di Canterbury da parte di uno degli scribi, ma altri elementi ci inducono a datare il codice all'ultimo quarto del XII sec., un'altezza cronologica nella quale questa scrittura diviene desueta nella zona in cui era nata. Secondo Michael Gullick è verosimile che in questo caso la tipologia della scrittura non

---

Atlanta GA / Amsterdam, Rodopi, 1993, p. 195-226 e Ead., « Manerius », *Enciclopedia dell'arte medievale* (URL: http://www.treccani.it).

1 Albert Henry, « Saint Bernard traduit vers 1200 en pays wallon », *Mélanges de philologie wallonne* [= *Les Dialectes de Wallonie*, 8-9], Liège, Société de langue et littérature wallonnes, 1981, p. 96-111.

2 *Cf. History of William Marshal*, ed. by Anthony J. Holden, 3 t., London, ANTS, 2002-2006, t. 3, p. 12-22.

3 *Cf.* Sanson de Nantuil, *Les Proverbes de Salemon*, ed. by Claire Isoz, 3 t., London, ANTS, 1988-1994, t. 3, p. 42, 64-65 e Ian Short, *Manual of Anglo-Norman*, London, ANTS, 2007, n° 24.

sia utilizzabile per la localizzazione del ms. e anzi, al contrario, dimostri che il codice è stato copiato in una zona distante da Canterbury[1]. Mi pare che sarebbe interessante riflettere su alcuni di questi casi complessi, anche per capire se le possibilità di conservazione e di mimetismo abbiano lo stesso peso in ambiti diversi (la lingua, la *scripta*, la *mise en page*, la scrittura, la decorazione): ci si può chiedere, cioè, se sia più economico credere che un copista conservi uno stato arcaico della lingua o una coloritura linguistica che non è la sua (per motivi cronologici o geografici) oppure che utilizzi forme di scrittura e di decorazione ormai desuete o diverse dalle proprie.

In conclusione vorrei attirare l'attenzione su un testimone molto noto: si tratta del cosiddetto frammento Sneyd del *Roman de Tristan* di Thomas (= Oxford, BL, French d.16 [Cat. 62]). Per questo codice abbiamo individuato qualche indizio "esterno" che potrebbe rinviare allo *scriptorium* di Saint Albans. Più precisamente, il frammento presenta uno schema di rigatura tipico dei manoscritti copiati a Saint Albans tra il 1167 ed il 1183 (con tre serie di rettrici maggiori), e la celebre miniatura con Isotta che suona l'arpa è da confrontare, secondo Patricia Stirnemann, con quelle del ms. Trinity College, O.7.13, che proviene dallo stesso monastero[2]. Questa localizzazione però non pare ammissibile sul piano paleografico (non si tratta di una scrittura tipica dell'abbazia) né compatibile con la tipologia del testo (non adatto ad una biblioteca monastica). Si dovrà dunque pensare che preparazione della pagina e decorazione siano state affidati a un artigiano che era abituato a lavorare per il monastero o che era stato istruito in quell'ambiente, e che si trovi ora a lavorare in un contesto nuovo, non meglio definibile per mancanza di elementi di confronto. Quasi una curiosità, ma simbolicamente importante e collegata a quanto visto, l'identificazione proposta da Valeria Bertolucci della fonte della miniatura di Isotta che suona l'arpa con quella della prima iniziale del Salterio (la *B* di *Beatus* all'interno della quale è raffigurato David che suona l'arpa) presente in moltissimi codici[3]. Un insieme di elementi che forzando un po' i dati

1 Mi riferisco all'intervento di Michael Gullick citato alla n. 5.

2 Rodney M. Thomson, *Manuscripts from St Albans Abbey, 1066-1235*, 2 t., Cambridge, Brewer, 1985, t. 1, n° 14, t. 2, ill. 173, 1167-1183.

3 Valeria Bertolucci Pizzorusso, « L'arpa di Isotta. Variazioni testuali e figurative », *Miscellanea Mediaevalia. Mélanges offerts à Philippe Ménard*, éd. par Jean-Claude Faucon *et al.*, 2 t., Paris, Champion, 1998, t. 1, p. 101-117.

ci porterebbero a interpretare l'oggetto di cui abbiamo solo qualche frammento come una sorta di *contrafactum* di un manoscritto monastico classico, il che confermerebbe sul piano codicologico le indagini intertestuali svolte da Valeria Bertolucci Pizzorusso[1].

Maria CARERI
Università di Chieti-Pescara

1 Ead., « La *clergie* di Thomas: l'intertesto agiografico-religioso », « *Ensi firent li ancessor* ». *Mélanges de philologie médiévale offerts à Marc-René Jung*, éd. par Luciano Rossi, 2 t., Alessandria, Edizioni dell'Orso, 1996, t. 1, p. 335-348.

LES « MANUSCRITS DE FABLIAUX ». TYPOLOGIES ET LIEUX DE PRODUCTION EN DOMAINE ANGLO-NORMAND

Dans le cadre du projet *Lire en contexte à l'époque prémoderne. Enquête sur les recueils manuscrits de fabliaux*[1], je me suis occupée d'un petit groupe de cinq manuscrits qui partagent la même origine géographique : les manuscrits anglo-normands. Dans ma contribution, je laisserai de côté le fragment de Clermont-Ferrand[2] et le manuscrit de Princeton[3] pour concentrer mon attention sur les trois manuscrits restants. Ces manuscrits présentent des cas de figure significatifs de la typologie et des lieux de confection du livre aux XIIIe et XIVe siècles dans le domaine anglo-normand, et ils me permettront d'esquisser quelques traits saillants concernant la production du livre outre-Manche. Dans la deuxième partie de ma contribution, je voudrais mettre à profit les potentialités de recherche de la base de données *eCodex*[4] pour établir si l'on peut identifier des tendances caractéristiques aux manuscrits anglo-normands contenant des fabliaux, du point de vue des contenus et du contexte manuscrit.

Le ms. Cambridge, Corpus Christi College, 50 (indiqué par le sigle *h* dans le *NRCF*)[5] est un représentant typique de la production profession-

1 La logique et les objectifs du projet sont décrits dans Olivier Collet – Francis Gingras – Richard Trachsler, « Présentation », *Études françaises*, 48/3 (2012), p. 5-9.

2 Clermont-Ferrand, Archives dép. du Puy-de-Dôme, 1 F 2. Le fragment a été récemment étudié par Paolo Di Luca, « Deux fragments anglo-normands de la *Chanson d'Aspremont* : description et étude de *P4* et *C* », *Epic Connections / Rencontres épiques. Proceedings of the Nineteenth International Conference of the Société Rencesvals, Oxford, 13-17 August 2012*, ed. by Marianne J. Ailes *et al.*, 2 t., Edinburgh, Société Rencesvals British Branch, 2015, t. 1, p. 191-214.

3 Princeton, University Library, Taylor Medieval 12. Voir Don C. Skemer, *Medieval and Renaissance Manuscripts in the Princeton University Library*, 2 t., Princeton NJ, Princeton University Press, 2013, t. 1, p. 428-431.

4 Cette base de données, réalisée dans le cadre du projet susmentionné, offre la possibilité d'effectuer des recherches très précises sur les manuscrits et leurs caractéristiques codicologiques.

5 Voir Montague R. James, *A Descriptive Catalogue of the Manuscripts in the Library of Corpus Christi College, Cambridge*, 2 t., Cambridge, Cambridge University Press, 1909-1912, t. 1,

nelle du livre au XIIIe siècle. Soigné sans être luxueux, il est écrit dans une petite gothique régulière, avec une mise en page à deux colonnes. Des lettres puzzle et des rubriques marquent le début des textes, tandis que des lettres filigranées bleues et rouges alternent à l'intérieur des textes. Il est daté de la seconde moitié du XIIIe siècle et constitué de 181 feuillets de format moyen (330 x 225 mm), copiés par une seule main, à l'exception des 17 premiers feuillets, qui sont écrits par une main très semblable à celle du copiste principal, mais d'allure un peu plus ancienne.

On peut distinguer trois sections dans le manuscrit. La première contient des textes brefs sur l'histoire et la géographie britanniques en latin[1]. Ils occupent les six premiers feuillets et sont suivis du *Roman de Brut* de Wace[2]. La deuxième section est constituée par un seul cahier (f. 91-102), qui donne à lire trois textes brefs : le fabliau *De un chevalier, sa dame e un clerk*[3], *Amis et Amilun*[4], c'est-à-dire la version anglo-normande en octosyllabes de la légende d'Ami et Amile, et le poème allégorique *Des quatre filles Deu*[5]. Enfin, la troisième section contient, comme la première, un texte historique long, le roman de *Gui de Warewic*[6], qui est aussi en octosyllabes (f. 103r-181r).

De par son contenu, le manuscrit révèle clairement son origine géographique : d'abord, les textes historiques britanniques en latin, suivis du texte fondateur par excellence, le *Roman de Brut*, qui raconte l'histoire

p. 101-103. L'entrée du catalogue, ainsi que la reproduction du ms., peuvent être consultées à l'URL : http://parkerweb.stanford.edu/.

1 Il s'agit des textes suivants, tous en prose latine (les titres sont tirés des rubriques du manuscrit) : « Hec sunt nomina Regum britanniae ab advento Bruti primo in insula Albyon usque ad primum adventum Saxonum in Britannia » (f. 1r-3r) ; « Hec sunt nomina Regum britanniae post primum adventum anglorum in anglia » (f. 3r-4v) ; « De quatuor viis principalibus Britannie » (f. 3v) ; « De quatuor mirabilibus Britannie » (f. 3v) ; « De quinque plagis Britannie » (f. 3v) ; « De gygante quem Arturus sua virtute et audacia iterfecit » (f. 3v-4v) ; « De Saxonibus et de regina Sexburgie a Germania veniente » (f. 4v) ; « De prudencia Anglorum» (f. 4v) ; « De constitucione Anglorum et divisione terrarum et provinciarum » (f. 5r) ; « De coronacione Anglorum » (f. 5r) ; « De stirpe Bruti » (f. 6r). Aux f. 5r-6r se lit une liste des rois d'Angleterre de Hengist à Henri III (couronné le 18 octobre 1216).

2 Wace, *Le Roman de Brut*, éd. par Ivor Arnold, 2 t., Paris, Société des anciens textes français, 1938-1940.

3 *NRCF*, t. 10, p. 115-142. Voir aussi *Eighteen Anglo-Norman Fabliaux*, ed. by Ian Short – Roy Pearcy, London, Anglo-Norman Text Society, 2000, p. 18-25 et 37-38.

4 *Amis and Amiloun*, hg. von Eugen Kölbing, Heilbronn, Henninger, 1884.

5 Voir Tony Hunt, « The Four Daughters of God : a Textual Contribution », *Archives d'histoire doctrinale et littéraire du moyen âge*, 48 (1981), p. 287-316. Il s'agit d'un poème basé sur le Psaume 84, 11.

6 Alfred Ewert, *Gui de Warewic. Roman du XIIIe siècle*, 2 t., Paris, Champion, 1932-1933.

du chef de la lignée bretonne, Brut, et de ses successeurs[1] ; enfin, un roman sur le héros anglo-normand Gui de Warwic. Si le choix des textes brefs de la deuxième section n'est pas marqué au sens régional, du point de vue des contenus, ceux-ci ont tous une origine et une transmission locales, anglo-normandes[2]. En ce qui concerne l'histoire ancienne du livre, si l'on ne connait pas pour l'instant son lieu de production exact, sa réception, elle, nous amène à Cantorbéry, l'un des centres culturels les plus vivants de l'Angleterre anglo-normande. Le manuscrit figure, en effet, dans le catalogue de la bibliothèque de la Cathédrale de saint Augustin, daté de la fin du XIVe siècle[3], et il était lié à un milieu bénédictin à une époque proche de la date de sa confection.

Les mss London, BL, Harley 2253 (*M*)[4] et Oxford, BL, Digby 86 (*Z*)[5] sont d'une autre facture. Écrits à une distance de 65 km et avec

1 Il est intéressant de noter que les témoins anglo-normands du *Brut* de Wace insèrent d'habitude le roman dans un contexte historique, qui vise à le placer dans le temps de l'histoire des Îles britanniques, tandis que, dans les manuscrits continentaux, le *Brut* est copié à côté de romans antiques, comme le *Roman de Troie* ou le *Roman d'Eneas*, ou de romans arthuriens. Je songe notamment à la fameuse copie Guiot, contenue dans le ms. BnF, fr. 794, ou encore au ms. BnF, fr. 1450, où l'*Erec*, le *Perceval* suivi par la *Première Continuation*, le *Cligés* et l'*Yvain* sont insérés dans le *Brut* de Wace, à l'époque du royaume d'Arthur. Voir à ce propos les travaux de Marc-René Jung, qui parle d'une véritable « histoire ancienne en vers » (*La légende de Troie en France au moyen âge. Analyse des versions françaises et bibliographie raisonnée des manuscrits*, Basel/Tübingen, Francke, 1996, p. 185-193 et 204-212 [en part. p. 212]). Une liste complète des manuscrits du *Brut* se trouve dans *Wace's « Roman de Brut ». A History of the British*, ed. by Judith Weiss, Exeter, Exeter University Press, 1999, p. XXVIII-XXIX et dans Françoise Le Saux, *A Companion to Wace*, Woodbridge, Brewer, 2005, p. 85 (avec quelques imprécisions dans les notices des manuscrits : par exemple, à la p. 87, le ms. London, BL, Add. 45103 ne contient pas « the legend of Joseph of Arimathea »).

2 Les trois textes ont été écrits par des auteurs anglo-normands et sont conservés exclusivement par des manuscrits anglo-normands. Un aperçu rapide de la tradition manuscrite se trouve, outre que dans les éditions citées *supra*, dans Ruth J. Dean – Maureen P.M. Boulton, *Anglo-norman Literature. A Guide to Texts and Manuscripts*, London, ANTS, 1999, n°s 189, 157, 685.

3 *St. Augustine's Abbey, Canterbury*, ed. by Bruce C. Barker-Benfield, 3 t., London, The British Library / The British Academy, 2008. Le ms. de Cambridge est indiqué par le n° 1516 dans le catalogue. Voir aussi Montague R. James, *The Ancient Libraries of Canterbury and Dover*, Cambridge, Cambridge University Press, 1903.

4 Il existe une édition en fac-similé de la deuxième unité codicologique du manuscrit : Neil R. Ker, *Facsimile of British Museum Ms. Harley 2253*, London, Oxford University Press, 1965. Une reproduction numérique complète est disponible à l'URL : http://www.bl.uk/manuscripts/. Une synthèse des études concernant le manuscrit est disponible dans *Studies in the Harley Manuscript. The Scribes, Contents, and Social Contexts of British Library MS Harley 2253*, ed. by Susanna Fein, Kalamazoo MI, Medieval Institute Publications, 2000.

5 Judith Tschann – Malcolm B. Parkes, *Facsimile of Oxford, Bodleian Library, MS Digby 86*, Oxford, Oxford University Press, 1996.

60 ans d'écart l'un de l'autre, ils sont issus des West Midlands et de la noblesse rurale anglo-normande. Trilingues, ils comptent parmi les recueils littéraires insulaires les plus imposants et sont célèbres surtout parmi les anglicistes, car ils conservent une partie considérable du patrimoine lyrique sacré et profane en moyen anglais. Il s'agit de livres écrits par des particuliers, destinés à un usage personnel dans des maisons de la petite noblesse provinciale dont la production reste en marge du marché du livre.

Le ms. Digby 86 a été écrit entre 1272 et le début du XIVe siècle dans le comté de Worcester (Worcestershire)[1]. Ce livre de petit format (215 x 150 mm), composé de 207 feuillets[2], est transcrit en cursive anglicane par un seul copiste, à l'exception de deux cahiers[3]. L'encre, l'écriture, les nombreuses notes et les ajouts effectués à différentes époques témoignent d'une activité du scribe principal échelonnée sur plusieurs années. Ces éléments indiquent également qu'il était le premier propriétaire du livre[4]. Même si on ne peut pas l'identifier avec certitude, on peut toutefois reconstruire son milieu : il appartenait aux Grimhill, une famille de la petite noblesse rurale anglo-normande. Le livre passa ensuite entre les mains d'autres membres de la famille, comme le révèlent les notes obituaires et les essais de plume[5].

Les 102 textes contenus dans le ms. Digby 86 couvrent un grand nombre de sujets qui reflètent les intérêts divers d'un homme qui vivait dans l'Angleterre trilingue. À l'aise avec le latin, le français et l'anglais, le compilateur du livre a copié dans sa collection des textes de dévotion laïque, des prières, des recettes médicales, des textes sur le soin des oiseaux, des textes divinatoires, plusieurs pièces lyriques, un fabliau et de nombreux récits brefs à teneur didactique. Le Digby 86 contient aussi quelques *unica*, comme le fabliau en moyen anglais *Dame*

---

1 *Ibid.*, p. XXXVI-XXXVII.

2 Le ms. présente une lacune d'au moins cinq ou six cahiers. À ce propos, voir *ibid.*, p. XLI-XLIII.

3 Les cahiers 11 et 12 (f. 81-96) sont écrits par une main différente de celle du copiste principal. Elle utilise toutefois elle aussi une cursive anglicane. Pour une étude paléographique détaillée, voir *ibid.*, p. XXXVIII-XLI.

4 *Ibid.*, p. XXXIX-XLI et LVI-LVII.

5 Sur l'histoire ancienne du Digby 86 et notamment sur les Grimhill, voir *ibid.*, p. LVI-LIX, Brian D.H. Miller, « The Early History of Bodleian MS Digby 86 », *Annuale Medievale*, 4 (1963), p. 26-56 et John Hines, *Voices in the Past. English Literature and Archaeology*, Cambridge, Brewer, 2004, p. 71-104.

Siriȝ[1] ou le *Lai du Cor*[2], un texte composé plusieurs années auparavant, à la fin XIIe siècle.

Dans ce recueil, un critère formel semble avoir guidé l'agencement du livre : les textes en prose sont concentrés dans sa première partie, du f. 1 au f. 64, tandis que les textes en vers sur deux colonnes occupent les f. 74v-168v, et les textes en vers longs, tel que l'alexandrin, écrits à longues lignes, les f. 169r-205v[3]. En plus de cette tripartition, qui n'est pas rigide et qui alterne avec des successions plus casuelles[4], on trouve des groupements de textes bien définis, comme c'est le cas des poèmes en anglais qui se succèdent aux f. 118-140. On a donc l'impression que le copiste a travaillé tantôt à partir de textes agencés à l'avance (par lui-même ou par ses sources), tantôt en pratiquant des insertions ponctuelles. Un cas intéressant est représenté par le cahier 21 (f. 165-168), conçu comme un livret indépendant, ainsi que le révèlent ses dimensions plus petites et sa composition exceptionnelle (un binion)[5], calibrée sur la copie du fabliau *Dame Siriȝ*. Ce fascicule a été incorporé au manuscrit par le copiste, car on y trouve sa signature des cahiers[6]. L'esthétique du ms. Digby 86, son contenu et son arrangement, ainsi que ses coordonnées historiques et géographiques, indiquent clairement qu'il a été écrit pour un usage personnel, dans un contexte privé de l'Angleterre rurale.

Le ms. Harley 2253 présente de nombreux traits communs avec le Digby 86 : le trilinguisme, l'aire de production (les West Midlands), le milieu socio-culturel (la noblesse rurale). Il est localisé avec précision à

1 Voir le *DIMEV* (*An Open-Access, Digital Edition of the « Index of Middle English Verse »*), à l'URL : http://www.cddc.vt.edu/host/imev/Index.html, sous le n° 594.

2 *The Anglo-Norman Text of « Le Lai du Cor »*, ed. by C. T. Erickson, Oxford, ANTS, 1973 et *« Le lai du cor » et « Le manteau mal taillé ». Les dessous de la Table ronde*, éd. par Nathalie Koble, Paris, Éditions Rue d'Ulm, 2005.

3 L'individuation d'un critère formel dans l'agencement du Digby 86 a été proposé par Marilyn Corrie, « The Compilation of Oxford, Bodleian Library, MS Digby 86 », *Medium Aevum*, 66 (1997), p. 236-249, qui revoit les hypothèses de Tschann – Parkes, *Facsimile [...], op. cit.*, p. XLI-XLVII.

4 Voir, par exemple, les f. 67v-68r, où on trouve un texte à deux colonnes (*Veni creator spiritus*), précédé et suivi par des textes en prose (*Les sept saumes*, *Les dolerous jours del an* et *Le abite de augrim*). Au f. 68r, se trouvent trois boucliers dessinés à l'encre rouge.

5 Le quaternion est le cahier standard dans le manuscrit.

6 Deux textes brefs sont copiés dans l'espace libre à la fin du cahier : une liste des *Dolerous jours del an*, doublon du texte copié au f. 68r, et *Les nouns de un leure en engleis*. Pour les signatures des cahiers, voir Tschann – Parkes, *Facsimile [...], op. cit.*, p. XLI-XLIII.

Ludlow, dans le Shropshire[1], et il est un peu plus récent que le ms. Digby 86, car daté de 1340 environ[2]. Ses 144 feuillets sont le résultat de la réunion de deux unités codicologiques. La première (cahiers 1-4) remonte à la fin du XIIIe siècle. Elle est copiée sur deux colonnes en écriture gothique et contient des textes pieux et des vies de saints. La deuxième (cahiers 5-16) a été écrite vers 1340 par une seule main, en cursive anglicane. Elle renferme 109 pièces de sujets variés parmi lesquelles se trouvent des chefs-d'œuvre de la lyrique anglaise, le roman en moyen anglais *King Horn*, des textes misogynes et de goliards en français, quatre fabliaux, des extraits bibliques en prose française, plusieurs textes religieux et pieux (prières, vies de saints, textes sur la Terre Sainte). C'est le copiste de la deuxième partie qui a réuni les deux unités codicologiques en un seul livre. Il a procédé de la même façon dans deux autres manuscrits de la British Library qui lui sont attribués : le Harley 273 et le Royal 12.C.XII[3]. Dans le Harley 273, son œuvre la plus ancienne (entre 1314 et 1328), il se borne à arranger les textes : il assemble plusieurs unités codicologiques de provenances variées (elles contiennent un calendrier et un psautier enluminé en français, le *Bestiaire d'Amours* de Richard de Fournival, les *Regles* de Grosseteste, un *Manuel de péchés*, etc.)[4], en les annotant et en les complétant par des ajouts mineurs[5]. Le ms. Royal 12.C.XII porte des traces de l'activité du scribe de 1316 jusqu'aux années 1340. Il contient, comme le Harley 273, des textes de dévotion et de doctrine

1 Le manuscrit avait été placé dans cette région depuis longtemps (Ker, *Facsimile [...], op. cit.*, p. XI-XIII), mais des études récentes ont permis de le localiser avec plus de précision : Carter Revard, « Scribe and Provenance », *Studies in the Harley Manuscript [...], op. cit.*, p. 21-109. Les principaux éléments pour la localisation sont la présence d'un extrait d'un ordinal de la cathédrale de Hereford dans les feuilles de garde originales du manuscrit et l'identification de plusieurs documents et actes judiciaires rédigés à Ludlow par le copiste.

2 Pour une mise à jour détaillée sur la question de la datation, voir *ibid.*, où l'on reprend les données recueillies par Ker, *Facsimile [...], op. cit.*, p. XXI-XXIII. Les actes judiciaires produits par le copiste du Harley 2253 sont datés et fournissent des informations précieuses sur l'évolution de sa graphie au cours des années.

3 Sur les deux mss, voir Revard, « Scribe and Provenance », art. cité et Id., « A Goliard's Feast and the Metanarrative of Harley 2253 », *Revue belge de philologie et d'histoire*, 83/3 (2005), p. 841-867.

4 Une description essentielle du ms. et de son contenu est disponible à l'URL : http://searcharchives.bl.uk, s. *Harley MS 273*.

5 Il complète de sa propre main le *Manuel de péchés* (f. 181v-191v) et il copie à sa suite un *Purgatoire de Saint Patrice* anonyme (Dean – Boulton, *Anglo-Norman Literature [...], op. cit.*, n° 550). En plus, il ajoute dans les espaces blancs des écrits brefs : des prières, des charmes contre la fièvre, les blessures et les saignements, un traité pour la préparation de couleurs.

(par exemple, le *Miroir d'Église*), mais aussi des textes aux sujets variés : une chronique anglaise, des problèmes mathématiques et des énigmes en latin, des recettes de cuisine en français, une copie latine des *Somnia Danielis*, une version anglo-normande de *Fauke le Fitz Guarin* et d'*Ami et Amile*[1]. Si on retrouve encore certains textes qu'il s'est procurés, comme la copie d'*Ami et Amile* des f. 69r-76v, 30 pièces sont entièrement transcrites par lui-même. Le nombre de textes de sa main augmente encore dans le Harley 2253, son manuscrit le plus récent (vers 1340), qui se démarque des autres exemplaires par la présence de nombreux textes lyriques et versifiés, par la rapidité de la copie – effectuée dans un délai de deux ans – et par l'absence de notes et de *marginalia*. Pour ces raisons, Carter Revard a avancé l'hypothèse que le Harley 2253 ait été réalisé à la demande de la maisonnée pour laquelle le copiste travaillait, tandis que les deux autres manuscrits auraient été ses propriétés personnelles[2]. Il se peut aussi que le Harley 2253 soit le produit de sa maturité et que, pour cette raison, il ait été réalisé selon des intérêts et pour un usage différents.

Un autre indice important pour mieux cerner la figure de ce scribe ressort des 41 actes judiciaires dont il est le copiste et qui furent rédigés autour de la ville de Ludlow dans les années 1314-1349, juste après la diffusion de la peste noire en Angleterre[3]. Derrière ces documents se dessine la figure d'un homme qui a travaillé dans le milieu juridique, près de la ville Ludlow, pendant plus de trente ans, et qui était lié à une maisonnée. Le Harley 2553 naît donc dans un cadre privé. Ses caractéristiques matérielles renvoient clairement à cette origine.

Les manuscrits du type du Harley 2553 et du Digby 86 ont été souvent qualifiés de « commonplace books[4] ». Cette terminologie renvoie à la pratique de l'enseignement rhétorique des *loci communi*. Donc, « commonplace »

1 Voir Ker, *Facsimile [...]*, *op. cit.*, p. XX-XXI.

2 Revard, « Scribe and Provenance », art. cité, p. 81 et Id., « A Goliard's Feast [...] », art. cité, p. 850.

3 Les actes ont été identifiés par Revard « Scribe and Provenance », art. cité, à la suite d'études minutieuses qui se sont étalées sur dix ans. Le spécialiste y avance aussi des hypothèses plus précises sur l'identification du copiste et de son milieu.

4 Voir, par exemple, Tony Hunt, « Insular Trilingual Compilations », *Codices Miscellanearum (Colloque Van Hulthem, Bruxelles 1999)*, éd. par Ria Jansen-Sieben – Hans van Dijk, Bruxelles, Bibliothèque royale de Belgique, 1999, p. 51-70 (en part. p. 55), Keith Busby, *Codex and Context. Reading Old French Verse Narrative in Manuscript*, 2 t., Amsterdam / New York NY, Rodopi, 2002, t. 2, p. 510 et, dans une perspective critique, Revard, « A Goliard's Feast [...] », art. cité, p. 850 et n. 13, Hines, *Voices in the past [...]*, *op. cit.*, p. 77 et 103.

n'est pas à entendre dans le sens de banal ou de textes de grande diffusion, mais plutôt dans le sens d'un livre où l'on peut trouver quelque chose qui nous intéresse, des textes, dans notre cas[1]. En général, cette dénomination a été beaucoup exploitée pour indiquer n'importe quel manuscrit aux contenus variés, et elle a ainsi perdu, il me semble, sa pertinence initiale. Une autre définition est celle de « household books[2] », qui souligne l'appartenance de ces livres à des familles, des maisonnées privées, où ils avaient la fonction de réservoir de textes à différents usages. Si la majorité des « household books » contiennent des informations pratiques de nature domestique (recettes, instructions à propos des sujets les plus variés, de la santé au soin des animaux, à l'administration de la maison), les intérêts littéraires ne sont pourtant pas exclus, comme l'a montré Julia Boffey pour le ms. Arch. Selden. B.24 de la Bodleian Library[3]. Le Digby 86 et le Harley 2553 peuvent donc bien s'insérer dans cette catégorie de livres, même si, avant d'être des « household books », ils ont été probablement d'abord des livres destinés à un usage privé, écrits et utilisés en premier lieu par les copistes qui les ont confectionnés.

Je passerai maintenant aux quelques réflexions qu'on peut faire à l'aide de la base de données *eCodex*. À cet égard, deux pistes se sont révélées fructueuses pour isoler certaines caractéristiques représentées majoritairement (ou presque exclusivement) dans les témoins d'origine anglo-normande. Un avertissement s'impose toutefois : je ne veux pas affirmer que les aspects dont je vais parler sont propres, de façon générale, aux seuls manuscrits anglo-normands, mais seulement qu'on peut constater que, dans le corpus des manuscrits contenant des fabliaux, ces aspects émergent dans les livres anglo-normands plutôt que dans

1 Voir, par exemple, *ibid.*, p. 77, où le « commonplace books » est défini comme « a collection of memorabilia [...], repositories of a variety of texts with diverse functions which were there if you needed them ».

2 Voir Julia Boffey, « Bodleian Library, MS Arch. Selden. B. 24 and definitions of the *household book* », *The English Medieval Book. Studies in Memory of Jeremy Griffith*, ed. by Anthony S.G. Edwards *et al.*, London, The British Library, 2000, p. 125-134, Hines, *Voices in the past [...]*, *op. cit.*, p. 77 et Revard, « A Goliard's Feast [...] », art. cité, p. 841-842, 847 et 850-854.

3 Boffey, « Bodleian Library [...] », art. cité. La dénomination de « household book » repose sur la réception du livre dans des maisonnées privées. Les manuscrits compris dans cette catégorie peuvent présenter de grandes différences par rapport à leurs caractéristiques matérielles : on peut y trouver des manuscrits précieux ou modestes, des manuscrits écrits à l'occasion ou constitués par assemblage d'unités codicologiques préexistantes, etc.

les volumes continentaux. Ce relevé ouvre donc des perspectives de recherche à approfondir.

LA VARIÉTÉ LINGUISTIQUE DANS LES « MANUSCRITS DES FABLIAUX »

Le corpus de départ pour mon analyse est constitué par les quarante-trois livres et fragments manuscrits répertoriés dans le *NRCF* (XIIIe-XVe siècles)[1]. La base de données *eCodex* a été interrogée sur la langue des textes contenus dans les manuscrits. Sans surprise, le français est la langue la mieux représentée dans l'ensemble : si le latin et l'anglais sont largement représentés dans les deux grands recueils anglo-normands *M* et *Z*, dans tous les autres cas on ne trouve que quelques pièces latines ou bilingues (français-latin). Le ms. Cambridge, CCC, 50 contient douze pièces courtes en latin, au sujet historique et occupant les six premiers feuillets[2]. Le ms. Chantilly, Bibliothèque du Château 475 (1578), composé de 225 feuillets et divisé en trois unités codicologiques datant des XIIIe et XIVe siècles, contient trois prières en latin, ajoutées à différents endroits et occupant chacune un peu plus d'une colonne de texte[3]. Dans le ms. BnF, fr. 25545 (174 f.)[4] se trouvent trois textes brefs bilingues : au f. 4r, *Des Fames, des dez et de la taverne*[5], au f. 14r, *La Patre-Nostre farsie*, suivie, sur le même feuillet, d'un *Credo*

1 À la liste qui se trouve au début de chaque volume du *NRCF* (voir, par exemple, t. 1, p. XIX-XX), il faudra désormais ajouter les importantes mises à jour de Gabriele Giannini, « Les "petits recueils" de fabliaux : présence, composition, perspectives », *Actes du XXVIIe Congrès international de linguistique et de philologie romanes (Nancy, 15-20 juillet 2013)*, Nancy, ATILF, sous presse.

2 Voir *supra*, p. 20, n. 1.

3 « Ave, Domine Jesu Christe, verbum Patris » (f. 130r), « Ave, sanctissima et beatissima Christi caro » (f. 132r), « Domine Deus omnipotens, ne me perire patiaris » (f. 132r).

4 Voir Olivier Collet, « "Textes de circonstance" et "raccords" dans les manuscrits vernaculaires : les enseignements de quelques recueils des XIIIe et XIVe siècles », *« Quand l'ung amy pour l'autre veille ». Mélanges de moyen français offerts à Claude Thiry*, éd. par Tania Van Hemelryck – Maria Colombo Timelli, Turnhout, Brepols, 2008, p. 299-311 (en part. p. 306-309).

5 Texte édité par Étienne Barbazan – Dominique M. Méon, *Fabliaux et contes des poètes françois des XIe, XIIe, XIIIe, XIVe et XVe siècles*, 4 t., Paris, Warée, 1808, t. 4, p. 485-488.

latin avec les noms des apôtres en français ; un poème religieux en latin a été ajouté aux f. 92r-94r. Le ms. BnF, fr. 837, recueil imposant de 365 feuillets comprenant environ 247 pièces[1], compte six *Pater Noster* bilingues[2]. Le ms. BnF, fr. 375, formé par l'assemblage de deux unités codicologiques distinctes et de caractère très différent (f. 1-33 et 34-346) réunies au XIVe ou au XVe siècle[3], conserve, dans la première unité, une *Apocalipsis* en prose latine (f. 1r-17v), et dans la seconde, un cantique bilingue, latin et français, accompagné d'une notation musicale (*Épître farcie de saint Étienne* [f. 333v-334v]). Le ms. Pavia, BU, Aldini 219 (89 f.) contient un texte bref français-latin, la *Satire contre les Anglais au temps d'Édouard Ier*, aux f. 55r-56r[4]. Enfin, dans le ms. Add. 10289 de la British Library (179 f.), au f. 129v, est copié un enchantement en prose latine de quatre lignes pour la guérison des yeux[5] et au f. 132v, à la fin d'une colonne, se lit une liste des douze pairs de France, également en latin. On peut observer que, dans les recueils cités, la présence de textes latins ou bilingues, soient-ils des pièces originales ou des ajouts postérieurs, reste marginale et qu'il s'agit surtout de prières et de textes religieux.

Bien différente est la situation dans *M* et *Z*, où le plurilinguisme est l'une des marques caractéristiques. Le ms. *Z* contient 102 pièces[6], dont 28 en latin, 23 en anglais et 3 bilingues (en français-latin, des recettes et le poème *Veni creator spiritus* ; en français-anglais, le poème *Unseely ghost what dost thou here*). Parmi les textes latins on compte des prières,

---

1 Voir Luciana Borghi Cedrini, « Per una lettura "continua" dell'837 (ms. f. fr. Bibl. Nat. di Parigi) : il *Departement des livres* », *Studi testuali*, 3 (1994), p. 115-166.

2 *La Patrenostre glosee* (f. 172v-173r), *La Patenostre du Vin* (f. 177r-v), *La Patrenostre a l'userier I* (f. 218v-219r), *La Paternostre en françois* (f. 226v-227r), *La Patenostre d'amours* (f. 247r-v), *La Patre-Nostre farsie* (f. 274r).

3 Françoise Gasparri – Geneviève Hasenohr – Christine Ruby, « De l'écriture à la lecture : réflexion sur les manuscrits d'*Erec et Enide* », *Les Manuscrits de Chrétien de Troyes*, éd. par Keith Busby *et al.*, 2 t., Amsterdam, Rodopi, 1993, t. 1, p. 97-148 (en part. p. 119).

4 Voir Adolf Mussafia, « Über eine altfranzösische Handschrift der k. Universitätsbibliothek zu Pavia », *Sitzungsberichte der philosophisch-historischen Klasse der kaiserlichen Akademie der Wissenschaften*, 64 (1870), p. 545-618 (en part. p. 580). Les deux derniers feuillets du manuscrit (f. 88-89), qui avaient probablement la fonction de gardes postérieures, proviennent d'un bréviaire, contenant un hymne en latin accompagné de portées musicales.

5 Tony Hunt, « Materia medica in MS London B.L. Add. 10289 », *Medioevo romanzo*, 13 (1988), p. 25-37 (en part. p. 27, n. 11).

6 Le numéro des pièces peut varier légèrement d'une description à l'autre, selon la délimitation des textes retenue. J'ai suivi le découpage choisi par *eCodex*. Tschann – Parkes, *Facsimile [...]*, *op. cit.*, p. XXXVI comptent 97 pièces. Le manuscrit présente une lacune d'au moins cinq cahiers.

plusieurs recettes médicales, quelques poèmes religieux, des psaumes et une interprétation des rêves. Les textes en anglais comprennent un fabliau, un débat de l'âme et du corps, des poèmes, la vie de saint Eustache, des proverbes et les dits de saint Bernard. Le français reste la langue la plus exploitée : en français sont le *Blâme des femmes*, le *Chastie-Musart*, quelques poèmes, le *Songe d'Enfer* de Raoul de Houdenc, la *Vie de saint Nicolas* de Wace, plusieurs textes religieux (prières, formules de confession, poèmes), des textes pratiques comme la *Lette d'Hippocrate à César* et une interprétation des rêves. Dans *Z*, le latin est utilisé principalement pour les textes religieux et techniques, tandis que les langues vernaculaires s'ouvrent aux pièces littéraires. Pour ce qui concerne l'agencement des textes dans le recueil, les langues sont pour la plupart mélangées, mais on peut observer au moins un groupement cohérent de pièces en anglais[1].

Le ms. *M* comprend 116 textes, où l'anglais rivalise avec le français. Parmi les cinquante textes anglais, on trouve des poèmes courtois, religieux et séculaires (les fameuses « Harley lyrics »)[2], ainsi que quelques poèmes politiques, une vie de sainte Marine, un débat de l'âme et du corps, le roman *King Horn*, les dits de saint Bernard, une interprétation des rêves. Les pièces en latin se chiffrent à treize et incluent des prières, des textes de doctrine, le *Commune loquium* de John of Wales, des vies de saints, quelques formules et recettes médicales. Enfin, on trouve quatre pièces bilingues (un poème politique, le psaume de saint Hilaire et deux prières) et le poème macaronique *Dum ludis floribus velud lacinia*, formé par cinq quatrains où alternent le latin, le français et l'anglais. Les textes en moyen anglais sont souvent copiés les uns après les autres, même si leur succession n'est pas rigide et peut être interrompue par la présence d'un texte en français ou en latin[3].

Ainsi, dans notre corpus, les grands recueils anglo-normands *M* et *Z* sortent du lot en raison de leur variété linguistique. Si ce résultat ne surprend pas, car le plurilinguisme dans le domaine insulaire est un phénomène bien connu[4], intimement lié à son histoire, il est important

1 *Cf.* les f. 119-143, contenant 14 pièces en anglais.

2 *The Harley Lyrics. The Middle English Lyrics of Ms. Harley 2253*, ed. by George L. Brook, Manchester, Manchester University Press, 1964[3].

3 Les textes en anglais sont concentrés aux f. 55v-128v. Aux f. 67v-70v, par exemple, après une séquence de 12 textes en moyen anglais, sont copiés trois textes en français.

4 Sur la situation linguistique de l'Angleterre normande, voir Ian Short, « On bilingualism in Anglo-Norman England », *Romance Philology*, 33 (1979), p. 467-479, Id., *Manual of*

de souligner la portée de ce phénomène dans les manuscrits[1]. Il est intéressant de noter les différents choix linguistiques des manuscrits sur un texte au sujet identique. Dans le Digby 86, on trouve deux textes sur le jour du Jugement Dernier : l'un, les *Quindecim signa dierum iudicii*, est en latin et l'autre, *Les XV signes de domesday*, en anglais. Cinq manuscrits continentaux (Paris, BnF, fr. 19152, fr. 2168, fr. 25545, fr. 837 et Bern, BB, 354) contiennent un texte sur la même thématique, mais en français (les *Quinze signes du jugement dernier*). On observe une situation semblable pour les pièces d'oniromancie, dont on trouve quelques spécimens dans notre corpus : dans deux volumes continentaux, les livres des rêves sont en français (le *Livre Songes Daniel et Macrobe* dans le ms. BnF, fr. 24432 et les *Songes et les experiments de songes* dans le ms. BnF, fr. 1553), tandis que dans le Harley 2253 on en lit une version anglaise et, dans le Digby 86, une version latine et une française, ce qui confirme sa flexibilité[2].

La particularité de *M* et *Z* est liée à leur provenance géographique[3]. Loin de vouloir opposer le continent et le domaine anglo-normand, qui contribuent à former tous les deux la francophonie médiévale[4], l'état de choses en Angleterre est tel que plusieurs langues coexistent sur le même

Anglo-Norman, London, ANTS, 2007, p. 11-35, Id., « *Anglice loqui nesciunt* : monoglots in Anglo-Norman England », *Cultura Neolatina*, 69 (2009), p. 245-262, Serge Lusignan, *La langue des rois au Moyen Âge. Le français en France et en Angleterre*, Paris, PUF, 2004, *Language and Culture in Medieval Britain. The French of England, c. 1100-c. 1500*, ed. by Jocelyn Wogan-Browne *et al.*, Woodbridge, York Medieval Press, 2009 et *The Anglo-Norman Language and Its Contexts*, ed. by Richard Ingham, Woodbridge, York Medieval Press, 2010.

1 Sur les manuscrits plurilingues, voir Hunt, « Insular Trilingual Compilations », art. cité et John Scahill, « Trilingualism in Early Middle English Miscellanies : Language and Literature », *Yearbook of English Studies*, 33 (2003), p. 18-32. Pour le XIIe siècle, voir Maria Careri, « Plurilinguismo (latino, francese, inglese) in manoscritti di medici e maestri inglesi del XII secolo », *Filologia mediolatina*, 19 (2012), p. 97-105.

2 Une autre donnée intéressante provient des rubriques. Encore une fois, ce sont surtout les manuscrits anglo-normands qui présentent des rubriques en latin. D'après un premier dépouillement de la base, qui mériterait toutefois des vérifications, la présence de rubriques en latin semble être très faible dans les volumes continentaux (dans quelques manuscrits, on trouve un ou deux textes au maximum avec des rubriques en latin), tandis que, dans le ms. de Cambridge, il y en a 11, 10 dans le Harley 2253 et 23 dans le Digby 86.

3 Il est intéressant de noter que, déjà au XIIe siècle, les miscellanées bilingues sont surtout d'origine insulaire : Maria Careri *et al.*, *Livres et écritures en français et en occitan au XIIe siècle. Catalogue illustré*, Roma, Viella, 2011, p. XXXVI et XXXVIII.

4 Cette position est bien établie dans les études linguistiques des dernières années. Voir, par exemple, David Trotter, « L'anglo-normand : variété insulaire, ou variété isolée ? », *Médiévales*, 45 (2004), p. 43-54. Du même avis, Careri *et al.*, *Livres et écritures [...]*, *op. cit.*, p. XXXV.

sol[1], et que copistes et lecteurs sont souvent plurilingues. La provenance géographique ne suffit toutefois pas à déterminer la nature des deux recueils en question, ce qui est évident si l'on considère un manuscrit comme celui de Cambridge, CCC, 50, qui est lui aussi anglo-normand et, pourtant, n'est pas exceptionnel par rapport à ses confrères continentaux. Nombreux sont les cas de manuscrits insulaires monolingues. Dans le cas de *M* et *Z*, le plurilinguisme est surtout le résultat de leur milieu d'origine. Puisqu'ils ont été élaborés par des particuliers, ils font montre d'une grande liberté dans le choix des langues, qui sont utilisées indifféremment, sans donner l'impression d'un décalage entre le latin et le français, langues de prestige, et l'anglais. Cette liberté reflète les compétences linguistiques des compilateurs et premiers destinataires des recueils, qui dépendent à la fois de leur origine géographique et de leur niveau culturel et professionnel.

PRÉSENCE DE TEXTES UTILITAIRES DANS LES « MANUSCRITS DES FABLIAUX »

Avec l'adjectif « utilitaire » je veux indiquer tous les textes qui ont une fonction pratique plutôt que littéraire : recettes médicales ou de cuisine, livres de médecine et de médecine vétérinaire, herbiers, calendriers, almanachs, formules magiques, interprétations des rêves, divinations, etc. Il n'est pas question ici de traités scientifiques savants ni de livres didactiques et édifiants au sens large, ni même d'œuvres qui expriment un savoir général du type *Image du monde* ou *Distica Catonis*, mais plutôt de textes qui fournissent des notions pratiques qu'on peut mettre en œuvre lorsqu'on referme le livre[2]. Les prières et les instructions d'ordre

1 À côté des langues déjà citées, il faut rappeler encore le gaulois.

2 La plupart de ces textes pourraient aussi être définis comme des textes scientifiques, d'après la classification de la science médiévale reprise par Linda Ehrsam Voigts, « Scientific and Medical Books », *Book Production and Publishing in Britain, 1375-1475*, ed. by Jeremy Griffiths – Derek Pearsall, Cambridge, Cambridge University Press, 2007, p. 345-402 (en part. p. 348). Elle comprend trois catégories : « 1. activities that are experimentally sound, mathematically true, or empirically useful (geometry, astronomy, pharmacology, herbal lore) ; 2. pseudo-sciences or consistent logical systems involving study but which can not now be substantiated by experimental fact (dream lore, lapidaries, judicial astrology, physiognomy) ; 3. the occult (alchemy, geomancy, chiromancy) ». Mais les textes qu'on

religieux, qui, dans une société où la religion était une pratique quotidienne, peuvent elles aussi avoir cette fonction éminemment utilitaire, mériteraient une considération à part. J'ai retenu dans mes observations quelques textes de ce type, dont la nature pratique est explicite[1].

Un dépouillement complet de la base de données révèle la présence de plusieurs textes utilitaires dans les mss *M* et *Z* :

Ms. Digby 86 (*Z*)

- *Lettre d'Hippocrate à César*[2], f. 8v-21r ;
- Recettes médicales et enchantements, f. 28r-33v ;
- Recettes médicales, f. 34r ;
- Interprétation des rêves (en latin), f. 34v-40r ;
- Pronostications à partir du jour de Noël, f. 40r-41r ;
- *Songerie*[3], f. 41r-46r ;
- *Hic incipiunt experimencia bona et optima* (recettes médicales et prescriptions, en latin), f. 46r-48r ;
- Interprétation des rêves, f. 48r-49r ;
- Traité de fauconnerie[4], f. 49r-62r ;
- *Le abite de augrim*[5], f. 67v-68r ;

retrouve dans nos manuscrits appartiennent à un savoir basique, plus quotidien. C'est pour cette raison que j'ai préféré l'appellation de « textes utilitaires ». Dans la tradition allemande, on recourt à la catégorie de *Fachliteratur* (*ibid.*, p. 347-348). Quelques informations utiles se trouvent aussi dans *Grundriss der romanischen Literaturen des Mittelalters. 8. La littérature française aux* XIV*e et* XV*e siècles*, éd. par Daniel Poirion, Heidelberg, Winter, 1988, qui comprend une étude des textes scientifiques et techniques dans les derniers chapitres du volume (XVI-XVII). Pour les textes qui nous intéressent ici, voir en part. les p. 310-313 (textes de médecine) et 332-333 (pronostics). Sur les pronostics, voir aussi *Grundriss der romanischen Literaturen des Mittelalters. 6. La littérature didactique, allégorique et satirique*, 2 t., Heidelberg, Winter, 1968-1970, t. 1, p. 126-127.

1 Je me réfère aux prières contenues aux f. 133v et 135v-136v du ms. Harley 2253.

2 Il s'agit d'un recueil de recettes médicales : *cf.* Tony Hunt, *Popular Medicine in Thirteenth-Century England*, Cambridge, Brewer, 1990, p. 107. S'ils ne sont pas indiqués différemment, les textes sont en français. La plupart de ces textes sont inédits. D'utiles renvois bibliographiques sur leur histoire ou sur les éventuelles éditions se trouvent dans Tschann – Parkes, *Facsimile [...]*, *op. cit.*, p. XII-XXXVI.

3 Dean – Boulton, *Anglo-Norman Literature [...]*, *op. cit.*, n° 367. Il s'agit d'un *somniarium* lunaire, tel que l'a traité Larissa Birrer, « De l'*Achmetis Oneirocriticon* au *Somniale Danielis* français », *Reinardus*, 21 (2008-2009), p. 31-55 (en part. p. 33).

4 Voir Dean – Boulton, *Anglo-Norman Literature [...]*, *op. cit.*, n° 401.

5 Liste de chiffres arabes : selon l'*Anglo-Norman Dictionary*, dont la version électronique se trouve à l'URL http://www.anglo-norman.net, *abite* signifie « habit » et *augrim* « algorism ».

- Liste des jours périlleux de l'an, f. 68r et 168v[1] ;
- Calendrier, f. 68v-74r, avec, en bas de page, plusieurs instructions diététiques et de santé, à suivre selon les mois ;
- *Post primam lunam epiphanie computa* (en latin)[2], f. 74v ;
- *Sanguineus multum apetit* (vers sur les quatre humeurs, en latin), f. 201r ;
- *Fert scabiosa pilos verbena non habet illos* (vertus de la plante scabieuse, en latin), f. 201v.

Ms. Harley 2253 (*M*)

- Recettes médicales, f. 52r-v ;
- *Cubitorum* (note de 4 lignes sur la longueur d'un cubitus, en latin), f. 105v ;
- Interprétation des rêves (en anglais), f. 119r-121r ;
- *Qui chescun jour de bon cuer* (prière latine à réciter pour obtenir la victoire, précédée par des instructions en français sur son usage), f. 133v ;
- Indications sur les vendredis de jeûne, f. 135r ;
- Liste des prières et messes à réciter pour obtenir des grâces diverses, par exemple pour vaincre les ennemis, f. 135v-136v ;
- *Est autem herba que vocatur apud caldeos yryos* (description d'une plante médicale et de son usage, en latin) : f. 137r.

Il faut souligner qu'aucun de ces textes ne se trouve en position marginale dans les manuscrits, à l'exception des huit recettes copiées au f. 52r-v du ms. *M*, qui, comme le révèlent l'encre et la graphie, sont un ajout à la fin du cahier d'une main différente de celle du copiste principal[3]. L'intérêt de ce dernier pour la médecine et pour d'autres textes utilitaires, qui reste cependant marginal vis-à-vis de la masse des textes du ms. Harley 2253, est confirmé par les nombreuses pièces de cette nature copiées dans les deux autres manuscrits en sa possession[4].

1 Il s'agit du même texte copié deux fois dans le manuscrit.

2 Ce sont des indications pour le calcul des fêtes mobiles.

3 La liste des jours périlleux de l'an, au f. 168v du Digby 86, se trouve aussi à la fin d'un cahier, qui avait probablement été conçu de manière indépendante. Voir *supra*, p. 23, n. 6.

4 Dans le ms. Harley 273, on trouve un traité pour la préparation des couleurs et des enchantements pour guérir la fièvre, les blessures et le saignement. Dans le ms. Royal

Parmi les manuscrits de fabliaux, on trouve un certain nombre de textes utilitaires, comme par exemple dans le ms. BL, Add. 10289, qui provient peut-être de l'abbaye du Mont Saint-Michel en Normandie[1] et qui contient les pièces suivantes :

- *Por blanchir*[2], f. 81v ;
- Collection de recettes médicales dont plusieurs appartiennent à la tradition de la *Lettre d'Hippocrate*, f. 121v-125r ;
- Sorte de traité commençant par *Ici sunt boens enseignemenz de phisique*, contenant des sections sur la diététique, les quatre humeurs, les urines et des recettes, f. 125r-129r ;
- Enchantement latin pour la guérison des yeux (4 lignes), f. 129v[3].

Les occurrences dans les autres manuscrits sont plus sporadiques et isolées. La matière onirique semble la plus exploitée et répandue : outre un lunaire dans le ms. BnF, fr. 837 (f. 100r-104r), on a déjà cité les *Songes et expérimentes des songes* contenus dans le ms. BnF, fr. 1553 (f. 283v-284v) et le *Livre Songes Daniel et Macrobe* du ms. BnF, fr. 24432 (f. 281v-302v). Ce dernier contient aussi une liste des *Trente jours périlleux de l'an* (f. 99r). Aux f. 83r-87r du ms. BnF, fr. 12581 est transcrit un traité de fauconnerie basé sur le texte latin de Dancus[4]. Enfin, le ms. BnF, fr. 25545 contient deux textes d'intérêt géographique : les *Foires de Champagne et de Brie* et le *Roiaume et terres desquel les merchandises viennent à Bruges et en la terre de Flandres*, ainsi qu'une pièce sur les *Manieres des poissons qu'on prent en la mer*, mais Ariane Bottex-Ferragne a récemment souligné la valeur littéraire de ces pièces dans le contexte du recueil[5]. On peut

---

12.C.XII, plusieurs textes en latin et en français de nature prophétique, médicale, astrologique, divinatoire (notamment un texte de chiromancie aux f. 106r-107v et un sur l'interprétation du vol des oiseaux aux f. 94v-98r), et des recettes de cuisine.

1 Pour une description détaillée du manuscrit et des textes contenus, suivie de la publication du traité, *cf.* Hunt, « Materia medica [...] », art. cité.

2 Il s'agit d'une recette pour blanchir, d'une longueur de 13 lignes copiées dans l'espace laissé en blanc à la fin de l'*Évangile de Nicodème*.

3 Voir *supra*, p. 28, n. 5.

4 Voir Gunnar Tilander, *Traductions en vieux français de « Dancus rex » et « Guillelmus falconarius »*, Karlshamn, Johanssons, 1965.

5 Voir Ariane Bottex-Ferragne, « L'esprit du bourgeois ou l'esprit du bourg : le siècle dans tous ses états dans le manuscrit Paris, BNF, fr. 25545 », *Études françaises*, 48/3 (2012), p. 127-151.

donc constater la présence limitée des textes utilitaires dans le corpus des 43 manuscrits et fragments conservant des fabliaux, à l'exception des deux manuscrits d'origine anglo-normande, *M* et *Z*[1], et du ms. BL, Add. 10289, de provenance peut-être normande.

Comment interpréter ces données, qui représentent un point de départ et non une conclusion ? À la lumière des recherches effectuées, le trilinguisme, l'abondance de textes en latin et la présence de textes utilitaires se détachent comme les caractères saillants des mss *M* et *Z* et comme le résultat de leur origine insulaire et, surtout, du contexte privé dont ils sont issus. Puisque les copistes en étaient les premiers propriétaires et qu'ils les ont conçus pour leur usage personnel, ces deux recueils reflètent leurs compétences linguistiques et leurs intérêts, qui vont de la littérature et de la dévotion aux savoirs pratiques.

Ce qui est remarquable du point de vue de notre projet, c'est que seulement dans l'aire anglo-normande des livres de telle facture nous aient transmis des fabliaux. Pour le moment, je ne peux pas m'aventurer en dehors du corpus des fabliaux. Pourtant, il faudra vérifier si les textes littéraires en ancien français se trouvent dans une telle typologie de livres seulement en Angleterre, ou pas. Une situation analogue (plurilinguisme et présence des textes utilitaires) se dessine dans d'autres manuscrits anglo-normands d'importance littéraire. Un cas parmi mille, le célèbre manuscrit contenant les *Lais* et les *Fables* de Marie de France, le ms. Harley 978 (vers 1265), trilingue et contenant lui aussi plusieurs textes utilitaires[2].

Beatrice BARBIERI
Université de Göttingen

1 Les sources du XIIe siècle indiquent elles aussi une présence majeure de textes utilitaires en français dans le domaine anglo-normand. Voir à ce propos Careri *et al.*, *Livres et écritures [...]*, *op. cit.*, p. XXXVI et XLVI, puis Careri, « Plurilinguismo [...] », art. cité.

2 Voir Andrew Taylor, *Textual Situations. Three Medieval Manuscripts and their Readers*, Philadelphia PA, University of Pennsylvania Press, 2002, p. 76-136.

DES « BIBLIOTHÈQUES PERSONNELLES »

Copie, compilation et matière du livre anglo-normand : l'exemple des manuscrits London, BL, Harley 2253 et Oxford, BL, Digby 86

Les enquêtes fouillées menées, d'abord, par Brian Woledge et Ian Short, auteurs d'une « [l]iste provisoire de manuscrits du XIIe siècle contenant des textes en langue française » publiée en 1981[1], puis poursuivies par Maria Careri, Christine Ruby et Ian Short dans leur catalogue paru en 2011[2], ont permis de creuser la question du livre anglo-normand, un domaine qui a joué, pour reprendre les mots de Keith Busby, un « crucial role at the early stages of manuscript production and the later development of characteristic patterns of supply and demand[3] ». Les travaux des chercheurs ont en effet révélé qu'une importante proportion des manuscrits du XIIe siècle est rattachée au domaine anglo-normand, où les genres pratiqués et goûtés sont plus variés que ce que l'on a longtemps cru, comme l'hagiographie, la chanson de geste, le roman et la chronique qui semblent tous s'être taillés une place[4]. La production anglo-normande se caractérise également par la présence de quelques importants « miscellany manuscripts[5] » – entendu au sens de « mélanges », soit des ensembles apparemment peu organisés constitués de plusieurs pièces différentes – ayant vu le jour à la fin du XIIIe et au début du XIVe siècle. Ces livres ne sont pas sans rappeler quelques-uns des grands recueils continentaux, d'autant plus que certains d'entre

1 Brian Woledge – Ian Short, « Liste provisoire de manuscrits du XIIe siècle contenant des textes en langue française », *Romania*, 102 (1981), p. 1-17.

2 Maria Careri *et al.*, *Livres et écritures en français et en occitan au XIIe siècle. Catalogue illustré*, Roma, Viella, 2011, p. XXXIII-XXXV.

3 Keith Busby, *Codex and Context. Reading Old French Verse Narrative in Manuscript*, 2 t., Amsterdam / New York NY, Rodopi, 2002, t. 2, p. 513.

4 *Ibid.*, t. 2, p. 489.

5 *Ibid.*, t. 2, p. 509.

eux renferment, comme on l'observe dans les mss Paris, BnF fr. 837 et fr. 19152 et le Bern, Burgerbibliothek 354, par exemple, un certain nombre de fabliaux[1].

Parmi les « mélanges » sur lesquels l'auteur de *Codex and Context* insiste davantage, on retient surtout les imposants recueils London, British Library, Harley 2253[2] et Oxford, Bodleian Library, Digby 86[3], lesquels n'ont pas manqué de retenir l'attention des chercheurs qui, en accumulant les découvertes, sont parvenus à décrire assez précisément les conditions de production de ces deux manuscrits où se côtoient les langues – le français, l'anglais et le latin –[4] et les genres – de la prière à la lyrique, en passant par le fabliau. Composé de 140 feuillets, le ms. Harley est un ensemble composite qui a été réalisé par deux copistes : l'un s'est chargé de la copie des 48 premiers feuillets à la fin du XIIIe siècle, alors que l'autre, identifié comme le « scribe du Harley[5] », a travaillé à la confection du reste du manuscrit tel qu'il nous est parvenu aujourd'hui. Les deux unités codicologiques ont été jointes pendant la période médiévale. On sait que le scribe du Harley a évolué dans la région de Ludlow, dans le Shropshire, à une vingtaine de kilomètres de la ville de Hereford[6],

1 *Ibid.*

2 Neil R. Ker, *Facsimile of British Museum, Ms. Harley 2253*, London / New York NY, Oxford University Press, 1965.

3 Judith Tschann – Malcolm B. Parkes, *Facsimile of Oxford, Bodleian Library, MS Digby 86*, Oxford, Oxford University Press, 1996.

4 Le plurilinguisme est une caractéristique de l'Angleterre médiévale, alors que trois langues (l'anglais, le français et le latin) sont en constante interaction. Cette dynamique tout à fait particulière, à l'intérieur de laquelle le français et le latin se posent comme des langues de prestige (droit, administration, culture), influence notamment la constitution des recueils littéraires, partagés entre ces différentes langues. Il est à noter que le plurilinguisme est beaucoup plus répandu dans les manuscrits anglo-normands que dans les recueils français. À ce propos, *cf.* John Frankis, « The Social Context of Vernacular Writing in Thirteenth-Century England : The Evidence of the Manuscripts », *Thirteenth Century England*, 1 (1986), p. 175-184 et Derek Pearsall, *Old English and Middle English Poetry*, London, Routledge, 1977, p. 94-101. Sur la spécificité linguistique de l'Angleterre au Moyen Âge, voir notamment Serge Lusignan, *La langue des rois au Moyen Âge. Le français en France et en Angleterre*, Paris, Presses universitaires de France, 2004.

5 Les travaux des spécialistes ont montré que le scribe du Harley s'est aussi chargé de deux manuscrits aujourd'hui conservés à la British Library, soit le Royal 12.C.XII et le Harley 273, qui sont également trilingues. Voir Carter Revard, « Scribe and Provenance », *Studies in the Harley Manuscript : the Scribes, Contents, and Social Contexts of British Library MS Harley 2253*, ed. by Susanna Fein, Kalamazoo MI, Medieval Institute Publications, 2000, p. 21-109.

6 À ce propos, voir notamment Ker, *Facsimile [...]*, *op. cit.*, p. XXII.

pendant la première moitié du XIVe siècle. Plus précisément, il aurait achevé la copie des textes préservés dans ce recueil autour de 1340[1]. Le codex, qui renferme 116 pièces – religieuses, lyriques, didactiques, narratives –[2], pourrait avoir été produit pour les Ludlow de Stokesay[3]. En raison de leur facture et des quelques textes qu'ils ont en commun, on tend souvent à rapprocher le manuscrit Harley 2253 du Digby 86, un autre grand recueil anglo-normand[4] qui regroupe pour sa part 101 textes répartis sur 207 feuillets. La majorité de ces textes a probablement été copiée entre 1272 et le début du XIVe siècle[5], dans le Worcester[6], par le premier possesseur du manuscrit, que certains soupçonnent être Richard II de Grimhill[7]. En fait, seuls les textes copiés sur le f. 16 – un feuillet

1 La datation de ce manuscrit impose quelques nuances. Selon Revard, la section du scribe du Harley est postérieure à 1329. Voir Revard, « Scribe and Provenance », art. cité, p. 62. Plus précisément, la pièce *Against the King's Taxes* (f. 137v-138v) a été copiée vers 1338-1340 ou, à tout le moins, avant 1342. Les f. 139 et 140, quant à eux, sont postérieurs à 1342. Revard propose les dates de 1342 pour la copie du texte intitulé *Contemplacioun de la passioun Jehsu Crist* (f. 138v-140r) et 1343-1348 pour celle de la pièce intitulée *Martirio Sancti Wistani* (f. 140v [*ibid.*, p. 63]). Dans un article paru la même année (2000), le chercheur résume la situation en affirmant que la majorité du contenu du recueil a été copiée autour de 1340. Voir Id., « From French "fabliau manuscripts" and MS Harley 2253 to the *Decameron* and the *Canterbury Tales* », *Medium Ævum*, 69/1 (2000), p. 261-268 (en part. p. 261-262). Catherine A. Rock, *Romances Copied by the Ludlow Scribe :* Purgatoire Saint Patrice, Short Metrical Chronicle, Fouke le Fitz Waryn, *and* King Horn, Kent OH, Kent State University, 2008, p. 42 affirme que le recueil a été complété entre 1340 et 1342.

2 On trouve une description complète du contenu du recueil dans Ker, *Facsimile [...]*, *op. cit.*, p. IX-XVI.

3 Voir notamment Keith Busby, « *Esprit gaulois* for the English : The Humor of the Anglo-Norman fabliau », *The Old French Fabliaux : Essays on Comedy and Context*, ed. by Kristin L. Burr *et al.*, Jefferson NC, McFarland & Co, 2008, p. 160-173 (en part. p. 161).

4 Ce rapprochement est d'ailleurs effectué par Marilyn Corrie, « Harley 2253, Digby 86, and the Circulation of Literature in Pre-Chaucerian England », *Studies in the Harley Manuscript [...]*, *op. cit.*, p. 427-443.

5 Tschann – Parkes, *Facsimile [...]*, *op. cit.*, p. XXXVI-XXXVIII indiquent qu'on propose généralement la datation de 1272-1282 pour ce manuscrit, mais ils préfèrent étendre l'arc chronologique jusqu'au début du XIVe siècle.

6 *Ibid.*, p. XI.

7 S'appuyant sur l'étude de Brian D.H. Miller, « The Early Story of Bodleian MS Digby 86 », *Annuale Mediaevale*, 4 (1963), p. 26-56, Tschann – Parkes, *Facsimile [...]*, *op. cit.*, p. LVII écrivent que « Richard de Grimhill II would be a strong candidate for collecting the texts (which are predominantly of a secular or private devotional character) and copying the manuscript for his own use ». Il ne s'agit cependant que d'une hypothèse qui ne peut être confirmée hors de tout doute. Busby, « *Esprit gaulois* [...] », art. cité, p. 161, reprend cette hypothèse.

préparé par un copiste de la fin du XIVe siècle et inséré tardivement –[1], ainsi que les f. 81-96, datés du XIIIe siècle[2], ont été attribués à une autre main. Comme le Harley, le Digby affiche un contenu d'un éclectisme remarquable qu'exacerbe la cohabitation du français, de l'anglais et du latin[3]. On y trouve notamment des recettes (f. 28r-34r), une traduction de la *Disciplina Clericalis*, connue sous le titre de *Chastoiement d'un père à son fils* (f. 74v-97v), une copie du *Songe d'Enfer* de Raoul de Houdenc (f. 97v-102v), plusieurs textes édifiants, une série de prières à la Vierge et le fabliau des *Quatre Sohais saint Martin* (f. 113r-v).

L'impression d'hétérogénéité que suscitent le Harley et le Digby est attribuable aux différentes matières qu'ils accueillent, certes, mais aussi à leur matérialité. En effet, la facture de ces deux manuscrits fait preuve d'une irrégularité qui trahit le statut de leurs principaux copistes. S'ils sont des professionnels de l'écriture, ces deux copistes ne sont cependant pas des professionnels du livre[4], de sorte qu'ils ont « bricolé » leurs livres à l'écart des grands ateliers de copie. Cherchant à mieux saisir ces manuscrits composites, les critiques ont eu recours à plusieurs étiquettes pour les qualifier : « miscellany[5] », qui suppose une part d'incohérence dans le choix des textes et un désordre dans leur ordonnancement ; « anthology[6] », qui insiste plutôt sur l'existence d'un fil conducteur qui

---

1 Tschann – Parkes, *Facsimile [...]*, *op. cit.*, p. XXXIX.

2 *Ibid.*, p. XXXVIII.

3 On trouve une description complète du contenu du recueil *ibid.*, p. XI-XXXVI. Au sujet des différents textes qui composent le Digby 86, voir Marilyn Corrie, « The compilation of Oxford, Bodleian Library, MS Digby 86 », *Medium Ævum*, 66 (1997), p. 236-249.

4 Voir Tschann – Parkes, *Facsimile [...]*, *op. cit.*, p. LVI. Jason O'Rourke, « Imagining Book Production in Fourteenth-Century Herefordshire : The Scribe of British Library, MS Harley 2253 and his "Organizing Principles" », *Imagining the Book*, ed. by Stephen Kelly – John J. Thompson, Turnhout, Brepols, 2005, p. 45-60 (en part. p. 59), qualifie le scribe du Harley de « relative amateur who adopted a flexible approach to book production ».

5 Le recours au terme « miscellany » pour décrire un manuscrit laisserait entendre que « the collection in question was compiled in a chaotic and disordered fashion » (*ibid.*, p. 45). Revard, lui, estime que l'étiquette de « miscellany » renvoie à l'idée d'un « gathering of texts linked by no particular theme, arranged in no significant sequences, and segregated into no meaningful groups or patterns of items » (« From French "fabliau manuscripts" [...] », art. cité, p. 261). Sur la question spécifique du mélange dans les manuscrits anglais, voir Derek Pearsall, « The Whole Book : Late Medieval English Manuscript Miscellanies and their Modern Interpreters », *Imagining the Book*, *op. cit.*, p. 17-29.

6 Au désordre du « mélange » tend donc à s'opposer le soin accordé à la production des « anthologies », des « organized productions » (O'Rourke, « Imagining Book Production [...] », art. cité, p. 45). Revard range les manuscrits Harley 2253 et Digby 86 parmi les recueils

traverse le livre, comme l'a suggéré Carter Revard ; « florilegium[1] » et « collection[2] », un terme plus neutre retenu par Jason O'Rourke. Bien que l'on tende désormais à admettre l'existence d'une certaine structure dans ces deux recueils, de sorte que l'on préfère le plus souvent le terme d'« anthology » à celui de « miscellany », cette pluralité d'étiquettes montre que ces « bibliothèques personnelles », véritables espaces de conservation de textes préparés et organisés selon les intérêts de lecteurs spécifiques[3], résistent encore aux lecteurs modernes que nous sommes.

L'intérêt qu'ont accordé les philologues aux conditions de production de ces deux « bibliothèques » semble mener tout naturellement à une réflexion complémentaire sur ce que l'on pourrait appeler leur mode de production, un mode de production caractérisé par sa flexibilité. Une telle souplesse a permis aux copistes d'accueillir plusieurs textes variés au fur et à mesure qu'ils leur sont devenus accessibles et de garnir ainsi les « bibliothèques » qu'ils s'appliquaient à construire. Tant le copiste principal du ms. Harley que celui du Digby semblent avoir procédé par accumulation de strates, guidés par un principe de saturation. Le travail des compilateurs des recueils témoigne quant à lui d'une certaine tension entre le tout et la partie, c'est-à-dire entre le désir d'un livre entier et l'inévitable fragmentation de celui-ci en différentes unités matérielles. Cet examen des modalités de la copie et de la compilation dans le Harley et le Digby soulève une question essentielle qui demande encore à être élucidée, celle des conditions de circulation des textes aux XIIIe et XIVe siècles dans le domaine anglo-normand. On a déjà noté que ces deux recueils avaient la particularité de renfermer quelques fabliaux, un

---

qui apparaissent « no less clearly anthologies showing careful arrangement of their texts for an apparent overall purpose or intended use : we can infer principles by which their texts were chosen, and we can see patterns in which their texts are grouped and sequenced » (« From French "fabliau manuscripts" [...] », art. cité, p. 261). Pour Theo Stemmler, malgré l'absence de « sustained organizing principle », le manuscrit Harley 2253 peut être qualifié d'anthologie en raison de certains groupes de textes « discernibly arranged » (« Miscellany or Anthology ? The Structure of Medieval Manuscripts : MS Harley 2253, for Example », *Studies in the Harley Manuscript [...]*, *op. cit.*, p. 111-122, p. 120).

1 Voir Revard, « From French "fabliau manuscripts" [...] », art. cité, p. 267.

2 Tentant d'échapper à l'opposition entre « miscellany » et « anthology », O'Rourke, « Imagining Book Production [...] », art. cité, p. 60 opte plutôt pour le terme neutre de « collection » (dans le sens de « recueil »), plus apte selon lui à rendre compte de l'organisation du recueil Harley 2253.

3 Sur la nature « domestique » du Harley et du Digby voir Busby, *Codex and Context [...]*, *op. cit.*, t. 2, p. 512.

genre plutôt discret dans le domaine anglo-normand[1]. Si certains sont rattachés au continent (*Le Chevalier qui fist parler les Cons* [f. 122v-124v] et *Les trois Dames qui troverent un Vit* [f. 110r-v] dans le Harley, *Les quatre Sohais saint Martin* [f. 113r-v] dans le Digby), d'autres (*Le Chevalier a la Corbeille* [f. 115v-117r] et *La Gageure* [f. 118r-v], copiés dans le Harley) sont des *unica* d'origine insulaire[2] qui n'ont pas laissé de traces dans les manuscrits continentaux. Ce constat tend à s'appliquer à l'ensemble des recueils, dans lesquels cohabitent des textes continentaux et insulaires. Il n'est d'ailleurs pas sans intérêt de noter que plusieurs pièces copiées dans le Digby et le Harley, de vastes entreprises qui laissent deviner des intentions anthologiques, ne nous sont pas parvenues dans d'autres livres, comme si certaines pratiques littéraires plus locales, pourtant bien vivantes, n'avaient pu subsister que dans ces grands « mélanges » qui font l'objet de la présente étude. La nature et la provenance des textes qui garnissent ces « bibliothèques » anglo-normandes méritent donc d'être interrogées.

CUEILLETTE ET COPIE

Les 48 premiers feuillets du manuscrit Harley, copiés par une main qui n'est pas celle du scribe du Harley, présentent une mise en page régulière et homogène, qui tranche avec ce que l'on peut observer dans la deuxième partie du recueil. Alors que les textes de la première unité codicologique sont toujours transcrits sur deux colonnes comptant de 47 à 51 lignes, ceux de la deuxième unité ont échappé à ce cadre rigide et ont été copiés en fonction de critères beaucoup plus mouvants. On remarque, en effet, une alternance dans la disposition des textes, qui peuvent être copiés sur une, deux voire trois colonnes.

1 Sur cette question, voir entre autres Keith Busby, « Conspicuous by its Absence : the English *Fabliau* », *Dutch Quarterly Review*, 12 (1982), p. 30-41 et Ian Short – Roy Pearcy, *Eighteen Anglo-Norman Fabliaux*, London, Anglo-Norman Text Society, 2000. Cette édition des fabliaux anglo-normands inclut quatre fables de Marie de France et des récits tirés du *Chastoiement d'un père à son fils*.

2 Une analyse des traits linguistiques permet de conclure que *Le Chevalier a la Corbeille* et *La Gageure* sont des textes d'origine insulaire. Voir *NRCF*, t. 9, p. 266 et t. 10, p. 4.

Les règles de mise en page se laissent plus facilement saisir à la fin du volume (pièces 94 à 116, f. 128v-140v)[1], où les textes en prose, nettement dominants, sont copiés sur une seule colonne. On remarque toutefois quelques entorses à ce modèle au début de l'unité codicologique : on trouve ainsi des pièces en prose copiées sur deux colonnes aux f. 52v, 53r-54v, 68v-70r, 127r-v. Plus encore, on relève que la disposition sur une colonne n'est pas réservée qu'aux textes en prose. Tant les f. 49r-50v que le bloc composé des f. 57r-64r présentent des textes en vers transcrits sur une seule colonne. La suite du manuscrit tend plutôt à donner à lire des pièces versifiées disposées sur deux ou trois colonnes, mais là encore, aucun modèle ne traverse l'ensemble de la partie sous la responsabilité du scribe du Harley. On peut constater que des textes en vers ont été copiés sur une colonne à quelques reprises, aux f. 73r-74v, 76r-77r, 80v-81v, 83r-92v, 106r, 113v-115r, 125r, 128r, 128v, 137v-138v.

L'irrégularité de la mise en page est particulièrement éclatante lorsque la disposition des textes varie sur un même folio. C'est le cas notamment de la pièce 39, les *Pardouns de Acre*, un texte en prose dont le début est copié sur deux colonnes au recto du f. 70. Le texte se termine au haut du verso du f. 70, mais il est cette fois transcrit à longues lignes. Après ces trois lignes de conclusion, la disposition sur deux colonnes reprend pour les pièces lyriques. On observe donc une rupture dans la mise en page pour un même texte qui s'étend sur deux folios, mais aussi pour différents textes copiés sur un même feuillet. Une telle rupture se répète au verso du f. 124, majoritairement occupé par un texte en vers (*Of Ribaldry I rhyme and read of my roll*) sur deux colonnes. La fin du texte, copiée au début du f. 125r, est cependant disposée sur une seule colonne, bien que le reste du folio présente les *Proverbs of Hendyng* sur deux colonnes (f. 125r-127v). Il arrive aussi que le changement de mise en page soit souligné par un trait horizontal qui traverse le folio et qui vient accentuer l'effet de contraste, comme c'est le cas au verso du f. 81, où la disposition sur deux colonnes succède à la disposition sur une seule colonne.

Le scribe du Harley était vraisemblablement plus soucieux du contenu de son livre que de l'élégance de sa mise en page, comme s'il avait ajusté son plan de travail au fur et à mesure de la disponibilité des

1 Les numéros de pièces renvoient à ceux attribués par Ker, *Facsimile [...], op. cit.*, p. IX-XVI.

textes. Dans ce recueil qui fait la part belle à la lyrique, la variété des formes métriques peut sans doute partiellement expliquer l'alternance des modèles de mise en page, laquelle doit être constamment révisée par le copiste en fonction des pièces qu'il choisit d'inclure dans son livre. L'analyse du nombre d'unités de réglure, hautement fluctuant, vient d'ailleurs conforter cette affirmation. On trouve autant, en effet, de feuillets comportant 36 (f. 114r), 37 (f. 53r) ou 38 (f. 49r) unités de réglure que de feuillets en contenant 53 (f. 77v) ou 59 (f. 52v). Plus encore, certains textes semblent avoir été « coincés » à l'intérieur du livre[1]. Occupant la deuxième colonne du verso du f. 79, la pièce 61 (*Jesu for thy mickle might*), par exemple, déborde en longueur de l'espace prévu pour la colonne. Celle-ci compte en fait six lignes de plus que la colonne de gauche, preuve que le scribe a tenté de ménager suffisamment d'espace sur le parchemin pour accueillir le texte qu'il désirait copier. Le manuscrit porte donc des traces d'un procédé d'accumulation des textes qui a manifestement orienté la pratique du copiste.

Le recueil Digby fournit des exemples encore plus éloquents d'une construction du livre par accumulation de différentes strates. Son examen montre bien que le copiste a cherché à saturer l'espace du parchemin au fil du temps, ce qui indique qu'il a pu travailler sur les mêmes folios à plusieurs reprises. Par exemple, le septième texte du manuscrit (f. 8v-15v et 17v-21r, *Lettre d'Hippocrate à Cesar*) a été augmenté de quelques courts passages sur six folios différents[2]. Occupant les marges des textes, ces ajouts fournissent d'importantes informations quant aux méthodes de travail du copiste, qui est revenu sur ce qu'il avait déjà accompli pour l'étoffer, se livrant dès lors à ce que l'on pourrait qualifier de travail de remplissage. Comme on l'a observé pour le scribe du Harley, le projet du scribe du Digby semble avoir été envisagé avec suffisamment de souplesse pour permettre des remaniements postérieurs. Il en résulte un livre ouvert, appelé à être augmenté et toujours complété[3].

Si l'on dispose d'informations beaucoup plus fragmentaires concernant les conditions de production du ms. Cambridge, University Library,

1 Voir O'Rourke, « Imagining Book Production [...] », art. cité, p. 55.

2 Pour une description détaillée de ces ajouts, voir Tschann – Parkes, *Facsimile [...]*, *op. cit.*, p. XIII-XV et XXXIII-XXXVI.

3 À la différence de ce que l'on observe dans le ms. Harley, les feuillets du ms. Digby présentent un nombre d'unités de réglure plus régulier (32 ou 33).

Gg. 1.1, un recueil que Busby inclut parmi les grands mélanges anglo-normands[1], il n'en demeure pas moins que l'on peut tracer certains parallèles entre les particularités de sa confection et celles que l'on vient tout juste d'étudier. Pour Paul Meyer, de toute évidence impressionné par l'ampleur de ce monument de 633 feuillets – qui en aurait compté neuf de plus dans son état complet –[2], le manuscrit conservé à Cambridge est « à lui seul toute une bibliothèque[3] ». Œuvre d'un copiste qui aurait travaillé à ce recueil au début du XIVe siècle (en tout cas après 1307, comme le suggère la présence d'une pièce sur la mort d'Édouard Ier), ce codex à la mise en page relativement homogène présente aussi des traces d'un certain souci de remplissage, comme si la production du livre avait moins respecté un plan établi à l'avance qu'épousé les aléas de la cueillette des textes. Paul Meyer fait remarquer que le copiste semble s'être attaché à commencer en belle page, mais qu'il ne semble pas non plus avoir voulu laisser des blancs à la suite des pièces qui ne finissaient pas au bas d'une colonne[4]. On peut ainsi retracer toute une série de petits ajouts – le plus souvent de courts morceaux en français ou en latin – qui viennent remplir les pages et occuper les espaces laissés blancs[5]. On aurait donc tort d'isoler les pratiques des scribes principaux du Harley et du Digby, puisqu'on en retrouve de semblables dans cette autre « bibliothèque » anglo-normande décrite par Paul Meyer.

COMPILATION ENTRE UNITÉ ET FRAGMENTATION

L'analyse des modalités de la copie a mis au jour un procédé de cueillette des textes qui a entraîné une série de conséquences, dont la combinaison de plusieurs types de mise en page, une conséquence

1 Busby, *Codex and Context [...]*, *op. cit.*, t. 2, p. 509.

2 Paul Meyer, « Les manuscrits français de Cambridge. II. La bibliothèque de l'Université », *Romania*, 15 (1886), p. 236-357 (en part. p. 283). Paul Meyer précise qu'une note inscrite sur l'un des plats de la reliure indique la perte de neuf feuillets.

3 *Ibid.*

4 *Ibid.*, p. 284.

5 Par exemple, le dernier feuillet (f. 121v) des *Prophéties Merlin* en prose contient également un morceau sur le parjure et des sentences. Voir *ibid.*, p. 295.

particulièrement bien illustrée dans le ms. Harley. On a également déjà souligné le caractère composite des deux principaux recueils étudiés, eux qui se posent comme la somme de différentes unités ayant circulé indépendamment. Or, si la copie a pu s'étendre sur plusieurs années et qu'il ne s'agit pas de manuscrits organiques, les textes ont finalement été réunis pour former les livres auxquels nous avons maintenant accès. Il apparaît donc pertinent de réfléchir à la tension entre la partie et le tout qui anime ces deux grands recueils composites. Car les nombreuses études sur le manuscrit Harley publiées ces dernières années révèlent que l'on tend le plus souvent à aborder une partie du manuscrit – une partie délimitée en fonction d'un genre spécifique, par exemple – plutôt que son ensemble[1]. Dans un article paru en 2005, O'Rourke parlait d'ailleurs de « mini-anthologies » pour décrire la constitution du manuscrit Harley[2]. Le médiéviste suggère[3] :

> One of the most important features of the scribe's methodology is that his manuscripts were all assembled using booklets of single or multiple quires, which suggests that if we are looking for evidence of arranged material, then we should be looking for it at booklet level rather than in the manuscript as a whole. The use of these units has implications for the way in which the manuscripts were read as well as how they were constructed.

En empruntant la voie ouverte par O'Rourke et en y regardant de plus près, on constate que, dans la partie copiée par le scribe du Harley, un texte commence sur un nouveau cahier à cinq reprises (f. 49r, 53r, 63r, 106r et 134r)[4], formant ainsi cinq blocs dont l'ordre de reliure original demeure incertain[5]. Il y a donc cinq blocs (f. 49r-52v, 53r-62v, 63r-105v, 106r-133v, 134r-140v) – six, si l'on inclut la première unité codicologique

1 On pense entre autres aux auteurs de l'ouvrage collectif sur le manuscrit Harley, dirigé par Susanna Fein et paru en 2000, dans lequel chaque auteur, devant l'ampleur de ce recueil, se concentre sur une portion de celui-ci : *Studies in the Harley Manuscript [...]*, *op. cit.*, p. 123-161, 289-327 et 391-426.

2 O'Rourke, « Imagining Book Production [...] », art. cité, p. 58.

3 *Ibid.*, p. 53.

4 L'analyse de la constitution des cahiers s'appuie sur celle proposée par Beatrice Barbieri dans la base de données *eCodex*, établie dans le cadre du projet de recherche *Lire en contexte à l'époque prémoderne. Enquête sur les manuscrits de fabliaux* (2010-2014).

5 « The quires need not to be in their original order, since in five places a new text begins on a new quire. [...] There are no catchwords or quire numbers » (Ker, *Facsimile [...]*, *op. cit.*, p. XVI).

(f. 1r-48v), toutefois préparée par un autre copiste – qui atteignent un degré d'autonomie relativement élevé, intensifié par l'absence d'un système de réclames et de signatures.

Certes, il faut, d'une part, insister sur l'autonomie des différentes sections, mais on peut difficilement, d'autre part, résister à la tentation d'esquisser une sorte de « squelette » qui rende compte de l'architecture du livre entier. C'est la piste de la distinction entre le vers et la prose, un critère qui semble avoir orienté le compilateur du recueil, qui apparaît la plus féconde[1]. Car, d'un point de vue à la fois micro- et macrostructurel, les textes en prose tendent à succéder aux textes en vers. En effet, les quatre premiers blocs de la deuxième unité codicologique (f. 49r-52v, 53r-62v, 63r-105v, 106r-133v) renferment une forte majorité de textes en vers, alors que le cinquième et dernier bloc (f. 134r-140v) est consacré aux textes en prose. On relève des exceptions dans les trois derniers blocs, mais il est intéressant de noter que les textes en prose présents dans les troisième et quatrième blocs se trouvent toujours vers la fin. Dans le troisième bloc, par exemple, les f. 92v-105v donnent à lire trois pièces en prose, soit des *Old Testament stories from Genesis, Exodus, Numbers* (f. 92v-105r), suivies de deux petits morceaux permettant de compléter le cahier et apparaissant au f. 105v : *Nomina librorum bibliotece* et *Cubitorum*. Dans le quatrième bloc, une séquence ininterrompue de textes en vers (f. 106r-127r) cède la place à une série de pièces en prose (f. 127r-133v), lesquelles ont cependant été infiltrées par deux morceaux en vers occupant le f. 128r et le tout début du f. 128v, une infiltration qui montre à nouveau la grande malléabilité du plan de travail du scribe. Si les textes en prose dominent dans le dernier bloc, confirmant ainsi la tendance à laisser à la prose le soin de conclure les différentes séries, on note la présence de deux textes en vers aux f. 134v et 137v-138v, qui semblent, comme dans le troisième bloc, agir comme autant d'entorses à la structure dominante. Il faut d'ailleurs ajouter que cette répartition entre vers et prose est aussi celle qui organise la première unité codicologique (f. 1r-48v), où l'on a deux pièces en vers en ouverture (f. 1r-33v),

1 Stemmler, « Miscellany or Anthology ? [...] », art. cité, p. 113 énumère une série de principes organisateurs qui ont pu orienter la pratique des compilateurs de grands recueils comme le Harley : figure de l'auteur, langue des textes, genre et matière. À propos du compilateur du Harley, il conclut cependant : « The overriding principle he considered for the arrangement of his material is the distinction between verse and prose ».

lesquelles sont suivies de cinq pièces en prose. Malgré l'impression de rupture que peut susciter la succession des différents blocs, un même principe semble donc organiser à la fois la partie (les différentes unités matérielles) et le tout (le livre entier, incluant la première unité codicologique), ce qui nous garde bien de réduire cette « bibliothèque » à un mélange sans structure. On peut dès lors partager la proposition de Derek Pearsall, qui invite les chercheurs à envisager les grands recueils comme des « livres entiers » (« whole book[s] »)[1] pouvant être analysés dans une perspective plus large que celle délimitée par les différentes unités matérielles.

Si l'on a à juste titre remarqué le mélange générique et thématique donné à lire dans le ms. Digby[2], on doit admettre qu'un certain souci d'ordonnancement se dégage de ce recueil, où l'unité apparaît encore plus clairement que dans le Harley. Le critère fondé sur la distinction entre le vers et la prose a de toute évidence été opératoire au Moyen Âge, puisqu'il a également été retenu par le compilateur qui s'est chargé du Digby. Alors que le manuscrit Harley présente plusieurs petites parties qui reproduisent un modèle que l'on retrouve aussi à l'échelle du livre entier, le manuscrit Digby fait état d'une structure plus linéaire qui se divise en deux grandes parties. On peut donc d'abord lire les textes en prose (f. 1r-74r), avant de passer aux textes en vers (f. 74v-207v). Les f. 81r-96v, copiés par un autre scribe, s'insèrent d'ailleurs sans problème dans cette construction bipartite et participent à l'augmentation de la collection des textes en vers. Bien que l'étape de la copie ait été réalisée en plusieurs strates, on décèle un certain souci d'uniformité chez le copiste du Digby, qui s'est chargé des rubriques qui introduisent chacune des pièces. Visant à bien intégrer les feuillets qui n'étaient pas de sa main, il a pris soin d'ajouter des rubriques aux textes de cette unité, ce qui témoigne d'une certaine perspective totalisante. Le scribe du Dibgy se montre en effet conscient de travailler à la constitution d'un livre entier, celui-ci devant être régi par certaines constantes assurant sa cohérence.

1 Pearsall, « The Whole Book [...] », art. cité.

2 « The texts, almost all of them copied by a single scribe, range over an astonishingly wide variety of subjects, from the literary to the decidedly non-literary – medical treatises, confessional material, charms and prognosticatory items » (Corrie, « The Compilation of Oxford [...] », art. cité, p. 236).

On a d'abord insisté sur la souplesse et l'ouverture de ces « bibliothèques personnelles », appelées à être remaniées au fil de l'acquisition des textes. Le caractère hétérogène de ces livres est indéniable, mais il faut également mettre en évidence les principes d'organisation plus larges qui permettent à ces pièces d'échapper finalement à la fragmentation et de produire un effet d'unité. À un certain point de la confection des recueils, les copistes, qui ont peut-être aussi joué le rôle de compilateurs, ont vraisemblablement ressenti le besoin d'orchestrer ces ensembles de textes, bien que les modalités de leur consultation soulèvent quelques questions. La rareté des rubriques dans le Harley, par exemple, laisse croire que le copiste, davantage guidé par un objectif de conservation, était peu soucieux de faciliter la navigation d'un lecteur dans son livre[1].

LE FABLIAU DANS LA « BIBLIOTHÈQUE PERSONNELLE »

Une telle analyse de la matérialité de ces deux grands recueils ouvre la voie à une réflexion sur leur contenu, une réflexion qui se propose de prendre pour point de départ le genre du fabliau. Au total, cinq fabliaux – si l'on fait du *Nouveau recueil complet des fabliaux* (*NRCF*) notre référence – ont été préservés dans les recueils : un seul dans le Digby, *Les quatre Sohais saint Martin* (f. 113r-v), et quatre dans le Harley, soit deux *unica*, *La Gageure* (f. 118r-v) et *Le Chevalier a la Corbeille* (f. 115v-117r), une version du *Chevalier qui fist parler les Cons* (f. 122v-124v)[2] et *Les trois Dames qui troverent un Vit* (f. 110r-v). En plus de ces cinq fabliaux, deux autres seraient également rattachés au domaine anglo-normand[3], toujours selon le *NRCF*. Il s'agit d'une version du fabliau de *Cele qui fu foutue et desfoutue*, intitulée *Le Heron*, disponible dans un fragment

1 C'est aussi ce que croit Corrie, « Harley 2253 [...] », art. cité, p. 431, qui ne décèle pas dans la pratique du copiste du ms. Harley un souci pratique qui traduirait un désir de faciliter la consultation du livre. Il est donc tout à fait légitime de s'interroger quant aux éventuels lecteurs de ce recueil.

2 La version du *Chevalier qui fist parler les Cons* préservée dans le recueil Harley est la version II, à distinguer de la version I. Voir *NRCF*, t. 3, p. 47.

3 Sur le fabliau anglo-normand, voir notamment les développements qu'y consacre John Hines, *The Fabliau in English*, London / New York NY, Longman, 1993.

conservé à Clermont-Ferrand (Archives dép. du Puy-de-Dôme, 1 F 2), et d'*Un Chivalier et sa Dame et un Clerk*, pièce copiée dans le manuscrit de Cambridge, Corpus Christi College, 50.

Dans le Harley, le manuscrit anglo-normand le plus riche en fabliaux, ces derniers ne forment pas une séquence suivie, mais on peut tout de même parler d'une certaine proximité, car les quatre ont été copiés à l'intérieur du même bloc de textes en vers, le quatrième, qui commence au f. 106r et qui s'étend jusqu'au f. 133v. Ils ont tous été copiés sur deux colonnes. Les nombreux chercheurs qui ont envisagé le Harley sous un angle thématique – on pense notamment à Busby et à Revard –[1] ont déjà mis au jour les effets de juxtaposition et de contraste produits par la succession des textes du manuscrit. De tels effets sont aussi perceptibles dans les recueils de fabliaux continentaux, où les fabliaux sont souvent entourés de pièces brèves avec lesquelles ils peuvent dialoguer. Il n'est dès lors pas très étonnant de trouver, dans le manuscrit Harley, à la suite du fabliau des *Trois Dames qui troverent un Vit* (f. 110r-v), le *Dit des femmes* (f. 110v-111r) ainsi que le *Blâme des femmes* (f. 111r-v), deux pièces pouvant être lues comme autant de « réponses » au fabliau qui les précède dans le recueil. Le *Blâme des femmes* apparaît d'ailleurs dans deux recueils de fabliaux continentaux, soit les manuscrits Paris, BnF, fr. 1593[2] et 837[3],

---

1 À propos de la présence du fabliau *Les quatre Sohais saint Martin* dans le Digby, voir Busby, « *Esprit gaulois* [...] », art. cité, p. 162 : « What we see here, I would argue, is an alternation of the frivolous and the serious, the spiritual and the secular, which creates humour by juxtaposition [...] within the first two longer texts in the sequence and between the shorter ones which follow. This is exactly what is found in the larger continental books mentioned above and authorizes us to read the Quatre Sohais and the texts that follow it in the same manner ». Sur le manuscrit Harley, voir Carter Revard, « Oppositional thematics and metanarrative in MS Harley 2253, quires 1-6 », *Essays in Manuscript Geography : Vernacular Manuscripts of the English West Midlands from the Conquest to the Sixteenth Century*, ed. by Wendy Scase, Turnhout, Brepols, 2007, p. 95-112 et Id., « *Gilote et Johane* : An Interlude in B.L. Ms. Harley 2253 », *Studies in Philology*, 79 (1982), p. 122-146, où l'on soutient que, dans ce recueil, il y a non seulement « a selection of opposites but – frequently – a juxtaposition of them, a dialectic arrangement that implies the compiler's ironic awareness of the double view » (p. 127).

2 Dans le ms. Paris, BnF, fr. 1593, on peut lire la séquence suivante : les fabliaux du *Chevalier a la Robe vermeille* (f. 152r-153v), du *Povre Mercier* (f. 153v-155r) et de *Cele qui fu foutue et desfoutue* (f. 155r-156r), puis *Le Blâme des femmes* (f. 156r-v), *Le Lai d'Aristote* (f. 157r-159v) et *Le Lai de l'Ombre* (f. 160r-165v). À propos de la datation et de la composition de ce recueil, on se reportera à la contribution de Gaëlle Morend Jaquet publiée dans ces actes.

3 Dans le ms. Paris, BnF, fr. 837, on peut lire la séquence suivante : les fabliaux de *Cele qui fu foutue et desfoutue* (f. 188r-189r) et des *Quatre Sohais saint Martin* (f. 189r-190r), ensuite

ce dernier étant reconnu pour renfermer une portion importante du corpus des fabliaux. Abondante et indéniablement fructueuse, l'étude du contexte thématique peut cependant gagner à s'ouvrir à l'analyse des variantes et à la comparaison des fabliaux préservés dans le Harley à celui copié dans le Digby.

Dans l'importante étude qu'il a consacrée au genre du fabliau, Per Nykrog a justement relevé une variante significative dans le prologue des *Trois Dames qui troverent un Vit* (f. 110r-v)[1], texte qui a aussi été préservé dans le manuscrit Paris, BnF, fr. 1593 (f. 149v-150v) et dont le prologue se lit comme suit (v. 1-4)[2] :

> Ma paine metrai et m'entente,
> Tant com je sui en ma jovente,
> A conter un fabliau par rime,
> Sanz colour et sanz leonime.

Dans la version du Harley, on lit plutôt :

> Puis que de fabler ay comencé,
> Ja n'y ert pur moun travail lessé.
> De trois dames comenceroy
> Assez brievement le counteroy

Un lecteur avisé n'aura pas manqué de voir dans les deux premiers vers de ce prologue un emprunt direct au lai de *Yonec* de Marie de France, qui s'ouvre avec les mots suivants : « Puis que des lais ai comencié, / Ja n'iert pur mun travail laissié » (v. 1-2)[3]. Ce renvoi à la littérature anglo-normande est constitué de deux vers empruntés, mais aussi adaptés au récit sur le point de commencer, puisque chez Marie de France on parlait de *lai* plutôt que de *fable*. Cette variante, propre au manuscrit Harley, se pose comme un clin d'œil complice et amusé à un lecteur qui saura reconnaître le renvoi à l'œuvre de Marie de France. À l'intérieur de cette

---

Le Privilège aux Bretons (f. 190r-191v), *La Prière de Théophilius* (f. 191v-192v), *Le Blâme des femmes* (f. 192v-193r) et *Le Bien des fames* (f. 193r-v). Il existe une bibliographie abondante sur ce recueil, que l'on date généralement de la fin du XIIIe siècle ou autour de 1280.

1 Per Nykrog, *Les Fabliaux. Étude d'histoire littéraire et de stylistique médiévale*, Genève, Droz, 1973 [1957], p. 84.

2 *NRCF*, t. 8, p. 274-277.

3 *Lais bretons (XIIe-XIIIe siècles). Marie de France et ses contemporains*, éd. par Nathalie Koble – Mireille Séguy, Paris, Champion, 2011, p. 408-455.

« bibliothèque matérielle » s'inscrit donc une « bibliothèque virtuelle » qui demande à être actualisée par le lecteur.

L'interpellation de la mémoire du lecteur, convié à une sorte de jeu littéraire par le biais d'un écho au lai de Marie de France, n'est pas anodine dans le contexte du manuscrit Harley, où la part ludique et divertissante du fabliau semble davantage exploitée que son potentiel moralisant. En effet, les quatre fabliaux préservés dans le recueil tendent à limiter la place accordée à la morale qui conclut le texte. Ainsi, la comparaison des deux versions des *Trois Dames qui troverent un Vit* révèle que la leçon finale est plus brève dans le manuscrit anglo-normand que dans le manuscrit continental. En effet, là où le texte du recueil Harley cherche à dénouer l'intrigue (v. 115-118),

> Mes cele qe la trovera
> A tous jours la tendra
> Come relyke molt desirree
> E de totes dames honoree.

celui du BnF, fr. 1593 propose une conclusion d'une douzaine de vers qui s'ouvre avec les mots suivants : « Par essemple vos mostre et preuve » (Paris, BnF, fr. 1593, v. 117), comme pour rappeler au lecteur que le récit qui s'achève n'est pas qu'un simple divertissement. Certes, la morale qui clôt *Le Chevalier qui fist parler les cons* (f. 122v-124v) est, d'un manuscrit à l'autre, toujours succincte – on se contentera tout au plus d'une formule comme « A tant est li contes finez » –, mais c'est précisément ce qui assure une certaine cohérence parmi les quatre fabliaux qui cohabitent dans le Harley.

Car le *Chevalier a la Corbeille* (f. 115v-117r) et la *Gageure* (f. 118r-v), deux *unica* d'origine insulaire, rappelons-le, se terminent de façon particulièrement abrupte, laissant le soin au lecteur d'en tirer le « surplus » qu'il désire. À la fin du *Chevalier a la Corbeille*, on peut lire : « Ataunt finist sauntz fayle / De la veille e de la corbayle » (v. 263-264)[1], comme si la tâche de l'auteur se limitait à donner à lire un récit et à s'y borner. *La Gageure* suit avec un dénouement semblable, alors que l'auteur des derniers vers annonce que « De la chaunbrere e l'esquier / N'est ore plus a treter » (v. 107-108)[2]. De telles conclusions

1 *NRCF*, t. 9, p. 268-278.
2 *Ibid.*, t. 10, p. 6-10.

laissent entendre qu'on délaisse la morale au profit du récit plaisant, qui occupe dès lors tout l'espace. Ce goût est d'ailleurs sensible dès le tout premier vers du *Chevalier a la Corbeille*, où ce qui suit est présenté comme une « mervaille » (v. 1), c'est-à-dire comme un récit qui divertit et qui séduit (v. 1-4) :

Pur ce que plusours ount mervaille
De le chevaller e la corbaylle,
Ore le vous vueil je counter,
Si il vous plest a escoter.

La mise en valeur du caractère divertissant des fabliaux du manuscrit Harley paraît encore plus appuyée lorsqu'on étudie le traitement réservé au fabliau dans le recueil Digby. En effet, le contraste entre les fabliaux du manuscrit Harley et *Les quatre Sohais saint Martin* (f. 113r-v)[1], copié dans le Digby, est frappant. Là où les premiers défendent le rôle d'un récit plaisant et témoignent d'une confiance envers le lecteur, le second cherche plutôt à orienter la lecture et à s'éloigner du registre du divertissement pour exploiter tout le potentiel moralisant du texte. On remarque d'abord que le récit du fabliau est plus bref que celui que l'on peut lire dans les trois autres manuscrits qui contiennent le texte[2]. Cette tendance à la réduction du récit s'accompagne cependant d'un important allongement en clôture, où la morale est explicitée dans un épilogue de 56 vers, signe que l'on a ressenti le besoin de contrôler l'interprétation du fabliau. Aucune rupture matérielle ne marque le passage du récit à cette morale finale longuement développée, ce qui montre bien que l'on a cherché à souder les deux parties afin de former un tout. Comme l'a noté Busby[3], l'épilogue des *Quatre Sohais saint Martin* (f. 114r) est en fait constitué de 36 vers tirés du *Blâme des femmes*, qui, on l'a vu, fait partie du voisinage des fabliaux dans trois recueils (BnF, fr. 837, BnF, fr. 1593 et Harley 2253), vers du *Blâme des femmes* dans lesquels on a interpolé 20 vers du *Chastie-Musart*, un texte recensé dans deux manuscrits de fabliaux continentaux, soit le

1 *Ibid.*, t. 4, p. 196-210.

2 Précisons d'abord qu'une lacune matérielle entre les actuels f. 112v et 113r fait en sorte que le début du fabliau est manquant. Cependant, le manuscrit Digby contient une « version abrégée » du récit, lorsqu'on le compare à celui fourni dans les mss BnF, fr. 837 et 354 de Berne. Voir *ibid.*, t. 4, p. 191.

3 Busby, « *Esprit gaulois* […] », art. cité, p. 163.

BnF, fr. 1593[1] et le BnF, fr. 19152[2]. Ce procédé d'interpolation relevé dans l'épilogue du fabliau copié dans le Digby n'est pas sans rappeler la méthode de travail du copiste de Digby qui se permettait parfois d'augmenter les textes déjà copiés dans les marges des feuillets. On peut alléguer avec Busby que la longueur excessive de la leçon finale, qui dépasse de loin tout ce que l'on rencontre ailleurs dans le corpus, contribue à produire un certain effet humoristique[3]. Mais il faut également reconnaître que cette greffe permet au fabliau de s'accorder avec le contexte général du manuscrit, lequel fait figure de livre pratique, utile dans la vie de tous les jours[4]. Aux recettes médicales et aux textes sur l'interprétation des rêves s'ajoute donc un récit qui s'applique à prendre les allures d'un véritable guide et qui, à la différence des fabliaux du manuscrit Harley, accompagne le lecteur de près plutôt que de lui offrir un espace d'interprétation.

Plus largement, ces fabliaux sont copiés dans des recueils pouvant servir de point de départ à une réflexion sur le livre anglo-normand. On a d'abord remarqué que les pratiques des copistes du Harley et du Digby relevaient souvent du bricolage. Il s'agit en fait moins d'insister sur le caractère artisanal de la facture de ces livres que d'y voir un témoignage de leur mode de production et de leur fonction. Car, comme l'a écrit Meyer à propos d'un autre grand manuscrit anglo-normand, le Cambridge, University Library, Gg. 1.1, ces recueils se posent comme des « bibliothèques » qui semblent, en raison notamment de la discrétion de leurs éléments paratextuels[5], davantage vouées à la conservation des textes qu'à leur consultation. Les copistes offrent en effet un témoignage

1 Dans le ms. BnF, fr. 1593, on peut lire la séquence suivante : *Complainte Rutebeuf* (f. 135r-136r), *Lai du Conseil* (f. 136r-141r), *Chastie-Musart* (f. 141r-143v), *Le Contenz du monde* (f. 144r-148v), *Por chatoier les orguilloz* (f. 148v-149v) et le fabliau des *Trois Dames qui troverent un Vit* (f. 149v-150v).

2 Dans le ms. BnF, fr. 19152, on trouve la séquence suivante : *Doctrinal Sauvage* (f. 101r-103r), *Chante Pleure* (f. 103r-105r), *Chastie-Musart* (f. 105r-107v), *Desputoison du juif et du crestien* (f. 107v-110v), *D'Amors et de jalousie* (f. 110v-112r).

3 Pour une lecture de ce singulier épilogue, *cf.* Busby, « *Esprit gaulois* [...] », art. cité, p. 163-164.

4 Voir Beatrice Barbieri, « Le contexte manuscrit du *Lai du cor* et la réception tardive des lais (avec une note sur *Renart le Contrefait*) », *Études françaises*, 48/3 (2012), p. 115-125 (en part. p. 118) et la contribution de la même auteure publiée ici.

5 On pense notamment aux rubriques, particulièrement rares dans le Harley, et à la décoration, qui se limite généralement, tant dans le Harley que dans le Digby, à quelques

du travail qui a mené à la constitution de ces « bibliothèques », qu'ils ont été amenés à remanier au fil de leur confection, produisant ainsi des objets hétérogènes et éclectiques qui laissent voir plusieurs signes de rupture, révélés, par exemple, par l'examen des différents modèles de mise en page. L'apparent fouillis de ces « bibliothèques », souvent relevé par les critiques, cache néanmoins quelques tentatives de classification, dont cette distinction manifeste fondée sur la forme des textes. Nous consultons aujourd'hui ces volumes sous la forme de livres entiers, mais on a vu que la partie copiée par le scribe du Harley, par exemple, offre une architecture en cinq blocs, dont l'autonomie est encouragée par l'absence d'un système de réclames et de signatures qui traverserait le volume. Plus encore, les parties tendent toutes à respecter le même modèle structurel, lequel distingue bien les textes en vers de ceux en prose. Il est donc tentant d'affirmer que ces différents blocs pourraient avoir été envisagés et conçus de façon relativement isolée avant d'être réunis sous une même reliure.

Une étude plus approfondie sur le livre anglo-normand exige bien sûr que l'on tienne également compte de son contenu[1]. Comme les copistes qui se sont chargés des recueils de fabliaux continentaux, les scribes du Harley et du Digby ont plus souvent qu'à leur tour cédé à la tentation du contraste entre les textes. Mais si ces contrastes impliquent, comme dans les manuscrits continentaux, des morceaux brefs – preuve supplémentaire de l'importance de la longueur des textes comme critère d'ordonnancement –[2], ceux-ci se distinguent de ce que l'on retrouve du

lettres coloriées. On ne relève qu'une lettre filigranée dans le Harley, et elle se trouve au f. 1r, soit dans la première unité codicologique.

1 Voir Busby, *Codex and Context [...]*, *op. cit.*, t. 2, p. 512.

2 À titre d'exemple, pensons notamment au ms. BnF, fr. 19152, qui se compose d'une longue série de pièces brèves occupant les f. 1r-123v. Les f. 124r-205v, quant à eux, donnent à lire les trois seuls romans (*Partonopeu de Blois*, *Blancandin* et *Floire et Blancheflor*) du recueil, formant dès lors un bloc de textes longs clairement défini qui se distingue bien des pièces brèves. Le ms. Paris, BnF, fr. 12603 fournit un exemple supplémentaire d'organisation des textes en fonction de leur longueur, alors que les pièces longues (*Le Chevalier aux deux épées*, *Le Chevalier au Lion*, *Le Roman d'Eneas*, *Le Roman de Brut*, *Les Enfances Ogier* et *Fierabras*) se chargent d'ouvrir le recueil (f. 1r-238v) avant de céder la place aux textes brefs (f. 239r-301v). Plus généralement, « quand on regarde comment sont répartis dans le manuscrit les textes longs et les textes brefs, on constate que l'alternance est très rare et que les "romans" sont souvent regroupés à une extrémité du recueil, tandis que les "textes courts" sont copiés ensemble ailleurs » (Richard Trachsler, « Observations sur les "recueils de fabliaux" », *Le Recueil au Moyen Âge. Le Moyen Âge central*, éd. par Olivier

côté des manuscrits français. En effet, dans le Harley, hormis la *Riote du monde* (f. 107v-109v)[1], le *Blâme des femmes* (f. 111r-v)[2] et les *Proverbs of Hendyng* (f. 125r-127v), aussi présents dans le Digby (f. 140v-143r), tous les textes qui avoisinent les fabliaux sont absents des autres recueils de fabliaux[3]. Le même phénomène se produit dans le Digby qui, si l'on exclut la greffe du *Blâme des femmes* et du *Chastie-Musart* à la fin des *Quatre Sohais saint Martin* (f. 113v-114r), encadre son unique fabliau de textes que l'on ne retrouve pas dans les manuscrits continentaux, créant ainsi sa propre séquence[4].

Quels sont ces textes, donc, qui avoisinent les fabliaux et qui constituent ces vastes « bibliothèques » issues du domaine anglo-normand ? D'abord, si l'on a souvent mis en parallèle les recueils de Harley et de Digby, c'est généralement en raison de leur proximité – une proximité à la fois géographique (le scribe du Digby a évolué un peu plus au sud que celui du Harley, dans le Worcester) et chronologique (une soixantaine

Collet – Yasmina Foehr-Janssens, Turnhout, Brepols, 2010, p. 35-46 (en part. p. 45). Ces groupements quantitatifs apparaissent d'ailleurs en dehors du corpus des manuscrits contenant des fabliaux (par ex., dans les mss Paris, Bibl. de l'Arsenal, 3142 et BnF, fr. 25566).

1 Ce texte apparaît également dans le ms. BnF, fr. 1553 (f. 519r-520v). Ce dernier aurait été confectionné entre 1285 et 1290, selon Yvan Lepage, « Un recueil français de la fin du XIIIe siècle (Paris, Bibliothèque nationale, fr. 1553) », *Scriptorium*, 29 (1975), p. 23-46, ou bien vers 1285, date qui est celle du colophon ajouté à l'*explicit* du *Roman de la Violette* (Olivier Collet, « "Textes de circonstance" et "raccords" dans les manuscrits vernaculaires », *« Quant l'ung amy pour l'autre veille. Mélanges de moyen français offerts à Claude Thiry »*, éd. par Tan Van Hemelryck – Maria Colombo Timelli, Turnhout, Brepols, 2008, p. 299-311 (en part. p. 300-303).

2 Rappelons que ce texte apparaît également dans les mss BnF, fr. 837 (f. 192v-193r) et fr. 1593 (f. 156r-v).

3 Dans le manuscrit Harley, on peut lire la séquence suivante : la *Riote du monde* (f. 107v-109v), le fabliau des *Trois Dames qui troverent un Vit* (f. 110r-v), le *Dit des femmes* (f. 110v-111r), le *Blâme des femmes* (f. 111r-v), la *Femme a la pye* (f. 112r), *Urbain le Courtois* (f. 112r-113v), *Trailbaston* (f. 113v-114v), *Man in the Moon Stands and Strides* (f. 114v-115r), le fabliau du *Chevalier a la Corbeille* (f. 115v-117r), *Against Matrimony* (f. 117r-118r), le fabliau de la *Gageure* (f. 118r-v), *Interpretation of Dreams* (f. 119r-121r), *L'Ordre de bel eyse* (f. 121r-122v), le fabliau du *Chevalier qui fist parler les Cons* (f. 122v-124v), *Of Ribaldry I rhyme and read of my roll* (f. 124v-125r) et *The Proverbs of Hendyng* (f. 125r-127v).

4 Dans le manuscrit Digby, on trouve la séquence suivante : *Lai du Cor* (f. 105r-109r), *Fablel del gelous* (f. 109v-110r), *De un pecheor ki se repenti* (f. 110r-111r), *La Bestournee* (f. 111r-112v), une lacune matérielle, le fabliau des *Quatre Sohais saint Martin* (f. 113r-v), suivi d'un épilogue composé de vers tirés du *Blâme des femmes* (f. 113v-114r) et du *Chastie-Musart* (f. 114r), et *La vie de un vallet amerous* (f. 114r-116v).

d'années sépare les deux livres) –[1], mais à cette double proximité doivent s'ajouter quelques recoupements relevant du contenu, alors que les deux livres présentent un certain nombre de textes en commun[2]. Les travaux menés par Marilyn Corrie, qui a longuement étudié la question, lui ont permis de conclure que tous les textes communs au Harley et au Digby sont des textes anglais, sauf le *Blâme des femmes*[3]. Tout en témoignant de la proximité des deux recueils, ces nombreux textes anglais attestent l'existence d'une culture littéraire anglaise plutôt féconde. Par ailleurs, bien que les relations ne soient jamais aussi intenses qu'entre le Harley et le Digby, on est en mesure d'effectuer quelques recoupements[4] entre ces deux recueils et un manuscrit préservé à Cambridge (Trinity College, 323), lequel aurait été confectionné, comme le Digby, dans le Worcester, autour de 1260[5]. Tous trois renferment un *Debate between body and soul*. Plus encore, comme le Digby, le manuscrit du Trinity College transmet les pièces intitulées *When I think of doomsday* et *Vie de saint Nicolas*. Toujours du point de vue du contenu, des similitudes apparaissent entre le manuscrit Digby et un autre manuscrit conservé à Oxford (Jesus College, 29), ce dernier étant à relier géographiquement au Harley puisqu'ils ont tous deux été localisés dans le Herefordshire[6]. Les textes en vers *The Eleven Pains of Hell*, *þe sawe of Seint bede prest* et *Doctrinal Sauvage* ont été copiés tant dans le Digby que dans le ms. du Jesus College, qui donne aussi à lire la pièce *When I think of doomsday*.

Bien que partiel, l'examen de ces relations tend néanmoins à montrer que plusieurs textes n'ont connu qu'une circulation restreinte et n'ont survécu que dans ces grands « mélanges » confectionnés à l'intérieur

1 Voir Corrie, « Harley 2253 [...] », art. cité, p. 429.

2 Tout en reconnaissant leur proximité, Corrie précise que c'est du point de vue de la « matière politique » que le Harley et le Digby sont le plus à distinguer, le Digby ne contenant aucun texte faisant référence au contexte politique spécifique à la période de la copie, à la différence du Harley, plus généreux à cet égard. Le contexte de confection des recueils peut expliquer cette différence, puisque le Harley a été réalisé pendant une période trouble, tandis que le Digby a vu le jour dans une période relativement stable (*ibid.*, p. 431).

3 Si le Harley présente une version complète du *Blâme des femmes*, le Digby, lui, en transmet une version abrégée (*ibid.*, p. 439).

4 Les recoupements ont été effectués à l'aide de Ruth J. Dean – Maureen Boulton, *Anglo-Norman Literature : a Guide to Texts and Manuscripts*, London, Anglo-Norman Text Society, 1999.

5 Voir Corrie, « Harley 2253 [...] », art. cité, p. 441.

6 Voir *ibid.*, p. 441-442.

d'une zone géographique spécifique, soit celle des South West Midlands. Rappelons à cet égard qu'on dénombre plusieurs *unica* dans le Digby et surtout dans le Harley. Ces productions, que l'on pourrait qualifier de « locales », ont cependant été infiltrées, car on trouve des traces des textes français préservés dans le Harley et le Digby, bien à l'extérieur de cette zone géographique du sud-ouest alors qu'on peut les lire dans des manuscrits produits dans d'autres parties de l'Angleterre et, bien sûr, sur le continent. Tout en ménageant une place à la littérature locale, ces « bibliothèques » ont donc également été perméables à certains morceaux qui ont bénéficié d'une circulation beaucoup plus étendue. Il en résulte ainsi de denses « bibliothèques », véritables espaces de conservation et de sauvegarde des textes[1] qui, en révélant les traces des différentes étapes de leur confection et en portant le sceau du lieu de leur production, revendiquent leur spécificité par rapport aux grands recueils continentaux.

Isabelle DELAGE-BÉLAND
Université de Montréal

1 À ce propos, voir Geneviève Hasenohr, « Les recueils littéraires français du XIIIe siècle : public et finalité », *Codices Miscellanearum (Colloque Van Hulthem, Bruxelles 1999)*, éd. par Ria Jansen-Sieben – Hans van Dijk, Bruxelles, Bibliothèque royale de Belgique, 1999, p. 37-50 (en part. p. 41) et Ian Short, « L'avènement du texte vernaculaire : la mise en recueil », *Théories et pratiques de l'écriture au Moyen Âge. Actes du Colloque (Palais du Luxembourg-Sénat, 5 et 6 mars 1987)*, éd. par Emmanuèle Baumgartner – Christiane Marchello-Nizia, Nanterre, Paris X-Nanterre, 1988, p. 11-24 (en part. p. 12-13).

LE RECUEIL BNF, FR. 25566 OU LE TROMPE-L'ŒIL DE LA VIE LITTÉRAIRE ARRAGEOISE AU XIIIe SIÈCLE

Les chantres de la scène arrageoise et de la vitalité de celle-ci dans le domaine poétique ne manquent guère, des historiens-philologues du XIXe siècle qui contribuèrent à la redécouverte de la littérature médiévale et aidèrent à en redéfinir les contours, même de façon approximative, aux spécialistes actuels de la période, et l'on dénombre plusieurs publications récentes à la louange de cette profuse activité, ou pour mettre en valeur celle d'un auteur particulier[1]. Des travaux modernes plus approfondis et réalistes comme ceux de Roger Berger[2] ont peut-être permis de nuancer cette opinion, en ramenant notamment le nombre

1 La bibliographie démarre dans les premières décennies du XIXe siècle, avec l'ouvrage publié en 1835 par Adolphe Guesnon, *Les origines d'Arras et de ses institutions*, Arras, Rohard-Courtin, 1896 (Mémoires de l'Académie d'Arras du XIe au XVe siècle 64), et se nourrit au XXe siècle des travaux de Henry Guy (entre autres, co-éditeur, avec Alfred Jeanroy, des *Chansons et dits artésiens du XIIIe siècle*, Bordeaux, Feret et fils, 1898 [Bibliothèque des Universités du Midi 2]) et de l'abbé Jean de l'Estocquoy, *Arras au temps jadis*, 3 t., Arras, Nouvelle société anonyme du Pas-de-Calais, 1942-1943, Id., *Patriciens au Moyen Âge. Les dynasties bourgeoises d'Arras du XIe au XVe siècle*, Arras, Nouvelle société anonyme du Pas-de-Calais, 1945, Id., *Étude d'histoire urbaine. Villes et abbayes : Arras au Moyen Âge*, Arras, Commission départementale des monuments historiques du Pas-de-Calais, 1966. Pour les années récentes, nous songeons par exemple au recueil d'articles issu du colloque *Arras au Moyen Âge. Histoire et littérature*, éd. par Marie-Madeleine Castellani – Jean-Pierre Martin, Arras, Presses de l'Université d'Artois, 1996[2] [1994] ; ou, pour des travaux plus spécifiques, aux pages qui accompagnent l'édition des *Vers de la mort* de Robert le Clerc d'Arras (éd. par Annette Brasseur et Roger Berger, Genève, Droz, 2009 [TLF 600]). Riche à bien des égards, en ce qui concerne le contexte culturel dans lequel Arras, sa population et les souverains de l'Artois évoluaient au XIIIe siècle, mais aussi déconcertant par le mélange qu'il offre entre l'abondance de sa documentation et la variété de ses spéculations, Carol Symes, *A Common Stage. Theater and Public Life in Medieval Arras*, Ithaca, Cornell University Press, 2007, s'avère peu utilisable pour notre enquête et notre vision du recueil fr. 25566 ne coïncide pas non plus toujours avec celle de l'auteur.

2 En particulier Roger Berger, *Littérature et société arrageoises au XIIIe siècle. Les chansons et dits artésiens*, Arras, Archives départementales du Pas-de-Calais, 1981.

de trouvères arrageois du XIIIe siècle de plusieurs centaines à quelques dizaines, mais ces publications restent elles aussi au service d'une idée qu'en effet, il ne s'agit pas ici de battre en brèche tant elle s'avère fondée, pour l'essentiel : à savoir que dans le champ des lettres, Arras est un centre d'extrême fécondité au cours des années 1200, sans doute beaucoup plus actif que la majorité des autres lieux où s'élabore alors la tradition en langue d'oïl, et assurément plus productif que Paris, jusque dans le dernier quart du XIIIe siècle.

De là découle cependant une présomption de nature quasi analogique, voire tautologique : la renommée artistique de la ville entraîne celle des biens liés aux acteurs de cette effervescence, et de ses promoteurs. En un temps où l'on n'écrit pas sans destinataire (et l'abondance des jeux-partis arrageois en est une sorte d'évidence, ou de manifestation, avec le simulacre d'échanges auquel de telles pièces se livrent) ni, le plus souvent, sans commanditaire, et où l'on ne confie pas n'importe quoi au parchemin, on conçoit mal d'une part que les poèmes des trouvères arrageois ou les ouvrages d'auteurs qui auraient été en relation avec ce milieu n'aient pas abouti dans des manuscrits destinés à ceux qui encourageaient ou encadraient leur travail. D'autre part, si l'on connaît le rôle de la bourgeoisie urbaine dans la prospérité du nord de la France et la contribution de cette classe, directe et indirecte, à ce bouillonnement littéraire, nous évoluons dans une société et en un temps où le mécénat reste encore dans une large mesure l'apanage de la noblesse. De là à s'imaginer que les comtes d'Artois n'ont pas été absents de ce patronage et que leurs goûts les y poussaient, de même qu'ils les amenaient sans doute à s'intéresser à tout ce qui touche à la littérature, et à ses supports en particulier, il n'y a qu'un pas, vite franchi[1].

Ainsi, dans le très sérieux ouvrage consacré par Albert Henry à Adenet le Roi lit-on, au chapitre de la biographie du trouvère, que Robert II, dont le règne nous retiendra plus spécialement ici[2], « aimait les livres

1 Cette communication trouve son point de départ dans la journée d'étude organisée le vendredi 6 septembre 2013 par Marie Bouhaïk-Gironès et Xavier Hélary, *Cultures littéraires et pratiques performatives à Arras et à la cour de Robert II d'Artois* (Université de Paris IV-Sorbonne, Centre Roland Mousnier), thème qui contribue à expliquer l'intérêt qui, au départ, s'est focalisé sur cette figure durant nos recherches.

2 À bien des égards, Robert II est tout d'abord un personnage historique de premier plan. Son long règne (1250-1302) après le décès de Robert Ier lors de la septième croisade, qu'il entreprit aux côtés de son frère Saint Louis, coïncide en outre avec la période la plus

et en achetait beaucoup[1] ». Avis qu'il partage avec le travail non moins érudit de Jules-Marie Richard (dont il découle peut-être), selon qui Robert « achetait les livres richement enluminés et encourageait les poètes et les écoliers » ; ou à date plus proche de la nôtre, avec Richard et Mary Rouse, pour qui « Robert's position as a patron of literature indicates that he must have owned a library » ; bibliothèque dont sa fille aurait par voie de conséquence hérité, en tout ou en partie[2]. De fait possédons-nous encore des documents qui font état d'acquisitions ou de travaux de copie ou d'ornementation rémunérés par le comte, mais pour un très petit nombre d'ouvrages : trois ou quatre seulement, en fait, de dévotion et d'astronomie, si l'on se fie aux sources conservées[3]. Rien donc qui nous mette d'emblée en prise avec l'activité poétique d'Arras, ou avec la littérature en général, ni avec l'idée d'un mécénat bouillonnant ou d'une réelle passion de bibliophile.

L'enquête mérite donc d'être reprise à nouveaux frais en partant de tous les aspects susceptibles d'être convoqués et grâce aux apports substantiels que les recherches des historiens de la littérature et du livre, de l'iconographie et de la décoration des manuscrits médiévaux nous ont permis d'engranger depuis les dernières décennies du XIXe siècle. Dans la mesure où il est souvent difficile d'établir une chronologie précise et parfois avantageux de regarder en amont ou à l'inverse, de procéder de manière rétrospective, nous rappellerons au passage ce qu'il est de la situation avant Robert II et sous la conduite de celle qui exerça le pouvoir en Artois après sa mort.

---

importante pour notre survol et pour l'essor aussi bien des lettres françaises au XIIIe siècle que de leur diffusion, beaucoup plus limitée auparavant.

1 Albert Henry, *Les œuvres d'Adenet le Roi. 1. Biographie d'Adenet. La tradition manuscrite*, Brugge, De Tempel, 1951 (Rijksuniversiteit te Gent. Werken uitgegeven door de Faculteit van de wijsbegeerte en letteren 109), p. 47, n. 1.

2 Jules-Marie Richard, *Une petite-nièce de saint Louis. Mahaut, comtesse d'Artois et de Bourgogne (1302-1329). Étude sur la vie privée, les arts et l'industrie, en Artois et à Paris au commencement du XIVe siècle*, Paris, Champion, 1887, p. 99. L'ouvrage monumental de Richard H. Rouse et Mary A. Rouse est *Illiterati et uxorati. Manuscripts and their Makers. Commercial Book Producers in Medieval Paris, 1200-1500*, 2 t., London/Turnhout, Harvey Miller/Brepols, 2000 (t. 1, p. 122 pour cette citation et celle qui suit : « Robert's book presumably passed to Mahaut by inheritance, and some of his may appear on the list of twelve manuscripts stolen from Mahaut in 1316 »).

3 Voir *infra*, p. 68, n. 1.

LA COUR ARTÉSIENNE ET SON PATRONAGE

Commençons tout d'abord par rappeler qu'aucun écrit n'évoque sans ambiguïté[1] le nom de Robert II en tant que destinataire si ce n'est le *Roman de Cleomadés*, achevé par Adenet le Roi en 1285, par son envoi des v. 18687-18698, dont l'illustration bien connue apparaît dans le ms. 3142 de la Bibliothèque de l'Arsenal, avec la miniature qui, au f. 72r, dépeint la présentation de son œuvre au comte par le Roi des ménestrels[2].

1 Suivant Marguerite Debae, *La bibliothèque de Marguerite d'Autriche. Essai de reconstitution d'après l'inventaire de 1523-1524*, Louvain – Paris, Peeters, 1995, p. 462, l'*Image du monde* par Gossouin de Metz, « dans sa première rédaction [1245], a été conçu[e] à l'instigation de Robert d'Artois, frère de saint Louis ». L'information trouve son origine chez Paul Meyer (« L'image du monde. Rédaction du ms. Harley 4333 », *Romania*, 21 [1892], p. 481-505 [v. 636-648 du texte édité]), qui se réfère ici au f. 5r de ce qui représente l'unique copie d'une version dans laquelle le prologue est considérablement amplifié. Elle est reprise par Charles-Victor Langlois (*La connaissance de la nature et du monde au moyen âge, d'après quelques écrits français à l'usage des laïcs*, Paris, Hachette, 1911), qui cite le même texte (p. 59 *sq.*), et par Oliver H. Prior, éditeur de la mise en prose de cette encyclopédie (*L'image du monde de Maître Gossouin, rédaction en prose*, Lausanne, Imprimeries réunies, 1913, p. 5-7). Il convient cependant de manier avec prudence cette indication, qui n'appartient pas à la forme primitive de l'œuvre mais à une interpolation isolée. Originaire de l'Est, si son nom indique bien le lieu de sa naissance, Gossouin aurait certes pu se mettre au service des comtes d'Artois, mais aucun indice ne nous le suggère et la deuxième version de son ouvrage, postérieure de trois années à la précédente, est dédiée à l'évêque Jacques de Metz, frère du duc de Lorraine. Le ms. London, BL, Harley 4333 daterait de la seconde moitié du XIIIe siècle et, selon Keith Busby (*Codex and Context. Reading Old French Verse Narrative in Manuscript*, Amsterdam / New York NY, Rodopi, 2002), serait « eastern, possibly Burgundian » (t. 2, p. 565), ce qui rend une référence au domaine artésien et à son dirigeant d'autant plus insolite. Enfin, des travaux plus récents ont permis d'établir que la rédaction du codex londonnien ne compte pas un seul témoin, mais deux (le second subsiste partiellement dans le ms. Berlin, Deutsche Staatsbibliothek / Preußischer Kulturbesitz, Hamilton 577, du début du XIVe siècle) ; elle aurait en outre pour origine l'abbaye bénédictine de Saint-Arnoul, près de Metz, et son exemplaire le plus ancien proviendrait de Lorraine : voir Sara Centili, « La seconda redazione in versi dell'*Image du monde* : una riscrittura didattica », *Cultura neolatina*, 66 (2006), p. 161-206 (en part. p. 171-172), et surtout Ead., « La seconda redazione in versi dell'*Image du monde* : genesi di un rimaneggiamento », *Cultura neolatina*, 66 (2006), p. 365-407 (en part. p. 371-373, pour l'allusion à Robert d'Artois). Longtemps occupée par ce texte, dont elle achève présentement d'éditer l'état le plus ancien, Chantal Connochie-Bourgne rejetait il y a quinze ans cette attribution (« Quelques aspects de la réception d'une œuvre encyclopédique au moyen-âge : le cas de l'*Image du monde* », *Littérales*, 21 [1997], p. 221-244 [en part. p. 223-224]), mais avoue ses hésitations aujourd'hui.

2 Le maître de Méliacin a exécuté la même miniature dans le ms. Paris, BnF, fr. 24404 (f. 168r), qui avec celui de l'Arsenal est le plus ancien du *Cleomadés* (voir Rouse – Rouse, *Illiterati et uxorati [...]*, *op. cit.*, t. 1, p. 103).

Même si Robert d'Artois a en toute certitude participé aux échanges avec les milieux royaux et donc sans doute, à la circulation d'artistes, d'écrivains et de thèmes littéraires qui s'était établie dans le dernier quart du XIIIe siècle entre Paris et le Nord, surtout grâce à Marie de Brabant[1], rien n'indique ainsi que le comte ait été lui-même l'artisan d'une émulation particulière dans ce domaine : on peut même se demander si Robert II n'avait pas hérité quelques traits de caractère de Louis IX, son oncle du côté paternel, et notamment son peu de goût pour les œuvres de divertissement. Enfin, nos connaissances sur les personnages qui évoluent dans son entourage restent insuffisantes. Nombre de travaux sont là pour nous éclairer sur la cour comtale, mais surtout au XIVe siècle[2]. Avant, ils sont moins abondants et surtout, peu aptes à nous renseigner sur le rôle que certains de ses officiers ou d'autres figures qui gravitaient autour d'elle auraient pu exercer dans le domaine culturel, en tant que commanditaires d'œuvres ou de manuscrits[3].

Il en va de même pour ses prédécesseurs, dont à notre connaissance le nom n'apparaît jamais lié à des textes vernaculaires, et pour sa fille Mahaut qui, en vertu de la coutume du comté d'Artois, hérite du titre lorsque son père meurt, en 1302, après avoir occulté son neveu Robert III (fils de son frère cadet Philippe, mort d'une blessure de guerre en 1298), alors âgé de 16 ans. Bien connue pour son mécénat artistique, entourée de livres qui eux, ont laissé plus de traces précises et dont un spécimen a même survécu aujourd'hui, selon toute vraisemblance, Mahaut n'a suscité la gratitude d'aucun auteur, quel que soit le genre de production que l'on considère.

---

1 Pour qui il est possible que le recueil de l'Arsenal ait été confectionné : voir Wagih Azzam – Olivier Collet, « Le manuscrit 3142 de la Bibliothèque de l'Arsenal. Mise en recueil et conscience littéraire au XIIIe siècle », *Cahiers de civilisation médiévale*, 44 (2001), p. 207-245. Rappelons ici que Robert II est fils de Mathilde de Brabant, elle-même fille de Henri II de Brabant.

2 Par exemple, la thèse de Christelle Balouzat-Loubet (*Le gouvernement de la comtesse Mahaut en Artois (1302-1329)*, sous la direction de Claude Gauvard, Paris, Université Paris 1-Panthéon Sorbonne, 2009), et certaines des publications qui en sont issues.

3 Un seul est mentionné par la critique littéraire, Eude de la Courroierie, Parisien d'origine mais résident à Arras, clerc de Robert II avant 1270, et qui composa quatre chansons.

LA BIBLIOTHÈQUE COMTALE

Des livres de Robert II, nous ne connaissons rien sinon par quelques traces peu précises et par conjecture, dans un cas. Mieux vaut donc commencer par la bibliothèque de Mahaut d'Artois, mieux identifiée, même s'il n'en reste pas de descriptif contemporain exact et complet. Toutefois, et à la différence de celle de son père, les chercheurs peuvent se faire une idée de sa composition à travers certains documents, surtout grâce à l'inventaire en latin et en français de biens détruits à Hesdin, que Mahaut fit établir après une révolte de la noblesse artésienne exploitée par son neveu Robert III qui tentait de reprendre le pouvoir et dirigea ce soulèvement, en 1316. Ces matériaux n'ont rien d'inédit[1] : ils mettent en évidence le goût de la comtesse (qui détenait alors au moins douze manuscrits à Hesdin, dont une bible, un légendier[2] et un coutumier de Normandie) pour la littérature romanesque (Tristan, sans doute dans sa version en prose, obtenu à Arras en 1310 ; le *Roman de la Violette* par Gerbert de Montreuil et le *Roman de Renart*) et celle relative à l'Orient, de type historiographique, didactique ou peut-être épique[3]. Avant cette date, et sans revenir ici sur tous les travaux dont les archives conservent le souvenir[4], elle avait aussi fait exécuter diverses copies dont la trace s'est perdue depuis, surtout pour les besoins de

1 Antoine Le Roux de Lincy est le premier à les avoir fait connaître : voir « Inventaires des biens meubles et immeubles de la comtesse Mahaut d'Artois, pillés par l'armée de son neveu, en 1313 », *Bibliothèque de l'École des chartes*, 13 (1852), p. 53-79. Ces données ont été reprises entre autres par Richard dans son ouvrage déjà cité.

2 D'après Rouse – Rouse, le recueil hagiographique dérobé cette année-là ne peut être identifié (*Illiterati et uxorati [...]*, *op. cit.*, t. 1, p. 179) ; il aurait été remplacé par celui que Mahaut d'Artois acheta à Thomas de Maubeuge, que les auteurs mettent en relation éventuelle avec l'actuel ms. Paris, Bibliothèque de l'Arsenal, 5204 (*ibid.*, t. 1, p. 196-198 et nombreuses notes, t. 2, p. 137).

3 Pour le « Romant du grant Kam », commandé à Hesdin en 1312, soit en toute certitude le récit inspiré des voyages de Marco Polo, nous avons sans doute affaire ici au *Devisement du monde* (dont le titre est parfois aussi *Livre du grant Caam*), plutôt qu'à la version franco-italienne, ce qui indique une conscience assez remarquable de l'« actualité littéraire » du moment puisque le texte est daté de 1305 environ (1307, selon un des manuscrits conservés de cette rédaction). La réalisation de ce volume est donc très proche de la mise en circulation de l'œuvre et de son vol à Hesdin. La même remarque vaut pour les *Vœux du paon*.

4 Voir *infra*, p. 75, n. 1.

sa vie spirituelle et pour son enrichissement personnel ou sa distraction. L'histoire et le roman sont à l'honneur dans ces acquisitions (un exemplaire des *Grandes Chroniques de France* et son abrégé, en 1305[1] ; *L'histoire de Troyes*, soit le *Roman de Troie* ; *Perceval le Galoys*, acheté comme le précédent à Arras en 1308 ; enfin les *Vœux du paon*, qu'elle se procure en 1313 auprès de Thomas de Maubeuge qui, en 1328, lui vend encore un recueil constitué d'un légendier et de miracles, comme Thomas en a produit plusieurs, et une *Bible historiale* en français), et la faveur qui entoure ces domaines est notamment confirmée par les choix de son trésorier, Thierry d'Hireçon, homme puissant aux biens nombreux[2] qui, pour son propre usage, pare lui aussi sa bibliothèque d'un *Roman de Troie* en latin (1321) et d'une copie du *Devisement du monde*, exécutée à Arras en 1315. En 1329, Mahaut d'Artois paiera d'ailleurs aux exécuteurs testamentaires de ce dernier un bréviaire, commandé peu avant sa mort. « .ij. romans et .iij. autres livres » achetés à Eudes de Lielle apparaissent sans plus de précisions dans la documentation, en 1310. Plus tard, en 1322, Mahaut se procure un légendier français et rachète un graduel noté lors de la succession de Marie de Brabant, puis un recueil de prières transcrites sur un rouleau enluminé, en 1324. L'année suivante, elle acquiert une *Bible* à Paris. Dans les pièces relatives à 1327, on voit encore apparaître un *Boesse en français*. Mahaut pourvoit aussi à l'édification de son entourage et elle reçoit par exemple du maire de Torchy un psautier pour sa fille Blanche, en 1304, un livre d'heures pour son fils Robert en 1316, à Paris, et un autre six ans plus tard pour une de ses parentes. Le seul texte à nous rapprocher de notre sujet est néanmoins le *romans des enfances Ogier* puisqu'il doit s'agir du poème d'Adenet le Roi, auteur décidément bien implanté à la cour, ce qui n'a rien d'étonnant au vu de sa carrière[3].

---

1 Rouse – Rouse, *Illiterati et uxorati [...]*, *op. cit.*, t. 1, p. 370, n. 36 considèrent comme « tempting » le rapprochement des *Grandes Chroniques de France* volées à Mahaut d'Artois en 1316 avec le ms. (perdu) Paris, BnF, fr. 2814.

2 *Cf.* Pierre Bougard, « La fortune et les comptes de Thierry de Hérisson († 1328) », *Bibliothèque de l'École des chartes*, 123 (1965), p. 126-178.

3 Henry suppose que « parmi les autres personnages de haut rang qu'Adenet a pu approcher figurent le comte d'Artois Robert II (...) et Mahaut d'Artois » (*Les œuvres d'Adenet le Roi [...]*, *op. cit.*, p. 46-47), mais ne documente aucunement ces liens présumés (mais cependant plausibles). Sur de telles questions, comme sur la présence d'Adam de la Halle aux côtés de Robert II lors de son expédition à Naples, nous ne pouvons qu'espérer une

Mais aucun titre de cette série ne semble tisser de liens plus étroits avec les écrivains du comté, et en dehors de Paris, ou isolément de la Picardie (Arras et Hesdin), nous ne savons pas non plus où Mahaut s'était procuré ces exemplaires, ce qui n'exclut pas qu'elle en ait fait transcrire et décorer davantage à Arras ou qu'elle ait entreposé là-bas ou ailleurs des manuscrits de leurs œuvres, quand bien même nul vol ou destruction de livre n'est signalé autre part qu'à Hesdin durant les événements qui entraînèrent l'établissement des plus importantes pièces par les commissaires auxquels Mahaut avait donné procuration pour agir contre les confédérés et confié la défense de ses droits, ou dans celles que diffusa le Parlement de Paris, amené à statuer sur les dommages subis et à rendre son arrêt.

Ces données sont donc loin d'être négligeables, surtout à une époque où les bibliothèques privées les mieux achalandées ne comptent en général que quelques volumes et rarement plus d'une vingtaine, d'après ce que nous en savons maintenant, mais elles n'invalident pas le précédent constat : pour reprendre ici les propos de Patrick de Winter sur la situation qui prévaut dans le Nord durant les années 1300, « les quelques achats que fait Mahaut, comtesse d'Artois, ne prouvent nullement l'existence d'un mécénat de quelque consistance[1] ».

Pour Robert II, la question est réglée en un tournemain. Entre 1250 et 1300, il n'existe presque aucun moyen de connaître l'état des collections aristocratiques et dans le meilleur des cas, leur contenu ne peut être établi qu'au moyen d'archives, ou par déduction des fonds dans lesquels ces possessions auraient pu aboutir, par héritage ou lors de rachats. Or nous venons de voir l'état des biens livresques de celle qui reprend les rênes du comté d'Artois après lui, rien n'empêchant en effet que Mahaut ait reçu certains manuscrits de son père, même si la *librairie* d'un homme de cette époque ne correspond pas nécessairement à celle qu'une femme aurait choisi de réunir. Et faute de confirmation absolue, c'est ce raisonnement qui mène à l'unique attribution que la critique moderne s'autorise, hypothétique en ce qui concerne aussi

mise au point définitive grâce aux importants travaux que Xavier Hélary a consacrés au comte d'Artois et devrait publier dans le cadre de sa récente thèse d'habilitation.

1 Patrick M. de Winter, *La bibliothèque de Philippe le Hardi, duc de Bourgogne (1364-1404). Étude sur les manuscrits à peintures d'une collection princière à l'époque du style gothique international*, Paris, Éditions du CNRS, 1985, p. 81.

bien Mahaut d'Artois que son père. Daté d'environ 1285 et rattaché par Alison Stones aux collaborateurs de Maître Honoré[1], le ms. BnF, fr. 12467, « cousin » de celui de l'Arsenal déjà mentionné, est un recueil littéraire et poétique qu'à nouveau, son contenu met en relation avec Adenet le Roi et qu'en raison de la date de sa confection, Patricia Stirnemann suppose avoir appartenu à Robert II[2] ; la présence en tête de ce volume des *Enfances Ogier* invitant même à se demander s'il ne s'agit pas de celui qui avait été dérobé à Hesdin en 1316, que Mahaut serait alors parvenue à récupérer[3].

---

1 *Gautier de Conci. Miracles, Music, and Manuscripts*, ed. by Kathy M. Krause – Alison Stones, Turnhout, Brepols, 2006 (Medieval Texts and Cultures of Northern Europe 13), p. 375 et n. 39, p. 388, 416, 419. Voir en dernière date Alison Stones, *Gothic Manuscripts, 1260-1320. Part one*, 2 t., London, Harvey Miller, 2013, s. *Mahaut, comtesse d'Artois et de Bourgogne*. Quelle qu'ait pu être sa destination première, l'ouvrage paraît être le fait d'artisans parisiens, du moins en ce qui concerne son illustration (voir François Avril, « Manuscrits », *L'Art au temps des rois maudits, Philippe le Bel et ses fils (1285-1328)*, Paris, Éditions de la Réunion des musées nationaux, 1998, p. 256-334 [en part. p. 269] ; Rouse – Rouse, *Illiterati et uxorati [...]*, *op. cit.*, t. 1, p. 110 et 111).

2 Dans sa contribution à l'*Histoire des bibliothèques françaises* (*Les bibliothèques médiévales. Du VIe siècle à 1530*, éd. par André Vernet, Paris, Promodis-Éditions du Cercle de la Librairie, 1989, p. 190, n. 67), Patricia Stirnemann réfute le commentaire de Henry qui, pour elle, assimilerait le ms. BnF, fr. 1471 à l'exemplaire de Mahaut d'Artois (et non de Marie de Brabant, opinion de Léopold Delisle), argument repris par Rouse – Rouse, *Illiterati et uxorati [...]*, *op. cit.*, t. 1, p. 112) ; mais l'étude que le philologue belge consacre à la tradition manuscrite d'Adenet le Roi ne nous semble pas s'accorder à cette idée (Henry, *Les œuvres d'Adenet le Roi [...]*, *op. cit.*, t. 1, p. 113-115). Le lien qu'elle établit d'après les inventaires de la bibliothèque des ducs de Bourgogne entre le n° 2140 de celle-ci et le recueil BnF, fr. 12467, corrobore en revanche l'avis exprimé *ibid.*, t. 1, p. 102.

3 La tendance dans les descriptions médiévales de recueils composites (le volume conserve également *Berte as grans piés*, placé à la fin, sept dits de Baudouin de Condé et une quinzaine d'autres textes, de nature morale ou spirituelle) est en effet de ne désigner que la première œuvre qu'ils renferment, ou la plus emblématique ou représentative de son contenu, ou encore la plus longue, ce qui pourrait coïncider avec la composition de cette anthologie. Stones, *Gothic Manuscripts [...]*, *op. cit.*, t. 1, p. 124-125) s'accorde sur cette opinion en ce qui concerne le recueil fr. 12467 (« It is also likely that the *Roman d'Ogier*, BNF fr. 12467, Mahaut's only extant manuscript, was in fact made for Robert »). Par ailleurs, elle mentionne le comte d'Artois comme un « possible owner » du ms. Ars. 3516. Elle reproduit aussi quelques extraits d'archives au sujet des livres achetés par Robert II : copie et notation musicale des offices de Saint Louis, en 1298, un bréviaire acheté en 1300 à Jean de Fauquemont et, l'année de sa mort, « .ij. livres d'art d'astronomie ».

LA PRODUCTION MANUSCRITE ARRAGEOISE

La question de l'élaboration des manuscrits dans l'espace arrageois est à la fois celle qui repose sur la documentation la plus abondante aujourd'hui, mais aussi la plus délicate tant l'identification des objets et l'établissement de leur provenance ou de leur date de confection sont parfois ardues. Comme on le verra, elle est aussi la plus inattendue dans ses résultats. Par ailleurs, elle est indissociable d'une autre question : s'il faut tâcher d'évaluer quels types de livres on réalise à Arras entre 1250 et 1300, ou 1320 pour élargir quelque peu le champ de l'enquête, et essayer de cerner leurs destinataires, cette production reflète-t-elle par ailleurs l'activité poétique qui s'y déroule alors ?

Pour un littéraire, qui pense « manuscrit arrageois » et présume une commande aristocratique voit d'emblée apparaître devant ses yeux le magnifique recueil BnF, fr. 25566. Mais celui-ci peut-il bien être considéré comme un représentant typique de son lieu de fabrication et de ses tendances, et être mis en adéquation quelconque avec la noblesse artésienne ? S'il semble bien avoit été confectionné dans l'aire géographique que notre enquête délimite (ou peut-être à Lille ?), il faut noter, pour commencer, que cet objet présente un certain degré de décalage avec le moment fort de la tradition poétique qui se développe à Arras. Comme le souligne Roger Berger[1], et comme le confirme la liste chronologique des trouvères qui ont œuvré en milieu arrageois, le tournant des XIIIe et XIVe siècles, date de sa fabrication, est tardif sur ce plan-là. L'heure de gloire est passée et le recueil se présente déjà comme une sorte de monument d'un renom littéraire en train de s'éteindre. Que contient-il d'ailleurs ? Tout Adam de la Halle, dont il représente en quelque sorte les premières « œuvres complètes », à la queue-leu-leu, peut-être du vivant de l'auteur[2] ; mais justement, le volume apparaît beaucoup plus comme la collection de ses écrits que comme une véritable anthologie

1 Berger, *Littérature et société arrageoises [...]*, *op. cit.* Pour notre sujet, les parties les plus intéressantes de cette thèse se situent entre les p. 110 et 116, 435 et 442.

2 Sur ce plan-là, notre recueil est talonné de près par la partie la plus ancienne du ms. Città del Vaticano, BAV, Reg. lat. 1490, codex du début du XIVe siècle (chansonnier *a*, dans la classification traditionnelle).

arrageoise, car s'il renferme aussi l'unique copie d'un autre texte dramatique, de la même origine mais plus précoce, le *Jeu de saint Nicolas* de Jean Bodel, retranscrit après la dernière pièce d'Adam (ou qu'on lui attribue), ainsi que ses *Congés*, tout à la fin, et ceux de Baude Fastoul, presque 200 feuillets sur 283 sont remplis au moyen de 30 textes dont la nature autant que la provenance ou l'époque nous font partir dans bien des directions opposées : *Li bestiaires maistre Richart de Furnival* et *Li consaus d'amours*, ainsi que *Li response du bestiaire* du même Richard de Fournival et *Li poisanche d'amours* (qui lui est attribuée de manière erronée), mais en ordre dispersé ; *D'un equivoque Bauduin de Condé* (*Li ver de la char*), et plus loin, son poème sur les trois morts et les trois vifs ; *De Renart le nouviel* par Jaquemart Gielee ; *Li tournoiemens antecrist* par Huon de Méry ; *Li .iij. mors et li .iij. vis ke maistres Nicholes de Margival fist* ; *Li jus des esqiés* d'Engreban d'Arras ; *Li honeurs et li vertus des dames que Jehans Petis d'Aras fist* ; enfin *Un dit d'amours que Nevelos Amions fist*, plus toute une série de textes anonymes, parfois mal identifiés, dont un certain nombre d'*unica*[1]. Leur réunion aboutit certes à un important répertoire septentrional, assez représentatif aussi de la littérature arrageoise, avec Baude Fastoul, Engreban d'Arras, Jean Bodel (qui est aussi probablement le plus ancien écrivain figurant dans le volume, ce qui tend à indiquer qu'une tradition manuscrite de ses écrits avait dû subsister à Arras, même si nous n'en conservons pas grand-chose), Jean le Petit et Nevelon Amion ; mais cet éventail est loin de se réduire à des auteurs du Nord et pour ceux-ci, il nous ramène en fait à des personnages presque tous décédés avant sa réalisation (Baude Fastoul, Jean Bodel et Nevelon Amion), ou sur la vie desquels nous ne savons presque rien. Enfin, nous ne connaissons pas son commanditaire, mais l'étude des armoiries qu'il comporte (et qui, curieusement, ne sont

1 *Conment Diex fourma Adan* et *Du cors et de l'ame* ; un poème sur les quatre Évangélistes ; le dit allégorique anonyme du *Cerf amoureux* (vers 1280) ; un troisième texte en vers sur les trois morts et les trois vifs ; la parabole *Du roi ki racata le laron*, poème moral allégorique picard de la deuxième moitié du XIIIe siècle, comme le *Dit de le honnine* qui le suit ; le *Dit des .iij. signes* ; quatre pièces en vers de la même nature : *Du honteus menestrel* (Picardie, deuxième moitié du XIIIe siècle), le conte dévot *Du vrai anel* (même origine, quatrième quart du XIIIe siècle), *Li dis de le lampe* et *Li dis de le brebis desreubee*, écrit didactique de la deuxième moitié du XIIIe siècle ; *Li dis du faucon*, poème moral allégorique picard du XIIIe siècle ; *De cointise* (deuxième moitié du XIIIe siècle) ; *Li dis dou pré* et *Du courtois donneur* (Picardie, deuxième moitié du XIIIe siècle) ; *Du sot le conte* et *Du songe du castel*.

presque jamais mentionnées et n'ont pas été analysées par la majorité de ceux qui ont décrit l'objet) nous indique qu'il ne s'agit pas de celles des comtes d'Artois, puisqu'elles alternent les blasons de la Flandre et de la famille de Hangest, sans qu'on puisse déterminer à qui elles devraient être rattachées[1].

Le recueil est de la sorte révélateur d'un paradoxe auquel une part majeure de la production manuscrite arrageoise conservée nous confronte en réalité : s'il provient peut-être du lieu où plusieurs poètes semblent avoir composé leurs œuvres, il n'est pas véritablement fait à la gloire de ceux-ci, sinon d'Adam de la Halle, ni destiné à un commanditaire local, de quelque condition que ce soit[2]. Mais autant que ce volume ou, à plus large échelle, les ouvrages sortis des ateliers arrageois, c'est l'œuvre des nombreux trouvères ou écrivains d'Arras qui est fait pour nous surprendre dans son ensemble, nous le verrons.

LES AUTEURS ARRAGEOIS

Devant son extraordinaire vigueur au XIIIe siècle, il n'y a pas lieu de s'étonner que l'on ait parfois rattaché à l'aire arrageoise tant de noms d'auteurs qui auraient contribué à cette activité ; vision que les minutieux travaux de Roger Berger, déjà cités, ont permis de

---

1 Voir les deux récentes notices que Stones, *Gothic Manuscripts [...], op. cit.*, t. 2, p. 167-174 (en part. p. 172) et Ead., « Some Northern French Chansonniers and their Cultural Context », *Ars musica septentrionalis. De l'interprétation du patrimoine musical à l'historiographie*, éd. par Barbara Haggh et Frédéric Billiet, Paris, Presses de l'Université Paris-Sorbonne, 2011, p. 169-187 (en part. p. 178-182) a consacrées à ce recueil. Si l'historienne de l'art le relie bien à la production d'un atelier arrageois, ou lillois, qui l'aurait réalisé vers 1300, l'analyse des armoiries qui figurent aux f. 175r, 178v et 220v de ce volume ne nous mène donc pas exactement vers Robert II. Celles-ci avaient déjà été identifiées par Henri Roussel (*Renart le Nouvel par Jacquemart Giélée*, Paris, Picard, 1961, p. 8-9), comme le rappelle opportunément Federico Saviotti dans un article contemporain de ces travaux et qui procure une description codicologique très détaillée du manuscrit : « Precisazioni per una rilettura di BNF, fr. 25566 (Canzoniere francese *W*) », *Medioevo romanzo*, 35 (2011), p. 262-284 (en part. p. 267-268, au sujet de ces marques de possesseur qui, pour l'auteur, corroborent l'idée d'une provenance arrageoise, et l'Appendice des p. 274-284).

2 Au passage, rappelons aussi qu'Adam de la Halle n'est jamais cité dans les comptes de la maison d'Artois, ce qui ne plaide pas en faveur de contacts directs avec Robert II.

relativiser en ramenant leur liste à des proportions plus raisonnables, des dizaines d'entre eux semblant toutefois bel et bien avoir animé l'existence du Puy d'Arras ou de sa célèbre Confrérie de jongleurs et bourgeois. Cependant, qu'en est-il au juste de la tradition documentaire qui, aujourd'hui, nous permet d'étudier leurs poèmes, et quel éclairage jette-t-elle de manière plus large sur les intervenants de la scène littéraire dont elle résulte ?

Pour commencer, force est d'admettre que le nombre d'écrivains recensé dans la sphère arrageoise des années 1200 est quelque part un leurre. En effet, la plupart n'ont contribué qu'aux exercices de ses confréries poétiques et ne nous sont connus qu'à travers un petit nombre de pièces lyriques ; la survie de l'essentiel de ces textes ayant en outre été assurée par un type particulier de manuscrits, les chansonniers où elles ont été retranscrites. Nous reprendrons plus loin cette question, lors de notre bilan. D'auteurs à avoir constitué une œuvre indépendante de cette tradition, ou plus substantielle, il n'est en guère en fait. Pour le siècle entier, on en dénombre au mieux une demi-douzaine, en comptant Jean Bodel et en admettant que les noms fournis par la tradition soient bien à mettre en relation avec Arras : Adam de la Halle, Baude Fastoul (*Congés*), Engreban d'Arras (*Li jus des esquiés*, que l'on date de la fin du XIIIe siècle), Jean le Teinturier d'Arras, dont les rapports avec cette ville sont néanmoins incertains (une chanson et le *Mariage des sept arts*, de la seconde moitié du XIIIe siècle), Nevelon Amion pour son *Dit d'amour* des années 1250-1270 (mais son nom peut correspondre à celui d'un personnage décédé vers 1248 ou peu après 1279)[1]. À quoi s'ajoutent peut-être les anonymes fatrasies d'Arras (d'après l'*explicit* du ms. Paris, Arsenal 3114, qui en procure l'unique copie), de la seconde moitié du XIIIe siècle.

En outre, la plupart de leurs écrits présentent un caractère résolument confidentiel puisqu'ils ne figurent que dans le recueil Paris, BnF, fr. 25566 (c'est le cas des *Congés* de Baude Fastoul comme de *Li jus des esquiés* par Engreban d'Arras) ; parfois aussi dans un second exemplaire (du *Dit d'amour* de Nevelon Amion, nous conservons ainsi une copie en dehors de celle contenue dans ce volume).

---

1 Roger Berger, *Le nécrologe de la Confrérie des jongleurs et des bourgeois d'Arras (1194-1361)*, 2 t., Arras, Commission départementale des Monuments historiques du Pas-de-Calais, 1963-1970, t. 2, p. 118, 298 et 440.

Qu'en est-il par ailleurs des nombreux poètes qui à un moment ou un autre ont concouru devant le Puy d'Arras ou ont participé aux exercices de la Confrérie de jongleurs et bourgeois, et quelle empreinte ceux-ci ont-ils laissé dans la tradition manuscrite de leur époque, ou postérieure, en général et surtout, localement ? Là encore, l'attente n'est qu'en partie satisfaite : aux ateliers arrageois, l'érudition moderne n'a longtemps pu rattacher que quelques ensembles de cahiers issus de deux recueils[1] : d'une part la deuxième unité codicologique du codex Arras, Méd. mun., 139 (657), constituée par le chansonnier d'Arras (*A*) ; d'autre part le recueil de chansons et de dits artésiens du XIIIe siècle qui figure dans le ms. BnF, fr. 12615 (*T*), assemblage factice de trois unités codicologiques[2], dont l'une enregistre 24 pièces datées entre 1227 et 1265, entre les f. 199r et 216r. Depuis la toute récente publication de Cesare Mascitelli, on peut cependant ajouter à cette liste le chansonnier provençal *J*, qui serait de la même provenance et daterait du dernier quart du XIIIe siècle[3].

Il semble donc se manifester un décalage, voire une contradiction entre l'exubérance de la scène littéraire arrageoise et la représentation effective de ses trouvères ou autres écrivains par la production manuscrite

1 Toutefois, Stones, *Gothic Manuscripts [...]*, *op. cit.*, t. 2, p. 161-162 considère que le chansonnier BAV, Reg. lat. 1490 (*a*) est relié à un ensemble de manuscrits arrageois. Par ailleurs Isabelle Ragnard m'a rendu attentif à l'opinion commune des musicologues, pour qui le chansonnier BnF, fr. 1591 (*R*) serait lui aussi originaire de l'Artois, en raison de l'utilisation du *rastrum* pour le tracé des portées, spécifique à cette aire de production au moment de sa réalisation.

2 *Cf.* Berger, *Littérature et société arrageoises [...]*, *op. cit.*, p. 17-19.

3 Cesare Mascitelli, « Il canzoniere trobadorico J e il ms. Conventi Soppressi F IV 776 : *constitutio codicis* e storia esterna », *Critica del testo*, 16 (2013), p. 85-112 (en part. p. 97). Nous devons à l'obligeance de Gabriele Giannini et à son enrichissante lecture de notre article de nous avoir signalé ce travail et l'exemplaire auquel il est consacré. L'étude de cette anthologie modifie en effet l'impression qui pouvait résulter jusqu'ici du nombre réduit de représentants arrageois de la tradition lyrique. Toujours selon Giannini, il conviendrait peut-être aussi de mentionner au passage le chansonnier français *b* et ses liens textuels et de tradition, très marqués (Jean Bretel et son cercle), avec ceux que l'on rattache à Arras (*A* et *a*) : *cf.* Roberto Crespo, « Il raggruppamento dei *jeux-partis* nei canzonieri *A*, *a* e *b* », *Lyrique romane médiévale : la tradition des chansonniers. Actes du colloque de Liège (1989)*, éd. par Madeleine Tyssens, Genève, Droz, 1991 (Bibliothèque de la Faculté de Philosophie et Lettres de l'Université de Liège 258), p. 399-428 et Madeleine Tyssens, *« Intavulare ». Tables de chansonniers romans. II. Chansonniers français. 1.* a *(B.A.V., Reg. lat. 1490)*, b *(B.A.V., Reg. lat. 1522)*, A *(Arras, Bibliothèque municipale 657)*, Città del Vaticano, Biblioteca Apostolica Vaticana, 1998 (Studi e testi 388), p. 155-193.

issue d'Arras même, ou de sa région, voire d'ailleurs. Pour en prendre un autre exemple, on admet aujourd'hui que Jean Bodel est sinon l'initiateur du fabliau, du moins l'un des plus anciens auteurs que l'on parvienne à associer à ce genre littéraire, et que les poètes du Nord ont beaucoup contribué à son succès au XIIIe et au début du XIVe siècle. On pourrait donc s'attendre à ce qu'une diffusion locale intervienne pour ce type de compositions, vu leur essor dans les années 1250-1325. Or il ne subsiste de nos jours qu'un seul « manuscrit de fabliaux » de cette provenance, Paris, BnF, fr. 12603, confectionné vers 1300 (donc assez tard, à nouveau), peut-être deux, si le recueil BnF, fr. 12581 (chansonnier *S*) a bien été fabriqué lui aussi à Arras, en 1284[1] ; et en tout état de cause, sur les 15 fabliaux que ces deux exemplaires renferment (14 figurent dans le premier), un seul est de Jean Bodel (*Le vilain de Bailluel*)[2], ou possède sans conteste une origine arrageoise[3]. Tout bien considéré, le codex Paris, BnF, fr. 25566 forme donc une véritable exception ; et celle-ci trouve peut-être surtout son explication dans sa date, relativement avancée, la fabrication de ce volume intervenant en un temps où le souci de constituer des corpus d'auteurs se fait jour dans la tradition vernaculaire, de manière évidente pour Adam de la Halle, ou pour Adenet le Roi, dans d'autres anthologies.

1 Voir plus loin nos commentaires sur les copies du *Livre du tresor* de Brunet Latin. À noter toutefois qu'une marge d'incertitude subsiste sur la provenance de deux autres recueils qui contiennent eux-aussi des fabliaux : Paris, Bibl. de l'Arsenal, 3114 et Pavia, Biblioteca Universitaria, Aldini 219 (voir nos commentaires *infra* et les notes relatives à ces deux spécimens).

2 Des 42 autres volumes qui nous en transmettent par ailleurs, deux réunissent toutefois un nombre significatif de fabliaux de Jean Bodel, mais sur un très important répertoire de textes de cette nature : six pour le recueil Bern, Burgerbibliothek, 354 (n°s 6, 35, 49, 62, 70, 71 du *NRCF*, ce qui ne laisse pour compte que les n°s 40 et 50), qui n'est pas septentrional mais bourguignon, et cinq pour le ms. BnF, fr. 837 (n°s 6, 35, 40, 49, 50), confectionné à Paris ou plus au nord, dans une région inconnue.

3 À noter que le *Vilain de Bailluel* est reproduit deux fois dans le recueil BnF, fr. 12603 (f. 239c-240a et 255a-d). La « signature » qui accompagne le fabliau du *Prestre qui abevete* (f. 240b-c) et s'attache à d'autres pièces de la même nature (dont *Cele qui fut foutue et desfoutue* et *Les Tresces*, mais dans un autre exemplaire) est plus ambiguë. Si l'on en croit Luciano Rossi (*Fabliaux érotiques. Textes de jongleurs des XIIe et XIIIe siècles*, éd. par Luciano Rossi, avec la collaboration de Richard Straub, Paris, LGF, 1993 [Lettres gothiques 4532], p. 25-45), elle désignerait un compatriote de Jean Bodel actif en même temps que lui, mais à la différence de celui-ci, ce *Garin* n'aurait pas laissé de traces dans les sources arrageoises et il n'est pas certain que les cinq fabliaux qui, d'une manière ou d'une autre, font référence à lui désignent le même auteur.

Si elle n'existe pas à proximité, où se trouve donc la « chambre d'enregistrement » des écrits composés à Arras ? Seraient-ce plutôt les figures gravitant autour de la communauté arrageoise qui auraient été les promoteurs et les conservateurs de cette tradition ? Le cas des *Congés* de Jean Bodel et de la Chanson des *Saisnes* dans le ms. Arsenal 3142 est-il parlant, dans la mesure des liens au moins indirects qui unissent ce recueil à Robert d'Artois, par l'envoi du *Roman de Cleomadés* et par son illustration ? Est-ce d'ailleurs lui qui aurait amené le libraire travaillant avec l'artiste, le Maître de Méliacin, à entrer en contact avec ces œuvres (ce qui exprimerait aussi un certain manque d'actualité de la part du comte puisque le volume est constitué bien des décennies après la mort de Jean Bodel, alors que d'autres écrivains, dont Adam de la Halle, sont plus dans l'air du temps) ? Enfin, si scribes et enlumineurs arrageois ne recopient et n'ornent pas les œuvres du cru, à quoi donc emploient-ils leur temps ?

LA PRODUCTION DES SCRIBES ET ENLUMINEURS DE LA VILLE ENTRE 1250 ET 1300/1320

Ici, l'enquête ne peut aboutir qu'à des résultats partiels et donc partiaux. Certains ensembles manuscrits ont été très soigneusement étudiés et la datation ainsi que la localisation de leurs constituants sont déjà bien avancées. Dans d'autres cas, les informations restent beaucoup trop lacunaires pour être utilisables, sans compter avec les très nombreux objets que jamais peut-être, il ne sera possible de caractériser avec précision, ou sans désaccord. Le bilan qui suit ne peut donc se fonder que sur la part restreinte des centaines ou milliers d'exemplaires français que l'on a analysés d'assez près pour nous servir et nous ne pouvons qu'appeler la révision de cet inventaire provisoire par la contribution d'autres spécialistes qui poursuivraient ce patient travail d'investigation.

En un mot, pourtant, il ne nous semble pas exister de spécifité arrageoise dans la production manuscrite des années 1250-1300/1320 : on réalise dans les ateliers d'Arras ce que selon tout probabilité on fabrique aussi ailleurs durant la même période, en fonction de l'offre et de la demande, et rien ne nous paraît indiquer qu'Arras se soit démarqué d'autres villes, sauf peut-être dans un cas qui s'explique sans mal.

Les recherches permettent en premier lieu d'identifier quelques artistes, surtout par leurs désignations actuelles, parfois anciennes, mais presque exclusivement pour la période de Mahaut d'Artois[1]. Dans les années 1250-1300, il est encore bien tôt pour connaître de manière un tant soit peu assurée les intervenants qui contribuaient à alimenter les Arrageois en livres et la nature du marché auquel ceux-ci collaboraient[2]. À quels

1 La liste la plus récente et complète de ces intervenants figure dans Stones, *Gothic Manuscripts [...], op. cit.*, t. 1, p. 91-95 et 133-153 : Chrétien Dehaisnes, *Documents et extraits divers concernant l'histoire de l'art dans la Flandre, l'Artois et le Hainaut avant le XVe siècle*, 2 t., Lille, Daniel, 1886, p. 102, 123, 165, 167, 183, 191, 206-207, 237, Richard, *Une petite-nièce [...], op. cit.*, p. 99, 100-106, ainsi que Rouse – Rouse, *Illiterati et uxorati [...], op. cit.*, t. 2, p. 92-93 et 102, fournissent la source d'une partie de ces informations. Voici les noms qui apparaissent sous le règne de la comtesse : l'anonyme d'Arras (rémunéré par Mahaut d'Artois en 1305 pour le parchemin, l'enluminure et la reliure des *Grandes Chroniques de France* et pour son abrégé : *Gothic Manuscripts [...], op. cit.*, t. 1, p. 91 et 134); Girart Cabin (copiste [?], rémunéré en 1323 par Mahaut d'Artois pour des ouvrages religieux destinés au couvent cartusien de Gosnay : *ibid.*, t. 1, p. 138); Girart de Monstroel (copiste, rémunéré en 1327 par Mahaut d'Artois pour des ouvrages fournis au couvent dominicain de Thieulloye : *ibid.*); Guillaume de Mâcon (copiste, rémunéré en 1324 par Mahaut d'Artois pour des ouvrages fournis au couvent dominicain de Thieulloye : *ibid.*, t. 1, p. 139); Henri de Besançon (enlumineur en 1312 d'un ouvrage religieux copié par Maroie l'Ecrivaine, pour Mahaut d'Artois : *ibid.*, t. 1, p. 93); Huon le Maironneur (copiste en 1315 du *Livre des merveilles*, pour Thierry d'Hireçon : *ibid.*, t. 1, p. 141); Jaquemart Viellet (1321, pour le parchemin, la copie et l'illustration du *Roman de Troie* en latin destiné à Mahaut d'Artois ou à Thierry d'Hireçon : *ibid.*, t. 1, p. 93 et 141); Jean Fanier (intermédiaire en 1330 dans la confection de manuscrits pour le couvent dominicain de Thieulloye, dont un légendier français qui pourrait être l'actuel ms. Paris, Bibl. de l'Arsenal, 5204 : *ibid.*, t. 1, p. 142); Jehan de Lausanne (vendeur d'une Bible latine et d'un légendier français à Mahaut d'Artois pour le couvent cartusien de Gosnay et de parchemin pour le couvent cistercien de Thieulloye : *ibid.*); Maroie l'Ecrivaine (copiste en 1312 d'ouvrages religieux pour Mahaut d'Artois : *ibid.*, t. 1, p. 145); Nicole (libraire, fournisseur d'ouvrages dévotionnels à Mahaut d'Artois, en 1326 et 1327 : *ibid.*, t. 1, p. 147); frère Pierre (intermédiaire en 1330 auprès de Mahaut d'Artois pour l'acquisition de livres par le couvent cartusien de Gosnay : *ibid.*, t. 1, p. 148); frère Pierre de Bame (copiste [?] en 1327 d'une traduction française de la *Consolation de philosophie* pour Mahaut d'Artois : *ibid.*); Quoqaigne le brayelier (fabricant en 1328 d'étuis pour des *romans* en possession de Mahaut d'Artois : *ibid.*, t. 1, p. 149); maître Robert (plusieurs fournitures en 1328 à Mahaut d'Artois : *ibid.*, t. 1, p. 150); Thomas de Maubeuge (célèbre libraire parisien, voir *supra* au sujet de ses ventes à Mahaut d'Artois : *ibid.*, t. 1, p. 152).

2 Sous Robert II, nous rencontrons un certain *Guido dictus flamingus*, peut-être copiste vers 1280 (*ibid.*, t. 1, p. 138); Henriet l'enlumineur (rémunéré pour son ouvrage par Robert II : *ibid.*, t. 1, p. 93); Jean d'Amiens li petis (copiste, 1278 : *ibid.*, t. 1, p. 142); Jehan de

types d'ouvrages eux et tous ceux dont nous avons perdu le souvenir ont-ils ainsi vaqué ? Nous l'ignorons presque toujours.

Passé ce cap, il existe aussi une incontournable difficulté pour les chercheurs, objective mais aussi subjective, à s'accorder sur leurs évaluations, ce qui est dans une large mesure compréhensible vu la nature avant tout stylistique et comparative des éléments qui permettent de circonscrire la production médiévale, faute le plus souvent d'indications originales susceptibles de nous éclairer. Rares sont donc les manuscrits dont le lieu de confection est avéré, ou accepté par l'ensemble de la communauté que ces spécialistes forment et l'on doit ainsi compter avec des exemplaires dont la provenance est établie avec un certain degré de probabilité seulement, variable de cas en cas, selon les arguments et la force de conviction adoptés par chacun. Ils sont aussi beaucoup moins nombreux pour les années 1250-1275, qu'à l'approche du règne de Mahaut d'Artois ou durant cette période, ce que l'accroissement considérable de la production entre le dernier quart du XIIIe siècle et le premier quart du suivant, ou les aléas de la conservation compte tenu de cette disproportion, expliquent sans difficulté. Un autre type de données peut certes concourir à une localisation, même si l'exécution matérielle de ces ouvrages est notre guide le plus sûr à ce point de vue. Bien qu'il n'existe pas au Moyen Âge d'« anthologie arrageoise du XIIIe siècle », nous l'avons déjà fait remarquer, certains volumes présentent de la sorte des choix littéraires qui nous orientent dans ce sens, ainsi dans le cas du ms. Paris, BnF, fr. 375, qui offre une sorte de contrepoint au recueil fr. 25566 (avec les *Congés* de Jean Bodel, *Ille et Galeron* par Gautier d'Arras, qui nous ramènent l'un et l'autre au passé littéraire de la région, de même pour les *Vers de la mort* et la *Loenge Nostre Dame* par Robert le Clerc d'Arras, ou attribués à cet auteur)[1] ; peut-être aussi l'Arsenal 3114, en raison de la présence d'écrits de Jean Bodel, à nouveau

Fauquemont (vendeur en 1300 d'un bréviaire à Robert II, pour Marguerite de Hainaut, seule des trois épouses du comte, après Amicie de Courtenay puis Agnès de Dampierre, à apparaître comme destinataire d'un manuscrit : *ibid.*) ; Jehan Madot (copiste avant 1287, que le long *explicit* versifié qui figure à la fin du *Roman de Troie* dans le ms. BnF, fr. 375 définit comme le neveu d'Adam de la Halle : *ibid.*) ; Maciot (enlumineur, 1302 : *ibid.*, t. 1, p. 94) ; Robinet le Barbier (fournisseur en 1302 d'un tissu précieux pour la reliure d'un livre de Marguerite de Hainaut, troisième épouse de Robert II : *ibid.*, t. 1, p. 151).

1 Rappelons aussi que Perrot de Nesle, auteur des résumés versifiés qui figurent en tête de cette collection, est le partenaire d'un jeu-parti daté de 1265 avec Jean Bretel.

(et d'un fabliau, anonyme)[1], et l'existence des chansons d'Adam de la Halle dans le ms. BnF, fr. 1109 n'est sans doute pas un hasard non plus, nous le verrons dans un instant.

Sur plus de 100 volumes (*a maxima*) incontestablement arrageois, ou que les expertises modernes nous invitent à rapprocher d'Arras (ou de la sphère artésienne, avec une marge d'incertitude plus ou moins importante sur leur provenance exacte), à cheval entre les règnes de Robert II et de Mahaut d'Artois, nous laisserons de côté ceux qui appartiennent à la langue latine, non en raison de leur infériorité numérique, puisque ce corpus (48 exemplaires) reste appréciable, mais compte tenu de la très nette prédominance de la littérature dévotionnelle dans cet ensemble[2]. En d'autres termes, et ceci mérite d'être souligné, seule une faible proportion des manuscrits latins que nous avons pu isoler provient des domaines de la production écrite que nous nous serions attendu à voir apparaître dans nos recensements (histoire, jurisprudence, philosophie, sciences, théologie, etc.), même s'il doit à coup sûr en exister davantage et que le manque d'études solides sur ces traditions est la cause la plus vraisemblable de leur faible représentation dans nos résultats. Pour ce qui touche le français (70 exemplaires), une ample majorité des copies arrageoises est, sans grande surprise, issue du registre romanesque, ou didactico-religieux, en second lieu. La palme revient sans conteste à la matière arthurienne (15 manuscrits) et en premier au cycle du *Lancelot-Graal*, mais les œuvres reproduites dans les officines arrageoises couvrent aussi une grande variété de la production littéraire du XIIIe siècle, ou antérieure : à côté de la *Vulgate* en prose et d'un ensemble de fragments des œuvres de Chrétien de Troyes, du *Perceval* et de ses *Continuations* (plus d'autres textes, le cas échéant, sans entrer dans les détails), dans deux manuscrits, enfin du *Tristan* en prose (deux copies), nous trouvons ainsi le cycle du *Chevalier*

1 Pour Gabriele Giannini, son appartenance soissonnaise est néanmoins confirmée par la plus récente pièce de l'anthologie, seul témoin de l'œuvre : l'adaptation ovidienne de Drouart la Vache, dont Nicole de Margival (qui exerçait à Soissons dans les mêmes années ou peu après) s'inspira largement pour son *Dit de la panthère*, en lui réservant la place d'honneur parmi ses modèles. Voir à ce propos son éclairante contribution au présent volume.

2 37 manuscrits sont en effet liés à la pratique religieuse. On en dénombre par ailleurs 11 dans un registre différent : cinq ouvrages philosophique ou moraux et un recueil mystique ; deux copies incomplètes d'une des parties du *Speculum maius* ; deux collections médicales ; enfin, un volume de jurisprudence.

au cygne, réuni dans deux anthologies, outre divers romans, chansons de geste et autres pièces (dont des fabliaux), dans une autre quinzaine de recueils de contenu hétérogène. Autour du prolifique maître ou de l'assistant du ms. BnF, fr. 1588, étudiés de près par Alison Stones[1], on voit en outre se développer une vaste constellation au sein de laquelle on relève à nouveau des romans du Graal, ou comme *Guiron le Courtois*, plus deux exemplaires étroitement associés d'un ouvrage de vulgarisation philosophique (Bruxelles, BRB, 9543 et 9548), parmi d'autres productions[2]. Le *Roman de la Rose* est en revanche peu représenté, avec trois témoins seulement, mais il manque encore une étude satisfaisante de sa vaste tradition manuscrite.

La veine didactique et religieuse figure en bonne position, avec cinq légendiers, complétés par quelques collections de tonalité pieuse (un recueil de poésies morales et religieuses et deux autres des *Miracles de Nostre Dame*), et deux textes isolés. Dans le registre encyclopédique, elle est représentée par deux exemplaires du *Roman de Sydrac*, l'un sous forme indépendante et l'autre copié dans un recueil de contenu homogène, et une *Image du monde*, dans sa deuxième rédaction. Un coutumier d'Arras est aujourd'hui conservé à la BnF (fr. 5249). Par ailleurs, le recueil Pavia, BU, Aldini 219 (130 E 5 ; *olim* 108), qui rassemble des pièces variées, nous livre aussi plusieurs textes liés de près ou de loin à l'aire arrageoise (notamment les *Vers de la mort* et *Courtois d'Arras*). Un volume (BnF, fr. 12203) ne contient que des ouvrages historiques ; un autre (BnF, fr. 9220), un abrégé de doctrine chrétienne intitulé *Vrigiet de solas* ; et un troisième au moins est à nouveau d'une origine moins certaine, ou plus controversée (le *Livre des philosophes Salomon* du ms. Bruxelles, BRB, 11220-21).

En dernière analyse, une place spéciale doit être réservée à Brunet Latin en raison évidente de sa biographie et des contacts qu'il a entretenus

1 Voir Philippe de Rémi, *Le roman de la Manekine*, ed. by Barbara N. Sargent-Baur, Amsterdam / Atlanta GA, Rodopi, 1999, p. 22-39 (A. Stones). Le ms. BnF, fr. 1588 renferme des romans et diverses œuvres poétiques de Philippe de Beaumanoir.

2 Après un long oubli, ce traité a suscité un regain d'intérêt dont témoignent plusieurs articles. Voir notre récente contribution « *Li Ars d'amour, de vertu et de boneurté* (C. 1300) : la constitution du lexique philosophique à l'aube d'une nouvelle tradition vernaculaire », *Glossaires et lexiques médiévaux inédits. Bilans et perspectives. Actes du colloque de Paris (7 mai 2010)*, éd. par Jacqueline Hamesse et José Meirinhos, Oporto, Fédération Internationale des Instituts d'Études Médiévales, 2011 (Textes et Études du Moyen Âge 59), p. 39-55, et renvois bibliographiques.

avec Arras, où il séjourna à côté de Bar-sur-Aube, Montpellier et Paris, lors de son exil de Florence, entre 1260 et 1266. C'est en effet là qu'il composa en partie son *Livre du tresor*[1], dont quatre des manuscrits subsistants appartiennent à un groupe d'exemplaires enluminés dans le même atelier arrageois et remontent tous aux années 1270-1290, d'après Brigitte Roux (sur un total de 134 volumes décrits en détail, dont 68 illustrés)[2] : Arras, Méd. mun., 182 (1060), Bruxelles, BRB, 10228, BnF, fr. 1110 et BAV, Vat. lat. 3203. En 1310, l'« assistant du maître du fr. 1588 » a par ailleurs enluminé à Arras le ms. BnF, fr. 1109, où interviennent aussi des chansons d'Adam de la Halle, f. 311r-325v (chansonnier *Q*). Et plusieurs autres volumes du *Tresor* pourraient également avoir affaire avec le milieu arrageois[3].

Qu'en conclure, alors ? Parce que le « dépôt » à Arras du *Livre du tresor* était naturel ; parce que sa tradition manucrite a fait l'objet d'une étude récente particulièrement soignée, ce qui n'est pas le cas de toutes les œuvres médiévales (dans un registre comparable, celle de l'*Image du monde*, par exemple, est tout aussi abondante mais reste mal définie) ; peut-être aussi par choix des intervenants sur la scène arrageoise du XIIIe siècle, ce ne sont donc pas les nombreux auteurs et poètes de la ville elle-même qui, en définitive, sont les mieux représentés dans les manuscrits que nous étudions aujourd'hui, surtout parmi ceux qui y ont été exécutés, mais la littérature romanesque et didactico-religieuse, en apparence ; ce qui donne l'impression qu'on a confectionné à Arras le même type

1 La première rédaction du *Tresor* est antérieure au retour de l'auteur à Florence, en 1266, et fut entièrement composée en France (entre autres lieux, Brunet Latin trouva refuge en 1263-1264 à Arras, où il exerça comme notaire auprès de certains compatriotes).

2 Brigitte Roux, *L'iconographie du « Livre du trésor » de Brunetto Latini*, Genève, Université de Genève, 2004 et Ead., *Mondes en miniatures. L'iconographie du « Livre du trésor » de Brunetto Latini*, Genève, Droz, 2009 (Matériaux pour l'histoire 8).

3 Un pendant intéressant nous est suggéré par Gabriele Giannini, même s'il ne concerne pas un auteur actif dans les mêmes lieux : Richard de Fournival. Le poids de la production arrageoise semble en effet très conséquent dans la tradition manuscrite de ses écrits, compte tenu de ses dimensions. Les deux familles issues de l'archétype *y* sont dominées par les représentants issus de la bande septentrionale de la Picardie (Artois, Cambrésis, Hainaut et Tournaisis : mss *I* [Paris, Bibl. Sainte-Geneviève, 2200], *K* [Bruxelles, BRB, 10394-414], *D* [BnF, fr. 12469] et *B* [BnF, fr. 412] ; *H* [Dijon, Bibl. mun., 526 (299)], *A* [BnF, fr. 25566], *E* [BnF, fr. 1444], *J* [Arras, Méd. mun., 139 (657)]) ; au sein de la deuxième famille (β), les exemplaires du dernier tiers du XIIIe siècle (*HAEJ*) semblent tous émaner d'ateliers ou d'équipes établis à Arras. Il s'agirait néanmoins d'obtenir une confirmation plus nette au sujet de la chronologie et de la localisation de ces copies.

d'objets que sans doute, chaque cité prospère, bien intégrée dans les échanges culturels et munie d'intervenants *ad hoc* (scribes, enlumineurs, décorateurs, libraires) devait mettre à portée des amateurs, en fonction de leur situation et de leurs demandes, de la disponibilité des textes et de l'intérêt qu'ils suscitaient. Mais ce que l'on peut considérer comme la part spécifiquement arrageoise de ce matériau semble minoritaire dans la documentation accessible de nos jours, à quelques exceptions près, et surtout rien ne confirme le rôle de Robert ou de Mahaut d'Artois et de leurs cercles dans l'activité livresque de la place, même si rien ne l'exclut formellement non plus, ni l'existence d'une bibliothèque comtale en adéquation ou non avec le travail poétique qui se déroulait à Arras et dans les environs, ou d'autres sujets qui obtenaient la faveur de sa noblesse ou de sa bourgeoisie. C'est d'ailleurs ce qui contribue peut-être à expliquer l'absence de traces d'implication de la famille régnante dans certains domaines, que l'on comprend mieux au vu de la pertinence plutôt urbaine d'objets comme les chansonniers-recueils, par exemple ; la difficulté plus générale d'en localiser avec assurance à Arras trouvant son pendant dans le fait qu'il n'a pas non plus été possible, jusqu'à présent, de les ancrer avec certitude quelque part. Le manque d'indices nous contraint à laisser la question ouverte ; ceux dont nous disposons montrant cependant que c'est sa fille qui amorce véritablement le tournant, bien que de manière discrète pour ce qui touche sa contribution directe et celle de la cour à la littérature : question d'époque, de contacts, de motivations et de sexe aussi ; la comtesse qui reprend les rênes de l'Artois au début du XIVe siècle réunissant ce que l'on attend alors d'une aristocrate de son rang en matière d'acquisitions livresques, à défaut d'une réelle incitation de sa part en amont, dans le domaine des lettres.

Olivier COLLET
Université de Genève

ANNEXE 1
Écrivains ou textes susceptibles d'être mis en relation avec les milieux littéraires arrageois des XIIIe et début du XIVe siècles[1]

- (+/–)Adam de la Halle (mort peut-être entre 1285 et 1289 ; p. 438)
- (–)Alart de Cans (une chanson ; mort au-delà de 1244 ; p. 441)
- (+)Andrieu d'Arras (ou Andrieu Contredit ; une pastourelle datée du XIIIe siècle et un jeu-parti ; mort en 1248 ; p. 437)
- (–)Audefroi le Bastart (actif durant le premier tiers du XIIIe siècle ; p. 440)
- (–)Baude Fastoul (*Congés* ; mort en 1272, entre le 15 avril 1272 et octobre 1272 ou le 15 avril 1273 ; p. 441)[2]
- (–)Baude au Grenon (une chanson, peut-être du quatrième quart du XIIIe siècle ; p. 364, 441)
- Courtois d'Arras (Artois, début du XIIIe siècle [premier quart ?])
- (–)Engreban d'Arras (*Li jus des esquiés*, fin du XIIIe siècle ; p. 441)
- (–)Eude de la Courroierie (quatre chansons ; Parisien d'origine mais résident à Arras, clerc du comte Robert II avant 1270 ; p. 441)
- *Fatrasies d'Arras* (selon l'explicit du ms. Arsenal 3114, unique copie)
- Gautier d'Arras, *Eracle*, *Ille et Galeron* (vers 1175 ; rapports incertains avec le milieu arrageois)
- (–)Guillaume Veau (trois chansons ; mort probablement entre 1294 et 1297 ; p. 411, 442)

1 La présente liste ne comprend pas les auteurs de jeux-partis rattachés au Puy d'Arras que mentionne Berger, *Littérature et société arrageoises [...]*, *op. cit.*, p. 435-440, si ceux-ci n'ont pas eu d'autre production littéraire (les références de pages sans autres spécifications renvoient toutes à cette importante monographie). Le signe (+) indique que Berger rattache également leur nom aux écrivains du Puy, (–) qu'il le considère comme extérieur à cette confrérie. Si aucun signe ne précède l'entrée, la source de l'information n'est pas *ibid.* Nous n'introduisons de précisions sur la vie ou l'activité de nos poètes que si celles-ci nous paraissent souhaitables.

2 Voir aussi Pierre Ruelle, *Les Congés d'Arras. Jean Bodel, Baude Fastoul, Adam de la Halle*, Bruxelles/Paris, Presses universitaires de Bruxelles/Presses universitaires de France, 1965, p. 69 et Berger, *Le nécrologe [...]*, *op. cit.*, t. 2, p. 103-104.

- Guillaume le Vinier (chansons ; mort en 1245)
- Jacques le Vinier (deuxième moitié du XIIIe siècle ?)[1]
- (–)Huon, châtelain d'Arras (deux chansons ; mort en 1226/1227 ; p. 440)
- (–)Jacques le Vinier (huit chansons, certaines sous d'autres attributions, l'une composée durant le troisième quart du XIIIe siècle ; p. 417, 442)
- (–)Jean Bodel
- (–)Jean le Charpentier (une pièce du chansonnier *C* [Bern, Burgerbibliothek 389] lui est attribuée, mais elle est anonyme dans deux autres recueils et son nom entre en concurrence avec celui d'un auteur distinct dans le chansonnier *a* [BAV, Reg. lat. 1490] ; p. 441)
- (–)Jean Erart (personnage de condition aristocratique ; une chanson lui est attribuée dans un recueil ; p. 441)
- (–)Jean de Neuville (14 chansons ; mort entre 1244 et 1255/56 ; p. 441)
- Jean Petit d'Arras (*Li honeurs et li vertus des dames*, première moitié du XIIIe siècle)
- (–)Jean le Teinturier d'Arras (un *unicum* dans le chansonnier *C*, et le *Mariage des sept arts*, daté de la seconde moitié du XIIIe siècle, dont il n'existe aussi qu'un seul témoin ; ses rapports avec Arras sont incertains ; p. 442)
- (–)Nevelon Amion (*Dit d'amour*, vers 1250-1270 ; ce nom peut correspondre à celui d'un personnage décédé vers 1248 ou peu après 1279 ; p. 298, 440)[2]
- (–)Sauvage d'Arras (une chanson et d'autres attributions hypothétiques ; peut-être mort en 1305 ; p. 441-442)
- (–)Sauwale Cosset (une chanson est attribuée à ce nom qui est celui de plusieurs membres de cette famille au XIIIe siècle ; p. 328-329, 441)
- (–)Wibert Caukesel (quatre chansons ; meurt au-delà de 1264 ; p. 321 et 441)

---

1 Sur cet auteur mal identifié, auquel la tradition attribue quelques chansons courtoises et pieuses, voir Philippe Ménard, *Les poésies de Guillaume le Vinier*, Genève, Droz, 1979 (TLF 166), p. 3-4.

2 Voir aussi Berger, *Le nécrologe [...]*, *op. cit.*, t. 2, p. 118.

ANNEXE 2
Classement méthodique des exemplaires français susceptibles d'une provenance arrageoise[1]

a) RECUEILS ARTIFICIELS

Arras, Méd. mun., 139 (657) : assemblage factice de trois unités codicologiques ; la première renferme le *Livre de moralités* d'Alart de Cambrai et quelques pièces hagiographiques, morales ou religieuses ; la deuxième est constituée par le chansonnier d'Arras (*A*) ; la troisième nous procure une copie de *Marques de Rome* (DeW ; AS1 ; AS3)[2]

Paris, BnF, fr. 12615 (première partie : chansons et dits artésiens)

b) RECUEILS ORGANIQUES DE CONTENU HÉTÉROGÈNE

Bruxelles, BRB, 9411-26 (AS3)

Dijon, Bibl. mun., 526 (299) (*Roman de la rose*, accompagné de huit

---

1 Pour les recueils qui offrent une dominante perceptible, nous avons tenté de définir le type d'œuvre le plus représentatif du contenu du manuscrit mais ne nous sommes pas astreint à en établir le contenu de manière détaillée. Les abréviations suivantes en fin de paragraphe renvoient aux ouvrages ou publications en ligne qui ont servi de manière récurrente dans l'établissement de cette liste, en principe sans considération du degré de confiance accordé par leurs auteurs à l'idée d'une origine arrageoise, ou d'un lien avec les artistes ayant pratiqué à Arras. AS1 : Philippe de Rémi, *Le roman de la Manekine*, éd. citée, p. 22-39 (A. Stones) ; AS2 : Krause – Stones, *Gautier de Coinci [...]*, *op. cit.* ; AS3 : Stones, *Gothic Manuscripts [...]*, *op. cit.* ; AS4 : Alison Stones *et al.*, *Lancelot-Grail Project*, URL : http://www.lancelot-project.pitt.edu/lancelot-project.html ; Avril : Avril, « Manuscrits », art. cité ; Busby1 : Keith Busby *et al.*, *Les manuscrits de Chrétien de Troyes*, 2 t., Amsterdam, Rodopi, 1993 ; Busby2 : Busby, *Codex and Context [...]*, *op. cit.* ; DEAF : *Dictionnaire étymologique de l'ancien français*, URL : http://www.deaf ; DeW : de Winter, *La bibliothèque de Philippe le Hardi [...]*, *op. cit.* ; Mandragore : http://mandragore.bnf.fr ; R&R : Rouse – Rouse, *Illiterati et uxorati [...]*, *op. cit.* ; Roux : Roux, *Mondes en miniatures [...]*, *op. cit.* Le répertoire *Jonas* de l'IRHT a lui aussi été mis à contribution régulière pour des vérifications diverses (URL : http://jonas.irht.cnrs.fr).

2 La cote employée par AS1 est inexplicable (celle-ci mentionne aux p. 26-27 un « literary miscellany known as the Arras *Chansonnier*, Arras BM 625 (139) »), mais la désignation des œuvres qui lui sont jointes (*Sept Sages de Rome* et *Marques de Rome*, copiés en 1278 par Jean d'Amiens li Petis) indique qu'il s'agit du même exemplaire.

autres pièces, dont quatre par Richard de Fournival, ou attribuées à cet auteur ; AS3)

Paris, Bibl. de l'Arsenal, 3142 (AS3 ; Busby2 ; *cf.* aussi la référence contenue *supra*, p. 63, n. 1.)

Paris, Bibl. de l'Arsenal, 3516 (66 œuvres diverses dont un nombre important de légendes hagiographiques mais aussi des miracles, le *Poème moral*, des écrits par Robert de Blois, un lucidaire, l'*Image du monde*, le bestiaire par Pierre de Beauvais, la version A des *Sept Sages de Rome*, la *Chronique des ducs de Normandie*, etc. ; AS3 ; DEAF)[1]

Paris, BnF, fr. 375 (AS1 / 2 / 3 ; Busby1 / 2 ; Mandragore ; Roux)

Paris, BnF, fr. 1109 (daté de 1310 ; recueil à dominante encyclopédique et philosophico-religieuse dans lequel figurent aussi des chansons d'Adam de la Halle, f. 311r-325v ; AS1 / 3 ; Avril ; Roux)

Paris, BnF, fr. 1588 (Sarrasin, *Roman du Hem* ; dits et contes de Baudouin de Condé ; romans et œuvres poétiques diverses de Philippe de Beaumanoir ; AS1 / 3 ; DeW ; Roux)

Paris, BnF, fr. 12467 (AS2 / 3)

Paris, BnF, fr. 12576 (AS3 ; Busby1 / 2)

Paris, BnF, fr. 12581 (recueil didactique et romanesque qu'une souscription permet de dater de 1284, constitué d'une vingtaine de pièces : *Queste del Saint Graal*, *Livre du tresor*, un fabliau, traduction du *Moralium dogma philosophorum*, *Discipline de clergie*, etc. ; AS4 ; Roux)

Paris, BnF, fr. 12603 (AS1 / 3 ; Busby1 / 2 ; Mandragore)

Paris, BnF, fr. 24403 (*Garin de Monglane* en deux parties, *Erec et Enide*, *Ogier le Danois* par Raimbert de Paris ; AS1 / 3 ; Busby1 ; Mandragore)

Paris, BnF, fr. 25516 (*Bueve de Hantone*, Helie de Saint-Gilles, *Aiol*, *Robert le diable* ; DeW)

Paris, BnF, fr. 25566 (AS1 / 3)

Pavia, Biblioteca Universitaria, Aldini 219 (recueil comprenant des pièces morales et religieuses, des fabliaux et les *Fables* de Pierre Aufors ; Busby2)

Torino, BNU, L.II.14 (AS3)[2]

---

1 Voir notamment Claudia Guggenbühl, *Recherches sur la composition et la structure du ms. Arsenal 3516*, Basel/Tübingen, Francke, 1998 (Romanica Helvetica 118).

2 Les indices qui figurent dans ce recueil littéraire le font dater de 1311, ou peu après. Sa provenance arrageoise est incertaine : dans sa contribution au récent numéro monographique d'*Études françaises*, Gabriele Giannini suggère Saint-Quentin ou le Vermandois

c) RECUEILS HAGIOGRAPHIQUES

Arras, Méd. mun., 851 (307) (11 légendes écrites par Wauchier de Denain, f. 46v-76v, 84r-117v et 139v-152r ; 19 pièces anonymes ; AS3 ; DEAF)
Chantilly, Bibliothèque du Château, 456 (735) (AS1 / 3)
Lyon, Bibl. mun., 867 (772) (contient également une copie de *Marques de Rome*, l'*Ordre de chevalerie* et un traité de fauconnerie ; AS1 / 3)
Paris, BnF, fr. 17229 (AS1)
Paris, BnF, fr. 19531 (DeW)

d) ŒUVRES RELIGIEUSES

Charlottesville, University of Virginia Library, MS 12455 (livre d'heures fragmentaire et *Vie de sainte Marguerite* ; AS3)
Oxford, Bodleian Library, Douce 94 (*Vie de saint Eloi*, copiée par Gerart de Monsteruel et datée de 1294 ; AS3)
Paris, Bibl. de l'Arsenal, 3517 et 3518 (*Miracles de Nostre Dame* et pièces d'attribution douteuse ; AS2)
Paris, BnF, fr. 1536 (*Miracles de Nostre Dame* ; AS2 / 3)
Paris, BnF, fr. 12471 (recueil de poésies morales et religieuses, 17 pièces : vies des Pères, quelques textes d'origine picarde et *varia* ; AS2 / 3 ; DeW ; Mandragore ; R&R ; Roux)

e) RECUEILS LITTÉRAIRES HOMOGÈNES, ŒUVRES UNIQUES

Bruxelles, BRB, 4782 (*Roman de la rose*) (DeW)
Cologny, Fondation Martin Bodmer, Bodmer 79 (*Roman de la rose*) (AS3)
Paris, BnF, fr. 350 (*Guiron le Courtois* et *Prophéties de Merlin* ; AS1 / 2 / 3 ; Mandragore)
Paris, BnF, fr. 776 (*Tristan* en prose ; AS1 / 3 ; Avril ; Busby1 ; Mandragore)
Paris, BnF, fr. 12558 (cycle du *Chevalier au cygne* ; AS3 ; Mandragore)
Paris, BnF, fr. 12569 (cycle du *Chevalier au cygne* ; AS3 ; Busby2)
Wien, Österreichische Nationalbibliothek, 2542 (*Tristan* en prose ; AS1 / 3)

(« Poser les fondements : lieu, date et contexte (essai sur le recueil L.II.14 de Turin) », *Études françaises*, 48/3 [2012], p. 11-31).

f) MATIÈRE ARTHURIENNE ; *LANCELOT-GRAAL*[1]

Darmstadt, Universitäts- und Landesbibliothek, 2534 (AS1 / 3 / 4)
London, British Library, Add. 10292, 10293, 10294 (AS4)
London, British Library, Add. 38116 (AS3 / 4)
London, British Library, Royal 14.E.III (AS4)
London, British Library, Royal 20.D.IV (AS3 / 4)
Paris, BnF, fr. 110 (AS4 ; DeW)
Paris, BnF, fr. 342 (AS4 ; DeW ; Mandragore)
Paris, BnF, fr. 758 (AS1 / 3 ; Roux)
Paris, BnF, fr. 770 (contient aussi l'*Histoire d'Outremer et du roi Saladin*, *La fille du Comte de Ponthieu* et *L'Ordre de chevalerie* ; AS4 ; DeW ; Roux)
Paris, BnF, fr. 12573 (AS3 / 4)
Paris, BnF, fr. 12581 (voir *supra*)
Paris, BnF, fr. 19162 (AS4 ; DeW)
Paris, BnF, naf. 6614 (*Perceval* et continuations ; AS3 ; Busby 1 / 2)
Princeton, University Library, Garrett 125 (AS2 ; Busby1)

g) CHANSONNIERS

Arras, Méd. mun., 139 (657) (*A* ; voir *supra*)
Città del Vaticano, BAV, Reg. lat. 1490 (*a* ; AS1 / 3)
Città del Vaticano, BAV, Reg. lat. 1522 (*b* ; voir n. 32)
Firenze, BNC, Conventi soppressi F.IV.776 (chansonnier provençal *J* ; voir n. 32)
Paris, BnF, fr. 12581 (*S* ; voir *supra*)
Paris, BnF, fr. 24406 (*V* ; contient en outre des chansons à la Vierge, le *Bestiaire d'amour* et un traité moral ; AS1)[2]

h) *LIVRE DU TRESOR*

Arras, Méd. mun., 182 (1060) (DeW ; Roux)
Bruxelles, BRB, 10228 (Roux)

1 La cote Paris, BnF, fr. 24239, que DeW mentionne au nombre des manuscrits arthuriens qu'il rattache au chansonnier d'Arras (p. 294, n. 61), est erronée (elle correspond à un recueil de la fin du XVIIe et du XVIIIe siècle).

2 Selon AS1 (p. 35), il est possible que l'assistant du ms. BnF, fr. 1588 ait contribué à l'illustration de cet exemplaire.

Cambridge, Fitzwilliam Museum, 20 (daté de 1323 ; contient un ensemble de six textes religieux et surtout didactiques, dont le *Livre du tresor* ; Roux)
Città del Vaticano, BAV, Vat. lat. 3203 (Roux)
Lyon, Bibl. mun., 948 (851) (joint à une copie du *Roman de Sydrac* ; AS3)
New York, The Morgan Library and Museum, M.814 (Roux)
Paris, BnF, fr. 1109 (voir *supra*)
Paris, BnF, fr. 1110 (Roux)
Paris, BnF, fr. 12581 (voir *supra*)

i) AUTRES OUVRAGES ENCYCLOPÉDIQUES

Chantilly, Bibliothèque du Château, 478 (1444) (*Image du monde* ; AS3)
London, Sotheby's, Auction 5 December 2000, lot 50 (*Roman de Sydrac* ; AS3)

j) HISTOIRE

Paris, BnF, fr. 12203 (recueil de cinq textes majoritairement consacrés à l'Orient et dont trois concernent plus particulièrement la Flandre et le rôle de ses comtes dans l'établissement de l'Empire latin d'Orient ; DeW)

k) *VARIA*

Bruxelles, BRB, 9543 et 9548 (*Ars d'amours* ; AS1 / 3)
Bruxelles, BRB, 11220-21 (*Livre de moralités* ; AS1 / 3)
Paris, BnF, fr. 5249 (*Coutumier d'Arras* ; AS3)
Paris, BnF, fr. 9220 (abrégé de doctrine chrétienne intitulé *Vrigiet de solas* ; AS3 ; DeW)

L'ARSENAL 3114 ET LA PRODUCTION DE MANUSCRITS EN LANGUE VERNACULAIRE DANS L'ANCIEN DIOCÈSE DE SOISSONS (1260-1300 ENVIRON)

Le ms. Paris, Bibliothèque de l'Arsenal, 3114 – connu sous le sigle *e*, en tant que témoin d'un seul fabliau, *La Dame escoillee* – est un joli recueil de six courts textes, pour la plupart littéraires et en vers, issu d'un système de production professionnel, réalisé selon les règles de l'art (alternance régulière des côtés poil et chair, réglure homogène, mise en texte constante, écriture livresque posée et régulière, ornementation suivie, etc.), dépourvu de lacunes matérielles évidentes et doté, au total, d'une certaine cohérence interne[1]. Cependant, deux anomalies ont alimenté d'emblée nos soupçons, à savoir le nombre réduit de feuillets (18) et leur lourd rognage, qui a même ôté la pliure, de sorte que les feuillets sont à présent collés et empilés dans la reliure du XVIIIe siècle qui les protège. Certes, on pourrait toujours croire qu'il s'agit d'un *libellus* égaré, mais l'hypothèse ne justifierait pas l'acharnement du couteau sur la pliure. Il est donc apparu raisonnable de postuler que l'Ars. 3114 représente l'épave d'un manuscrit plus épais et abouti, dont le gros aurait été dispersé ou détruit par les aléas de la transmission des manuscrits médiévaux. Lorsqu'ils rencontrent un cas pareil, qui n'est point inhabituel aussi bien dans le domaine vernaculaire que latin, les spécialistes de tout bord se contentent habituellement de signaler le fait, d'en donner les coordonnées essentielles et de remettre aux progrès et aux coups de veine des recherches à venir la découverte ou l'identification des morceaux éparpillés. *Membra disiecta colligere* n'est pas une mince affaire, et le temps et l'énergie déployée sont rarement

1 Mes remerciements à Olivier Collet, Yan Greub, Giovanni Palumbo et Richard Trachsler, lecteurs dévoués. – Une excellente reproduction en couleur de l'intégralité du manuscrit est désormais à disposition dans *Gallica* (URL : gallica.bnf.fr).

récompensés par des résultats à la hauteur des attentes. Cependant, dans le cadre du projet de recherche qui nous a mis sur les pistes du recueil, il n'était ni possible ni souhaitable d'arrêter les démarches à la simple constatation du dégât, car s'interroger sur l'assemblage des six textes en présence, sur les rapports qu'ils entretiennent entre eux et avec les différentes traditions manuscrites, ou encore sur le profil d'ensemble de ce livre, en rappelant simplement que ce mince témoin est incomplet, n'aurait eu aucun sens. En nous appuyant sur un cadre méthodologique et opérationnel défriché depuis longtemps[1], nous avons alors tenté notre chance, en misant sur la facette qui, d'après nos compétences, nous parle le plus, à savoir le contenu.

ARS. 3114 + BNF, FR. 24431

En effet, le contenu de notre livret est loin d'être banal, car la suite littéraire en vers tout à fait cohérente des cinq premiers textes – et de marque partiellement artésienne (1, 4) –[2] est troublée *in fine* par un

1 *Cf.* au moins Élisabeth Pellegrin, « Fragments et Membra Disiecta », *Codicologica*, 3 (1980), p. 70-95 (réimprimé dans Ead., *Bibliothèques retrouvées. Manuscrits, bibliothèques et bibliophiles du Moyen Âge et de la Renaissance*, Paris, Éditions du CNRS, 1988, p. 343-364) et Terry Nixon, « *Adamas et Ydoine* and *Erec et Enide* : Reuniting Membra Disjecta from Early Old French Manuscripts », *Viator*, 18 (1987), p. 227-252.

2 Notamment en vertu du texte 4, dont l'Ars. 3114 est le témoin unique (voir désormais *"Sanz rimer de aucun sens". Rêveries, fatrasies, fatras "entés". Poèmes "nonsensiques" des XIIIe et XIVe siècles*, éd. par Patrice Uhl, Louvain/Paris/Walpole MA, Peeters, 2012, p. 149-167 et 236-283, et sa mise au point concernant la macrostructure du texte [*ibid.*, p. 42-49]), puisque la tradition manuscrite des *Congés* de Jean Bodel est plus ample (sept témoins) et géographiquement diversifiée : *cf.* Pierre Ruelle, *Les Congés d'Arras (Jean Bodel, Baude Fastoul, Adam de la Halle)*, Bruxelles/Paris, Presses universitaires de Bruxelles/Presses universitaires de France, 1965, p. 6-10. Les attributions proposées par le passé pour le débat satirique en douzains d'octosyllabes (2 : Jean Renart), à lire dans Rita Lejeune, *L'œuvre de Jean Renart. Contribution à l'étude du genre romanesque au moyen âge*, Liège/Paris, Faculté de Philosophie et Lettres/Droz, 1935, p. 411-423, avec les précisions d'Arthur Långfors « De Renart et de Piaudoue », *Romania*, 64 (1938), p. 109, et le dit jongleresque (3 : Gerbert de Montreuil), édité par Douglas L. Buffum, « *De Groingnet et de Petit*, serventois par Gerbert », *Romania*, 53 (1927), p. 558-567 (depuis, un nouveau témoin fragmentaire, qui offre un autre nom pour l'auteur [Roger], a été exhumé par André Vernet, « Fragments d'un *Moniage Richeut* », *Études de langue et de littérature du Moyen Âge offertes à Félix Lecoy par ses collègues, ses élèves et ses amis*, Paris, Champion, 1973, p. 585-597 [en part. p. 592 et

document inhabituel, transcrit par le même scribe et parfaitement homogène du point de vue codicologique :

1. f. 1a-3c : Jean Bodel, *Congés* ;
2. f. 4a-6b : Jean Renart (?), *De Renart et de Piaudoue* ;
3. f. 6c-7b : Gerbert (de Montreuil ?), *De Groingnet et de Petit* ;
4. f. 7c-11b : *Fatrasies d'Arras* ;
5. f. 11c-15a : *La Dame escoillee* ;
6. f. 15a-17c : dénombrement des biens, des terres et des droits de la comtesse de Champagne.

Dans un débris de recueil de textes littéraires du XIIIe siècle, un document de ce genre (6) est assurément une bizarrerie. S'en étonnait déjà le marquis de Paulmy[1], qui fit écrire, au terme d'une longue et pertinente notice qui occupe le *verso* de la seconde garde de tête :

> Après cela on est fort etonné de trouver un espece d'aveu et de denombrement des terres que Madame la Comtesse de Château Thierry possedoit auprès de cette ville ou qui relevoient d'elle. Ce dernier morceau n'est nullement du genre des precedents ; mais il a son merite particulier pour l'histoire.

On ne saurait mieux dire. En effet, pour les historiens, il s'agit d'une pièce à tous égards exceptionnelle, puisqu'elle porte le témoignage écrit le plus ancien et le plus détaillé concernant une partie du comté de Champagne et de Brie, et qui plus est, rédigé en français : il s'agit de la copie partielle d'un état général du domaine comtal rédigé entre 1212 (Jean de Montmirail se retire au monastère et sa femme, Helvide de Dampierre, prend les rênes de la seigneurie de Montmirail) et 1222 (se termine la régence de Blanche de Navarre, l'épouse du comte Thibaut III, que l'on dénomme ici « madame la Contesse ») ; la transcription de l'Ars. 3114 ne concerne qu'une parcelle restreinte du domaine comtal, la châtellenie de Château-Thierry, située dans

595-596]), sont très incertaines, tandis que l'origine normande du fabliau de *La Dame escoillee* (5), qui jouit d'une tradition consistante (six témoins), a été réaffirmée dans *NRCF*, t. 8, p. 1-125 et 347-360 (en part. p. 5).

1 Au sujet d'Antoine-René de Voyer d'Argenson, marquis de Paulmy (1722-1787), et de sa passion dévorante, *cf.* Martine Lefèvre – Danielle Muzerelle, « La bibliothèque du marquis de Paulmy », *Histoire des bibliothèques françaises*, éd. par Claude Joly, 4 t., Paris, Promodis-Éditions du Cercle de la Librairie, 1988-1992, t. 2, p. 302-315.

la partie méridionale de l'ancien diocèse de Soissons, dans ce qu'on appelait autrefois la Brie pouilleuse[1].

Cette anomalie frappante, qui semblait à première vue nous éloigner du centre de nos intérêts, s'est révélée être la clé de la solution. En effet, si l'Ars. 3114 est le seul témoin médiéval de la pièce documentaire, une copie en a été tirée au XVIIIe siècle et est consignée dans le tome 120 de la collection de Champagne, à la BnF (f. 4r-8r), parmi d'autres extraits et copies de pièces concernant les revenus des comtes de Champagne[2]. Au vu du respect scrupuleux de la graphie et de la mise en texte de l'original, il n'est pas permis de douter que le Mauriste ait transcrit ici le texte conservé aux f. 15r-17v de l'Ars. 3114, sans intermédiaire. Or, en tête du f. 4r du tome 120, il a également pris soin d'indiquer sa source : « Extrait d'un Manuscrit de la Bibliotheque de l'abbaye Roïale de Saint Corneille de Compiegne intitulé *Epitome historiarum regum Galliæ usque ad Ludovicum VIII, veteri idiomate Gallico.* N°. 165 ». En découle qu'au XVIIIe siècle, l'Ars. 3114 était conservé à l'abbaye Saint-Corneille de Compiègne, dans le Valois[3], qu'il y portait la cote 165 ou bien qu'il était enregistré sous ce numéro, enfin qu'il faisait partie d'un ensemble

1 Voir *Documents relatifs au comté de Champagne et de Brie, 1172-1361*, éd. par Auguste Longnon, 3 t., Paris, Imprimerie Nationale, 1901-1914, t. 2, p. VI-VII et 1-7. Pour l'éditeur, cet état général du domaine comtal est peut-être à identifier avec le *Livre de la terre* mentionné dans un document de 1277. Nous rappelons qu'en 1802, le diocèse de Soissons a englobé l'ancien diocèse de Laon, le territoire de Saint-Quentin (appartenant auparavant au diocèse de Noyon) et quelques paroisses des diocèses de Cambrai, Meaux, Reims et Troyes. Par la suite, il a pris le titre de diocèse de Soissons, Laon et Saint-Quentin.

2 *Ibid.*, t. 2, p. VII. La collection de Champagne rassemble les matériaux divers (travaux, annotations, copies, extraits, etc.) réunis par les Mauristes à partir de la fin des années 1730, en vue de la rédaction d'une histoire de la Champagne et de la Brie qui devait s'insérer dans une entreprise de longue haleine portant sur l'histoire des provinces de France. Si les Mauristes durent faire face ici à la méfiance des érudits locaux et au manque de collaboration de la noblesse, de sorte que cette histoire de la Champagne et de la Brie ne vit jamais le jour, les travaux préparatoires, après un passage à l'abbaye de Saint-Germain-des-Prés, ont intégré les collections de la future BnF en 1795-1796 (*cf.* Philippe Lauer, *Collections manuscrites sur l'histoire des Provinces de France. Inventaire*, 2 t., Paris, Leroux, 1905-1911, t. 1, p. IX-X). Sur le contexte et le sens de l'entreprise bénédictine, *cf.* Madeleine Laurain, « Les travaux d'érudition des Mauristes : origine et évolution », *Revue d'histoire de l'Église de France*, 43 (1957), p. 231-271.

3 Chapitre royal fondé au IXe siècle et devenu rapidement l'une des institutions les plus riches et puissantes de la région, Saint-Corneille passa aux Bénédictins en 1150 (mais la réforme eut du mal à s'imposer et les chanoines ne furent écartés définitivement qu'à la fin du siècle) et à la congrégation de Saint-Maur en 1626.

plus vaste dans lequel se trouvait un abrégé français d'histoire des rois de France jusqu'à Louis le Lion († 1226).

Même si l'on sait très peu de l'histoire de la bibliothèque de l'abbaye Saint-Corneille, dont les livres passèrent en 1802 à la BnF[1], on peut tout de même vérifier ces dires. Aux f. 219-220 du ms. BnF, Picardie 20 se conserve la copie d'un catalogue de la bibliothèque Saint-Corneille rédigé au XVIIIe siècle[2]. L'entrée correspondant au n° 165 porte : « Epitome historiarum regum francorum ad Ludovicum VIII, veteri ydiomate » (f. 220v). La cote est la même au sein de l'inventaire dressé lorsque les biens de l'abbaye furent saisis par les officiers municipaux, en 1790[3]. Ici, l'entrée porte d'ailleurs le même titre donné par le Mauriste dans le ms. BnF, Champagne 120 : « Epitome historiarum regum Galliæ usque ad Ludovicum VIII, veteri idiomate gallico ». Au total, nous pouvons conclure avec assurance qu'au XVIIIe siècle, les feuillets composant à présent l'Ars. 3114 étaient à Compiègne, à l'abbaye Saint-Corneille, incorporés dans un volume portant également un abrégé d'histoire de France. Reste à savoir quel abrégé et, surtout, quel volume.

Les abrégés de ce type sont nombreux au sein de la littérature française du Moyen Âge, leur tradition manuscrite est complexe et en général mal éclairée[4], enfin le titre transcrit par le Mauriste et donné

1 À ce moment-là, l'abbaye possédait encore plus de 200 manuscrits, dont 132 latins et 69 français, distribués ensuite dans les différents fonds de la BnF. *Cf.* Léopold Delisle, *Le cabinet des manuscrits de la Bibliothèque Impériale* [à partir du t. 2 : *Bibliothèque Nationale*], 4 t., Paris, Imprimerie Nationale, 1868-1881, t. 2, p. 264-265, 327 et 330.

2 Les tomes 1 à 279 de la collection de Picardie de la BnF contiennent les matériaux qui furent jugés utiles à la rédaction d'une histoire de cette province, promue par la congrégation de Saint-Maur et confiée en 1763 à Pierre-Nicolas Grenier. Le tome 20, entièrement consacré à Compiègne, conserve une pièce à l'intitulé explicite (f. 219r : « Catalogus librorum manuscriptorum ecclesiæ Sancti Cornelii Compendiensis »), qui présente une liste numérotée du fonds où chaque item illustre rapidement le contenu du volume et en indique parfois le format et la langue. *Cf.* Lauer, *Collections manuscrites [...]*, *op. cit.*, t. 2, p. 84-86.

3 L'inventaire comporte 177 items et est conservé à Beauvais, Archives départementales de l'Oise, H 2147. *Cf.* Ernest Roussel, *Inventaire sommaire des Archives départementales antérieures à 1790. Oise. Archives ecclésiastiques – Série H. Tome II – H. 1718 à H. 2649*, Beauvais, Pere, 1897, p. 183-184.

4 Malgré le défrichement accompli par Gillette Labory, « Essai d'une histoire nationale au XIIIe siècle : la chronique de l'anonyme de Chantilly-Vatican », *Bibliothèque de l'École des chartes*, 148 (1990), p. 301-354 et Ead., « Les manuscrits de la *Grande Chronique de Normandie* du XIVe et du XVe siècle », *Revue d'histoire des textes*, 27 (1997), p. 191-222, 28 (1998), p. 183-233 et 29 (1999), p. 245-294.

dans les inventaires n'est pas très précis. Il a fallu creuser dans la tradition manuscrite de toutes les œuvres en français à teneur historique dont le récit arrivait à couvrir le début du XIIIe siècle. C'est du côté de la *Chronique abrégée des rois de France* – un texte en prose qui retrace l'histoire des rois de France depuis leurs origines troyennes jusqu'à l'incorporation du duché de Normandie au domaine royal (1204) ou à l'expédition du futur Louis le Lion en Angleterre (1216), ou encore au sacre de saint Louis (1226), suivant les témoins –[1] que le coup de veine s'est produit : arrivés au ms. BnF, fr. 24431, nous nous sommes aperçus qu'une main du XVIIe ou du XVIIIe siècle avait écrit, dans la marge de tête du f. 29r, au début de la *Chronique abrégée* qui occupe les f. 29r-38r, ce titre : « Epitome de l'histoire et succession des rois de France jusque a Loys VIIIe ». Cette main donne des titres à d'autres textes du recueil, mais la *Chronique abrégée* est le premier texte qui en soit pourvu. La correspondance entre ce titre français et l'intitulé latin cité à maintes reprises, d'après les inventaires du XVIIIe siècle ou la mention du Mauriste au f. 4r du ms. BnF, Champagne 120, est saisissante. D'ailleurs, le ms. BnF, fr. 24431 était à Compiègne, au XVIIIe siècle, parmi les livres de l'abbaye Saint-Corneille, comme le certifie l'ex-libris qu'on lit dans la marge de queue du f. 2r, tracé dans une cursive très rapide par une main du XVIIe siècle : « Ce livre est du Monaster de Saint Cornille de Compiegne[2] ».

---

1 Des indications plus précises et circonstanciées sur la tradition de ce texte sont désormais offertes par Patrizia Gasparini, « Philippe Mousket e Anonimo di Béthune : relazioni e debiti nella storiografia sui re di Francia », *Culture, livelli di cultura e ambienti nel Medioevo occidentale. Atti del IX Convegno della Società Italiana di Filologia Romanza (Bologna, 5-8 ottobre 2009)*, a cura di Francesco Benozzo *et al.*, Roma, Aracne, 2012, p. 495-532 (en part. p. 509-516).

2 L'ex-libris est répété au *verso* de la garde de tête (f. 1v : « Ce livre est de Saint Cornille de Compiegne ») et, sous une forme davantage écourtée, dans la marge de queue du f. 146r (« Saint Cornille de Compiegne »). Sur le même f. 2r, une main de conservateur du XIXe siècle indiquera la provenance du ms. et son numéro d'ordre lors de l'entrée à la BnF (« Compiegne 62 »). Est à relever que la garde ancienne (f. 1) contient plusieurs traces d'écriture, parmi lesquelles se détachent, au centre du *recto*, les quelques vers (1-8 [1re strophe], peut-être 13, 15-16) de la ballade *Helas ! pourquoy virent mes yeulx* de Jean de Garencières († 1415), tracés dans une élégante bâtarde du XVe siècle. Pour la tradition manuscrite de Jean, consignée pour l'essentiel dans le ms. BnF, fr. 19139, p. 412-481, datant du milieu du XVe siècle, voir Young A. Neal, *Le Chevalier Poète Jehan de Garencières (1372-1415), sa vie et ses poésies complètes dont de nombreuses inédites*, Paris, Nizet, 1953, p. VIII-XI.

Nous avons ainsi toutes les raisons de présumer que les feuillets de l'Ars. 3114 étaient autrefois incorporés à ce gros recueil provenant de Compiègne et conservé à présent à la BnF. Encore faut-il le démontrer, preuves codicologiques à l'appui. Or, celles-ci ne font pas défaut. Mis à part les dimensions des feuillets, faussées par le lourd rognage dont ceux de l'Ars. 3114 ont fait l'objet[1], des éléments bien préservés et lisibles, tels que la réglure, assurent l'homogénéité des deux unités : en dépit d'une certaine variabilité qui s'observe entre un cahier et l'autre du ms. BnF, fr. 24431, la réglure est la même ici et là, tant pour les textes en vers que pour la prose, à partir du même canevas, à savoir deux colonnes de 40 lignes, mesure de référence qui connaît toutefois des oscillations, aussi bien dans le recueil de la BnF (entre 36 et 41 lignes) que dans l'Ars. 3114 (41 lignes aux f. 16-17). L'identité de la réglure est démontrée par la stabilité du schéma et des mesures, nullement perturbée par la variation éventuelle du nombre de lignes par colonne[2] :

> [vers] BnF, fr. 24431, f. 160r : justification 216 x 161 mm, schéma horizontal 15 | 4 | 4 | 71 | 4 | 4 | 71 | 3 | 47 mm, vertical 18 | 6 [x 36 l.] | 70 [34 | 3 | 33] mm ;
> Ars. 3114, f. 2r : justification 221 x 162 mm, schéma horizontal 12 | 5 | 4 | 70 | 3,5 | 4 | 70 | 5 | 26 mm, vertical 10 | 5,5 [x 40 l.] | 54 [40 | 3 | 11] mm.
>
> [prose] BnF, fr. 24431, f. 115r : justification 231 x 166 mm, schéma horizontal 15 | 77 | 15 | 74 | 47 mm, vertical 16 | 5,5/6 [x 40 l.] | 57 [29 | 3 | 25] mm ;
> Ars. 3114, f. 17r : justification 221 x 159 mm, schéma horizontal 11,5 | 71 | 17,5 | 70 | 29 mm, vertical 9,5 | 5,3/5,5 [x 41 l.] | 55 [33 | 3 | 19] mm.

Le copiste des deux unités est indubitablement le même, comme en témoignent le module, le *ductus*, la forme des lettres, les abréviations et la ponctuation de son écriture élégante et nette, une gothique du dernier quart du XIIIe siècle manifestement infléchie par une pratique documentaire assidue. Parmi les traits significatifs que l'on peut comparer avec profit figurent la forme recherchée et bien maîtrisée de *w* (BnF, fr. 24431, f. 7a25 *weille*, 6c32 et d1 *weil*, etc. ; Ars. 3114, f. 2a2 *enwide*, a5 *a wogle*,

1 Par exemple, le f. 160 du ms. BnF, fr. 24431 mesure 304 x 223 mm, contre 285 x 200 mm du f. 2 de l'Ars. 3114.

2 Le signe | indique chaque ligne, horizontale ou verticale, participant de la réglure et le chiffre intercalé entre ces signes la distance (en mm) séparant deux lignes successives (ou la première et la dernière des bords de la page).

a9 *werri*, etc. [voir ci-après, fig. 1 et 2])[1], la multiplication des traits de fuite (par ex., *r* rond : BnF, fr. 24431, f. 29b6 *mors*, b32 *prist* ; Ars. 3114, f. 2a3 *aplaindre*, b36 *cors*), notamment pour les lettres finales (par ex., *s* rond : BnF, fr. 24431, f. 7a23 *tans*, b24 *recors*, etc. ; Ars. 3114, f. 2a36 *coillistes*, b26-27 *liclers* : *emfers*, b29-30 *fers* : *fers*, etc.)[2], le repli fréquent de la haste de *d* pour former la boucle caractéristique des écritures de chancellerie (BnF, fr. 24431, f. 7a21 *rende*, a33-34 *co(m)mande* : *demande*, etc. ; Ars. 3114, f. 2a3 *aplaindre*, a6 *ataindre*, b1 *diex*, b4 *doutance*, etc.)[3], la descente au-dessous de la 2e rectrice des hastes de *f* et *s* droit, pour raisons calligraphiques (BnF, fr. 24431, f. 2c1 *sascience*, 150d1 *remforce sa uoiz* ; Ars. 3114, f. 2a1 *fuit* et *escole*, d1 *est* et *foible*)[4], le recours fréquent, en fin de mot et, surtout, en fin de ligne, à *R* majuscule (BnF, fr. 24431, f. 7a1-2 *auoiR* : *estouoiR*, b35-36 *apeleR* : *blameR*, etc. ; Ars. 3114, f. 2ac1 *deuoieR*, c2 et c6 *emploieR*, etc.)[5], les hastes plongeantes de la dernière ligne de la colonne, qui s'allongent souvent dans la marge de queue tout en se repliant à gauche (*q* : BnF, fr. 24431, f. 6d40 *omq(ue)s* et *q(ue)rre* ; Ars. 3114, f. 2a40 *req(ue)rroie* ; *p* : BnF, fr. 24431, f. 7b40 *ap(ri)s*, 26b40 *peu* ; Ars. 3114, f. 2b40 *parsuir*, d40 *pitiez* ; *s* droit : BnF, fr. 24431, f. 7a40 *estorer* et *maison*, b40 *si* ; Ars. 3114, f. 2c40 *souder*), et l'abréviation en forme d'apostrophe pour *r* seul (BnF, fr. 24431, f. 7b9-10 *graind(r)e* : *remaind(r)e* ; Ars. 3114, f. 2c38-40 *aprend(r)e* : *rend(r)e* : *reprend(r)e*)[6].

Les principes de décoration sont les mêmes, tant pour les lettres puzzle que pour les lettres filigranées. Dans l'Ars. 3114, les textes 1, 2, 4 et 5 débutent par des lettres puzzle bleues et rouges sur 4 à 6 unités de réglure, dotées de bandes d'*I* bicolores (f. 1r, 4r, 7v et 11v), tandis que les autres textes (3, 6) sont ouverts par des lettres filigranées sur 2 unités de réglure, en alternance bleues ou rouges avec amples fioritures de la couleur opposée (f. 6v, 15r). Ces dernières entrecoupent régulièrement les textes, sauf pour le plus court (3), qui n'y a pas droit. Or,

---

1 Sur cette lettre, formée de deux *u* aigus entremêlés dépassant largement la hauteur des lettres moyennes et achevés par un trait en double courbe, *cf.* Albert Derolez, *The Palaeography of Gothic Manuscript Books. From the Twelfth to the Early Sixteenth Century*, Cambridge, Cambridge University Press, 2003, p. 94-95 et type 79.

2 *Ibid.*, p. 84 et type 39, p. 93 et type 73.

3 *Ibid.*, p. 125-126.

4 *Ibid.*, p. 125.

5 *Ibid.*, p. 91.

6 Pour cet usage inhabituel dans les gothiques septentrionales, voir *ibid.*, p. 110-111.

cette même scansion se retrouve dans le recueil de la BnF, dont quatre textes débutent par des lettres puzzle sur 3 à 11 unités de réglure (f. 71r, 72v, 157r, 169r) et trois autres par des lettres filigranées sur 2 unités de réglure (f. 26r, 54v, 159r), alors qu'à l'intérieur des textes, le découpage est garanti par les lettres filigranées sur 2 unités de réglure. Malgré la variété des réalisations, qui laisse songer à l'intervention de plusieurs décorateurs, dont l'air stylistique de famille est toutefois évident, le schéma décoratif est le même dans les deux tronçons, à ceci près que le commencement de la plupart des textes du ms. BnF, fr. 24431 était marqué par des lettres historiées sur 4 à 10 unités de réglure. Or, ces lettrines ont été découpées ou arrachées sans ménagement, mais de façon malheureusement systématique (f. 2r, 27r, 29r, 38v, 39v, 54r, 74r, 93r, 147r, 149r, 151r, 152v, 161r, 167v, 181r, 183r), de sorte qu'il ne nous reste à présent que le bout de quelques antennes et le croquis à l'encre du f. 42d23-26, censé guider l'exécution d'une lettre historiée qui ne fut jamais réalisée. Cette distribution inégale des marqueurs d'ouverture des textes (lettre historiée, lettre puzzle, lettre filigranée) obéit à une stratégie de hiérarchisation des constituants de l'ensemble, donc de mise en valeur, subordination et mise en relation[1]. Par conséquent, il n'y a rien d'incongru dans le fait que les feuillets de l'Ars. 3114 ne portaient pas, à l'origine, de lettre historiée.

D'un autre côté, le découpage des lettrines du recueil de la BnF nous apprend que l'ensemble avait subi des dégradations importantes, et que le dépeçage des 18 feuillets aujourd'hui à l'Arsenal n'a rien d'étonnant, dans ce contexte. Puisque ceux-ci sont protégés à présent par une reliure en maroquin rouge du milieu ou de la seconde moitié du XVIIIe siècle et qu'il a été folioté au crayon à une époque postérieure, que le ms. BnF, fr. 24431 s'accomode d'une demi-reliure en chagrin au chiffre de Louis-Philippe Ier (1830-1848) et que sa foliotation à l'encre noire remonte également au XIXe siècle, nous pouvons conclure sans ambages que l'érudit bénédictin a dû exécuter sa copie du dénombrement quand les feuillets de l'Ars. 3411 faisaient encore partie du recueil dont le ms. BnF, fr. 24431 représente le tronc. L'enlèvement

1 Ainsi que l'explique Sylvie Lefèvre au sein de l'excellente notice, contenant également la reproduction du f. 161r, consacrée au ms. BnF, fr. 24431 dans Maria Careri *et al.*, *Album de manuscrits français du XIIIe siècle. Mise en page et mise en texte*, Roma, Viella, 2001, p. 155-158 (en part. p. 157).

des feuillets recomposés ensuite dans le petit volume actuellement à l'Arsenal a donc eu lieu à Compiègne, dans la bibliothèque de l'abbaye Saint-Corneille, au XVIIIe siècle, avant 1775-1780, lorsque l'Ars. 3114 est enregistré dans le catalogue de la librairie du marquis de Paulmy[1]. Le tronc du recueil, désormais mutilé, est demeuré dans le fonds abbatial jusqu'à la Révolution, quand il est passé, à la suite de la réquisition des biens de Saint-Corneille, à la future BnF, où il devait recevoir plus tard une reliure, une foliotation et, bien entendu, le n° 24431 au sein du fonds français.

ARS. 3114 + BNF, FR. 24431 + ARS. 3122

Une fois réunis ces deux *membra disiecta*, et reconnu dans le BnF, fr. 24431 le tronc d'un recueil sévèrement entamé vers le milieu du XVIIIe siècle, ou peu après, la curiosité nous a poussé à vérifier si d'autres branches arrachées ne reposaient pas par hasard dans les collections parisiennes, ou ailleurs. De manière très empirique, nous nous sommes dit que si une découpure de plus avait eu lieu, elle avait dû être l'œuvre de la même main malveillante qui débita les feuillets de l'Ars. 3114, et que le fruit de cette dégradation ultérieure avait pu suivre les mêmes voies et aboutir au même endroit que les feuillets susdits. Nous avons

1 Le *Catalogue raisonné d'une grande bibliothèque* fut rédigé par les bibliothécaires et secrétaires de Paulmy en 24 tomes (Ars. 6279-6302). L'Ars. 6287 décrit l'actuel Ars. 3114 au f. 46r, sous le n° 1507 des Belles-Lettres : « Manuscrit sur velin tres anciens [*sic*] contenant quelques pieces en vers. 1 volume in folio. Maroquin rouge ». En marge, on lit l'annotation suivante, due elle aussi à l'un des employés du marquis, qui devait écrire sous la dictée du bibliophile : « Manuscrit tres curieux, voyes ma notte sur le volume et le detail sur la carte. Ce sont des fabliaux » (le dernier mot est souligné). Elle renvoie à la notice détaillée, dont nous avons cité un extrait *supra*, que Paulmy dicta vraisemblablement à un secrétaire et qui occupe le *verso* de la seconde garde de tête de l'Ars. 3114. Cette « notte » est suivie de trois apostilles, dues à trois autres mains : 1) Paulmy exprime le vœu de trouver, dans les manuscrits d'Étienne Barbazan (1696-1770) déposés à l'Arsenal, « des copies plus lisibles » des textes de l'Ars. 3114 ; 2) on constate qu'aucune des pièces de l'Ars. 3114 n'est publiée dans les trois volumes des *Fabliaux et contes des poètes françois des XIIe, XIIIe, XIVe et XVe siècles, tirés des meilleurs auteurs*, éd. par Étienne Barbazan, Paris, Vincent, 1756 ; 3) on signale que le texte 2 de l'Ars. 3114 a été publié dans *Le Roman du Renart. Supplément, variantes et corrections*, éd. par Polycarpe Chabaille, Paris, Silvestre, 1835.

donc ciblé la collection de Paulmy et, soutenus par cet outil incontournable qu'est le vénérable catalogue d'Henry Martin et par la sollicitude exemplaire de tout le personnel de l'Arsenal[1], nous avons entrepris de dépouiller les manuscrits ici conservés portant une reliure en maroquin rouge du XVIIIe siècle. Arrivés à ce svelte volume qu'est l'Ars. 3122, contenant le *Livres d'Amours* de Drouart la Vache, une adaptation française en couplets d'octosyllabes du traité *De Amore* d'André le Chapelain, la révélation a été subite. Non seulement il porte la même reliure que l'Ars. 3114, jusqu'au moindre détail (dimensions, qualité du maroquin, triple filet d'encadrement, dos doré à la roulette, papier marbré des contre-gardes, gardes, etc.)[2], mais les dimensions des feuillets sont les mêmes (285 x 198 mm, pour le f. 15), ils ont subi un rognage aussi brutal et sont à présent dépouvus de la pliure et collés ensemble. Surtout, nous retrouvons la réglure (f. 15r : justification 226 x 166 mm, schéma horizontal 14 | 4 | 4 | 73 | 3,5 | 4 | 75 | 3 | 17/18 mm, schéma vertical 9 | 5,5/5,8 [x 40 l.] | 50 [36 | 2 | 12] mm [voir ci-après, fig. 3]), la décoration (une lettre puzzle rouge et bleue sur 7 unités de réglure, dotée de longues bandes d'*I* bicolores, au début [f. 1r] ; des lettres filigranées alternativement rouges et bleues sur 2 unités de réglure à l'intérieur) et le copiste des deux unités déjà rassemblées[3], sans que le doute soit permis.

De toute évidence, les 48 feuillets de l'Ars. 3122 (foliotés de 1 à 49 par attribution du n° 4 au f. 3v) constituent le produit du deuxième dépeçage subi par le recueil à l'abbaye Saint-Corneille, et ils ont parcouru le même chemin que ceux de l'Ars. 3114, puisque le volume est inventorié tel qu'il apparaît aujourd'hui, sous le n° 1513 des Belles-Lettres, dans le *Catalogue raisonné d'une grande bibliothèque* (1775-1780), sur la même page

1 Henry Martin, *Catalogue des manuscrits de la Bibliothèque de l'Arsenal*, 8 t., Paris, Plon, Nourrit et Cie, 1885-1899.

2 Évidemment, les titres inscrits en lettres dorées sur les pièces de titre des dos diffèrent : « RECUE[IL] DE FABLIAU[X] » pour l'Ars. 3114, « ROMAN D'AMOUR » pour l'Ars. 3122.

3 Pour preuve, voir la forme de *w* (f. 16c19 et 17b10 *weil*, b12 *weille*, etc.), le triomphe des traits de fuite (*r* rond : f. 15b14 *lordre*, b26 *uoudrai*, b36 *atendre*, etc. ; *s* rond : f. 15a8-9 *prisies* : *auisies*, b29 *damours*, etc.), la boucle de *d* (f. 16c1 *droit*, c2 *dame*, d1 *doutance*, etc.), les virées des hastes de *f* et *s* droit au-dessous de la 2e rectrice (f. 19a1 *afoles*, 16d1 *ceste*, 17c1 *saige*, d1 *Mais*, etc.), le recours à *R* final (f. 15a36-37 *p(ar)leR* : *aleR*, etc.), les descentes des hastes plongeantes de la dernière ligne de la colonne dans la marge de queue (f. 15b40 *q(ui)* et *lose*, f. 16c40 *sapie(n)ce*, d40 *proesse*, etc.) et l'abréviation pour *r* seul (f. 15b26-27 *aprend(r)e* : *entend(r)e*, b35 *tend(r)e*, etc.).

(f. 46r de l'Ars. 6287) qui décrit l'Ars. 3114 sous le n° 1507[1]. Si l'on avait besoin d'une preuve supplémentaire de l'unité primitive des ces pièces détachées, on mettrait en avant les notes de lecture que la main d'un érudit du XVIIIe siècle a déposées aussi bien sur l'Ars. 3122 que sur le fr. 24431 de la BnF : sur la première page du *Livres d'Amours*, il a en effet souligné, au f. 1a25, le v. 25 (« Mil CC quatre vinz et dis ») et explicité en marge la date que l'on en tire, « 1290 » (souligné), à l'aide d'une encre rouillée que l'on retrouve dans le ms. BnF, fr. 24431, à plusieurs endroits, et suivant les mêmes modalités d'annotation ; par exemple, il y souligne un passage des annales latines des f. 27r-28r concernant la date de la prise de fonction de Milon de Bazoches, évêque de Soissons (f. 27b34), puis précise dans la marge de gouttière « Miles de Basochis evesques de Soissons, 1263 », conformément au début du paragraphe (f. 27b29-30), ou il énonce clairement, toujours en marge (« Engueran d'Abeville »), le nom d'un personnage de la *Chronique des ducs de Normandie* (f. 54v-71r) qui pouvait apparaître abscons, au vu de la forme employée par le copiste au f. 65b13 (*Enlorrans dabeviller* [souligné]). L'appartenance des feuillets de l'Ars. 3122 au recueil conservé autrefois à l'abbaye Saint-Corneille et l'époque de leur découpage (milieu du XVIIIe siècle, ou peu après) ne font donc aucun doute[2]. Dès l'origine, les mss Ars. 3114 et 3122 formaient un tout avec le ms. BnF, fr. 24431.

1 « Le Roman d'Amour en vers (par Drouart la Vache). Manuscrit sur velin a 2 colonnes fort bien conservé. 1 volume in folio. Maroquin rouge » (en marge, le renvoi à la note que Paulmy fit écrire en tête de l'Ars. 3122). La cote antérieure, tracée au *recto* de la seconde garde de tête, est « Belles-Lettres 1681 ». Elle est due à la même main qui indiqua celle qui semble être la première cote du XVIIIe siècle assignée à l'Ars. 3114 (« Belles-Lettres 1645 ») : elle a été inscrite sur le *recto* de la seconde garde de tête, près de l'angle supérieur de la marge de gouttière, puis biffée et remplacée par « l. 2. p 287 n° 1507 » (renvoi précis au *Catalogue raisonnée*, où l'Ars. 3114 est décrit, sous le n° 1507, à la p. 287, suivant une autre pagination, du second tome consacré aux Belles-Lettres [Ars. 6287]). Cette dernière indication fut rayée au XIXe siècle, lorsque l'Ars. 3114 prit la cote Belle-lettres françaises 60 (l'Ars. 3122, Belles-lettres françaises 91).

2 Tout en ignorant l'emplacement d'origine de ces feuillets, Robert Bossuat, *Drouart la Vache traducteur d'André le Chapelain (1290)*, Paris, Champion, 1926, p. 2 avait déjà reconnu le caractère factice de l'Ars. 3122 : « Tout porte à croire que le texte du *Livre d'Amours* fit partie à l'origine d'un manuscrit plus volumineux, contenant d'autres œuvres de même caractère et que le poème de Drouart en fut détaché à une époque récente pour être relié séparément ». Par la suite, le manuscrit ne semble pas avoir fait l'objet d'enquêtes suivies, même s'il a été exposé à la Bibliothèque de l'Arsenal du 6 novembre 2012 au 17 février 2013 : *cf. Le Roman de la rose. L'art d'aimer au Moyen Âge*, éd. par Nathalie Coilly – Marie-Hélène Tesnière, Paris, Bibliothèque nationale de France, 2012, p. 188.

Reste à déterminer où, au sein de ce consistant recueil de pièces historiques, narratives et édifiantes, les deux séries de feuillets de l'Arsenal se plaçaient, avant d'être détournées. À ce sujet, il faut bien admettre qu'aucune certitude n'est possible. Premièrement, on ne peut pas exclure que d'autres morceaux suivis du recueil primitif aient été enlevés, et qu'ils soient à présent perdus ou entreposés quelque part, dans l'attente d'être reconnus. Ensuite, la configuration actuelle du ms. BnF, fr. 24431 est sujette à caution, puisqu'elle pourrait résulter d'un réagencement tardif de ses composantes, de sorte que « il est difficile d'affirmer que l'ordre actuel est bien l'ordre primitif[1] ». En l'état, celui-ci se compose en effet de cinq sections bien distinctes et sensiblement autonomes, aussi bien sous le profil codicologique que pour le contenu :

1. f. 2-25 : 3 quaternions, signés *I* à *III* et consacrés au *Livre de philosophie et de moralité* d'Alard de Cambrai, texte en vers manquant de presque toute la 2e moitié ;
2. f. 26-73 : 6 quaternions, dont les 5 premiers signés *I* à *V*, contenant des textes historiques en prose[2] ;
3. f. 74-92 : 3 quaternions occupés par la version en prose *L* du *Roman des Sept Sages* (le 3e cahier, qui a perdu 4 feuillets internes, porte la signature *iij*) ;
4. f. 93-168 : 8 quaternions et 2 ternions (f. 141-146 et 155-160), signés *I* à *X* et dominés par *Marques de Rome* (f. 93r-146r), suivi d'extraits et de textes brefs en vers et en prose[3] ;

1 Careri *et al.*, *Album [...]*, *op. cit.*, p. 157 (S. Lefèvre).

2 En réalité, la transcription du dernier texte historique (la *Chronique des ducs de Normandie*) se termine au f. 71a7 et une autre main, *grosso modo* contemporaine et proche du point de vue typologique de celle du copiste, a tiré parti des feuillets qui restaient en blanc à la fin de la section (et du cahier [f. 66-73]) pour composer une suite latine en prose : à une explication de la liturgie de la messe (f. 71a-72d) succèdent des extraits de sermons de saint Augustin (f. 72d-73a).

3 À savoir : quatre miracles en octosyllabes (f. 147a-156c), considérablement mutilés lors du dépeçage des lettres historiées des commencements, décrits par Joseph Morawski, « Mélanges de littérature pieuse. I. Les miracles de Notre-Dame en vers français », *Romania*, 61 (1935), p. 145-209 et 316-350, 64 (1938), p. 454-488 (en part. p. 147, 169-170 et 465-470) ; un extrait du *Miroir du monde* (f. 157a-159b), traité en prose sur les vertus et les vices datant des années 1270 (*cf.* Édith Brayer, « Contenu, structure et combinaisons du *Miroir du Monde* et de la *Somme le Roi* », *Romania*, 79 (1958), p. 1-38 et 433-470 [en part. p. 8, n. 1]) ; un extrait de la 1re rédaction en vers de l'*Image du monde* de Gossuin de Metz (f. 159b-160c), correspondant aux v. 221-408 de l'édition de Chantal Connochie-Bourgne, *L'« Image du*

5. f. 169-189 : 4 quaternions en grande partie lacunaires (le 1er cahier est peut-être signé *j*, le 3e et le 4e *II* et *III*), qui réunissent la *Doctrine de l'Eglise* (en prose : f. 169r-179v) et le *Roman de la Poire* (en vers : f. 180r-189r)[1].

Les seuls éléments quelque peu solides sont la consécution des sections 3 et 4, qui pourrait être le reflet de l'agencement de départ, puisque *Marques de Rome* se pose en continuation du *Roman des Sept Sages*, et la position finale de la section 5, au vu du cumul d'écritures adventices au f. 189. Du fait des manipulations multiples dont le recueil a fait l'objet et de sa reliure tardive, l'ordre relatif des sections est mal assuré, si l'on vise l'arrangement d'origine. Mais on peut tout au moins circonscrire les endroits où une lacune matérielle consistante est avérée, en laissant de côté les dégâts internes aux sections 3 et 5, qui ont une étendue limitée et concernent d'autres textes que ceux de l'Arsenal[2]. Les sections 1 et

---

monde », une encyclopédie du XIIIe *siècle. Édition critique et commentaire de la première version*, thèse sous la direction de Claude A. Thomasset, 4 t., Paris, Université Paris IV-Sorbonne, 1999 (en part. t. 3, p. 768-772), extrait qui couvre donc la plus grande portion du chap. IV de la 1re partie, traitant du libre arbitre (v. 221-420 : sont omis, dans le ms. BnF, fr. 24431, les 12 derniers vers [409-420] et, à cause d'un saut du même au même, les v. 259-263 ; on compte aussi un vers de plus [265.1]) ; un second extrait du *Miroir du monde* (f. 160d8-17), constitué de cinq sentences tirées d'un passage du manuel de vie chrétienne suivant immédiatement le segment transcrit ici aux f. 157a-159b (*cf.* Paul Meyer, « Notice sur le manuscrit 27 de la Bibliothèque d'Alençon (Somme le Roi, Vies des saints, en prose) », *Bulletin de la Société des Anciens Textes Français*, 18 [1892], p. 68-93 [en part. p. 80-81] ; on retrouve les mêmes sentences dans un témoin de la nébuleuse textuelle appelée *Riote du monde*, le ms. Metz, Méd. Verlaine, 855 [Lorraine, XVe siècle], d'après Jakob Ulrich, « Neue Versionen der Riote du monde », *Zeitschrift für romanische Philologie*, 24 [1900], p. 112-120 [en part. p. 116-117]) ; la suite d'extraits du traité de Philippe de Novare (f. 161a-167b), sur laquelle informe Careri *et al.*, *Album [...]*, *op. cit.*, p. 155 (S. Lefèvre) ; la version en prose de la *Lettre du Prêtre Jean* dénommée *P-1* (f. 167c-168d), dont il ne reste ici qu'un peu moins de la moitié (ms. *J* de *La Lettre du Prêtre Jean. Les versions en ancien français et en ancien occitan. Textes et commentaires*, éd. par Martin Gosman, Groningen, Bouma's Boekhuis, 1982, p. 144-289 et 552-557).

1 La copie du traité attribué à saint Augustin, d'après le f. 169a1-7 (« Sy poez oir et entendre la doctrine et la creance de sainte Eglyse selonc les diz et les espositoyres saint Augustin »), n'est pas achevée : elle est laissée en suspens au f. 179d7, au milieu d'une phrase.

2 Le 2e cahier (f. 82-88) de la section 3 est irrégulier (7 f.), mais, puisque la narration est suivie, le feuillet manquant a dû être éliminé au cours de la confection ; en revanche, le cahier suivant ne compte que 4 feuillets, en raison de la perte de 4 feuillets entre les f. 89 et 90 (une main médiévale l'a relevé, en traçant à l'encre brune « Cy faut » dans la marge de queue du f. 89v, près du bord inférieur de la page). Pour ce qui a trait à la section 5, mal éclairée par la signature des cahiers, elle comporte un quaternion régulier

4 montrent en effet des pertes certaines de cahiers à la fin, c'est-à-dire après les f. 25 et 168 : le traité d'Alard de Cambrai, qui compte 6732 vers dans les témoins complets, s'arrête ici au v. 3664, à la fin de la dernière colonne du f. 25, sans qu'aucun signe d'interruption volontaire ne puisse être détecté, de sorte qu'on est en droit de présupposer la perte de plus d'un cahier, à la suite du dernier feuillet de la section 1[1] ; le dernier texte de la section 4, la *Lettre du Prêtre Jean*, ne compte, aux f. 167v-168v, que 208 lignes, alors que le texte complet comporte habituellement 500 lignes environ, et ici non plus, la transcription ne paraît pas s'interrompre de façon volontaire, ce qui invite à postuler la disparition d'au moins un cahier, qui contenait à coup sûr d'autres textes et faisait suite au dixième cahier de cette section. Au final, il est possible que les deux séries de feuillets reliées séparément et conservées à l'Arsenal se composaient, à l'origine, de plusieurs cahiers placés à la suite de la conclusion du *Livre de philosophie et de moralité* ou de celle de la *Lettre du Prêtre Jean*.

Sur la base de considérations purement littéraires – la conformité des pièces de l'Ars. 3114 à la suite hétérogène de textes brefs et extraits qui occupent les f. 147r-168v de la section 4 et l'affinité de fond entre le *Livres d'Amours* de l'Ars. 3122 et le *Roman de la Poire* (versification sophistiquée, penchant pour les énigmes, idéologie courtoise, allégorisation, etc.) –[2], la dernière hypothèse, celle qui situe l'emplacement

(f. 169-176) et trois cahiers mutilés : celui des f. 177-180 exhibe une lacune de 4 feuillets entre les f. 179 et 180, qui a englouti les v. 1-537 du *Roman de la Poire* (voir *Le Roman de la Poire par Tibaut*, éd. par Christiane Marchello-Nizia, Paris, Société des Anciens Textes Français, 1984, p. LXIX) ; le suivant (f. 181-187) a perdu un feuillet entre les f. 184 et 185 (v. 1413 et 1553 du même texte) ; enfin, le dernier, qui retient la conclusion du *Roman de la Poire* (f. 189r), est réduit à présent à deux feuillets (f. 188-189), par ailleurs mal en point, mais on peut estimer à 6 feuillets la lacune entre les deux, au vu des 800 vers et plus qui font défaut ici (on corrige ainsi l'avis exprimé *ibid.* : 5 f. enlevés).

1 *Cf.* déjà Marc-René Jung, « Les manuscrits du *Livre extrait de philosophie et de moralité* d'Alart de Cambrai », *Studi di filologia romanza offerti a Valeria Bertolucci Pizzorusso*, a cura di Pietro G. Beltrami *et al.*, 2 t., Ospedaletto, Pacini, 2006, t. 1, p. 737-754 (en part. p. 742) et Id., « Metamorphosen eines Textes in den Handschriften des ausgehenden 13. Jahrhunderts : *Li livres estrais de philosophie et de moralité* », *Text und Text in lateinischer und volkssprachiger Überlieferung des Mittelalters. Freiburger Kolloquium 2004*, hg. von Eckart C. Lutz *et al.*, Berlin, Schmidt, 2006, p. 353-376 (en part. p. 355).

2 Voir *Le Roman de la Poire [...]*, éd. citée, p. XVI-XXXIII, Sven Sandqvist, « Rime léonine et critique textuelle », *Revue de linguistique romane*, 55 (1991), p. 149-205 et Florence Bouchet, *Le discours sur la lecture en France aux* XIV*e et* XV*e siècles : pratiques, poétique, imaginaire*, Paris, Champion, 2008, p. 293-303.

d'origine des feuillets des mss Ars. 3114 et 3122 entre les actuels f. 168 et 169 du ms. BnF, fr. 24431, l'emporterait aisément. Mais il faut compter avec le manque de certitudes à propos de l'agencement primitif du recueil et avec l'éventualité de rapprochements inattendus, ainsi qu'on le constate pour la section 5. En outre, nous ne pouvons pas exclure que les deux séries de l'Arsenal formaient à l'origine une ou plusieurs sections supplémentaires. Certes, la composition fasciculaire des feuillets des Ars. 3114 et 3122 nous échappe, du fait que la pliure a disparu lors du découpage. Mais le nombre de ceux de l'Ars. 3122 (48) et le fait qu'au centre de la marge de queue du f. 41v, une trace de signature à l'encre noire a été épargnée par le couteau du relieur (il peut s'agir d'un *II*, d'un *V* ou d'un *X*), nous suggèrent, notamment si l'on se fie à la deuxième lecture proposée (*V*), que la série de l'Ars. 3122 était composée de six quaternions réguliers (f. 1-9, 10-17, 18-25, 26-33, 34-41, 42-49), en parfaite adéquation avec l'unité fasciculaire de base du ms. BnF, fr. 24431 (et du recueil d'origine). Bref, les options étant multiples, et également défendables, il conviendra de faire preuve de retenue, et de dégager la vue, pour atteindre le cœur de ce recueil en un tronc et deux branches.

ARS. 3114 + BNF, FR. 24431 + ARS. 3122 / BNF, FR. 17177

Dès 1895, Paul Meyer avait expliqué que le copiste du ms. BnF, fr. 24431 était également responsable de la copie d'une section du ms. BnF, fr. 17177, un recueil imposant d'œuvres historiques et édifiantes qui, du fait de la filière de possesseurs qu'il intégra à l'époque moderne (le chancelier Pierre Séguier [1588-1672], puis Henri-Charles du Camboust, duc de Coislin [1665-1732], enfin les fonds de Saint-Germain-des-Prés, dès 1732)[1], n'a pas eu à subir toutes les péripéties et malversations qui ont accablé le recueil autrefois à l'abbaye Saint-Corneille. Il n'a donc souffert que de seize mutilations, visant ses enluminures, et porte encore sa reliure en veau gaufré du XVIe siècle, dotée

1 Sur la constitution de cette bibliothèque et son sort, *cf.* Yannick Nexon, « La bibliothèque du chancelier Séguier », *Histoire des bibliothèques [...]*, *op. cit.*, t. 2, p. 147-155.

au départ de deux fermoirs[1]. En reprenant le dossier, Sylvie Lefèvre s'est aperçue que l'illustre chartiste avait probablement surestimé le poids de certains écarts et oscillations dans la pratique de copie qui s'observent au fil des sections, et elle a conclu que tout le recueil est en réalité l'œuvre d'un seul copiste, le nôtre – à l'exception de quelques apports secondaires, à savoir la table liminaire à l'encre rouge (f. 1r-12v), la foliotation ancienne en chiffres romains et certaines rubriques aux articulations des cahiers, qui seraient l'œuvre d'une main professionnelle « du début du XIVᵉ s[iècle][2] ». Nous ne pouvons que confirmer, à la lumière de la vue élargie que permettent les mss Ars. 3114 et 3122, la justesse de ces propos.

L'identité du copiste principal éclaire les ressemblances structurelles entre le ms. BnF, fr. 17177 et notre ensemble, mais ne doit pas en occulter les différences de planification et d'exécution : si le format est le même, subsistent de légers écarts dans les dimensions (BnF, fr. 17177, f. 275r : 310/313 x 198 mm, contre 305 x 226 mm pour notre ensemble [BnF, fr. 24431, f. 115]) et la page est organisée sur deux colonnes de 44 lignes, avec quelques oscillations (entre 42 et 46 lignes ; trois colonnes aux f. 282v-286v), tandis que notre ensemble mise sur deux colonnes de 40 lignes (entre 36 et 41, à certains endroits) ; si la réglure à la mine de plomb suit le même plan et est comparable jusque dans le détail (pour la prose, BnF, fr. 17177, f. 275r : justification 235 x 153 mm, schéma horizontal 5 | 70 | 18 | 65 | 40 mm, vertical 18 | 5,2/5,5 [x 44 l.] | 60 mm ; BnF, fr. 24431, f. 115r : justification 231 x 166 mm, schéma horizontal 15 | 77 | 15 | 74 | 47 mm, vertical 16 | 5,5/6 [x 40 l.] | 57 [29 | 3 | 25] mm), les systèmes de décoration et d'illustration sont, dans le recueil BnF, fr. 17177, plus élaborés que dans notre ensemble, avec son jeu alterné de lettres historiées, lettres puzzle et lettres filigranées.

1 Paul Meyer, « Notice du manuscrit fr. 17177 de la Bibliothèque nationale (Histoire universelle ; Brut en prose ; poésies et chroniques diverses) », *Bulletin de la Société des Anciens Textes Français*, 21 (1895), p. 80-118 (en part. p. 82). Le découpage, qui a des conséquences non négligeables sur l'environnement textuel des enluminures touchées, porte sur les f. 13, 15, 20, 25, 26, 28, 33, 38bis, 45, 47, 50, 58bis, 68, 76, 137, 140. En clair, ont été découpées toutes les illustrations présentes jusqu'au f. 40 ; ensuite, seulement quelques illustrations ont été enlevées.

2 Careri *et al.*, *Album [...]*, *op. cit.*, p. 151-154 (en part. p. 151). La notice comporte la reproduction du f. 275r (*ibid.*, p. 152) ; une copie numérique du microfilm en noir et blanc du ms. est disponible dans *Gallica*.

Ici, le texte principal, l'*Histoire ancienne jusqu'à César* (1ère rédaction : f. 13r-82r et 109r-189v), dont le poids est écrasant, jouit d'une illustration suivie, constituée de quatre douzaines d'enluminures à quatre compartiments, de la largeur de la colonne de texte, et les articulations internes sont soulignées par des lettres filigranées sur deux unités de réglure, rouges et bleues en alternance, agrémentées de bandes d'*I* bicolores[1]. Dans le reste du recueil, les rapports hiérarchiques et les relations entre les textes sont soigneusement définis : les œuvres majeures, à savoir le *Brut* intercalé dans l'*Histoire ancienne* (f. 83r-108r), le traité d'Alard de Cambrai (f. 190r-227v), la *Chronique abrégée des rois de France* (f. 253r-261r) et la sélection d'extraits des *Quatre âges de l'homme* de Philippe de Novare (f. 275r-281v), débutent par des lettres historiées sur 8 unités de réglure (10 pour le *Brut*)[2] ; le commencement des textes considérés comme mineurs, ou subordonnés, n'est marqué que par une lettre puzzle bicolore, sur 3 à 6 unités de réglure (f. 251r, 251v, 262r, 282r), ou encore par une simple lettre filigranée, sur 3 (f. 228r, 231r) ou 2 unités de réglure (f. 229r, 231r, 262v, 274v, 287r). Les découpages internes sont signalés par des lettres filigranées sur deux unités de réglure, dotées de bandes d'*I* bicolores aux f. 83r-108r et 190r-250r, puis simples (f. 253r-274v)[3], ou par de simples lettres en couleur (f. 282v-287v), là où la fréquence élevée des partitions strophiques et l'encombrement de la page dû au passage aux trois colonnes (f. 282v-286v) rendaient difficilement praticables les fioritures habituelles[4].

1 Occasionnellement, une lettre historiée (f. 110r, 182r, 187r) ou une lettre puzzle bicolore (f. 188r) font surface.

2 Puisqu'il fut décidé d'intercaler le *Brut* entre deux paragraphes précis de l'*Histoire ancienne* (f. 109a25-b20, 109b22-39), à savoir le dernier de la section VI (*Eneas*) et le premier de la section VII (*Rome I*), le copiste a transcrit à nouveau la portion de texte du f. 109a1-b20 sur un feuillet dépareillé (f. 82a1-b19), puis le segment textuel devenu superflu (f. 109a1-b20) a été cancellé à l'encre rouge. De l'autre côté, le reste du f. 82 (deux colonnes et demie) demeure en blanc (sauf pour la rubrique ajouté ultérieurement au f. 82d40-43), et le *Brut* peut se déployer à partir du feuillet suivant (f. 83r). Voir Meyer, « Notice du manuscrit fr. 17177 [...] », art. cité, p. 88-89. Il ne s'agit donc pas, à proprement parler, d'une « erreur matérielle » du copiste (Gabriella Parussa – Richard Trachsler, « *Trasmissione-trasformazione* ou comment comprendre l'apport d'un copiste vernaculaire », *La transmission des savoirs au Moyen Âge et à la Renaissance. 1. Du XIIe au XVe siècle*, éd. par Pierre Nobel, Besançon, Presses Universitaires de Franche-Comté, 2005, p. 349-362 [en part. p. 352]).

3 Les extraits du traité moral de Philippe de Novare (f. 275r-281v) jouissent d'un traitement particulier : une seule lettre filigranée figure au f. 278r, doublée d'une lettre puzzle bicolore au f. 278v.

4 Pour les *Proverbes au vilain* des f. 282r-287r, le décorateur avait d'abord essayé d'insérer des lettres filigranées conventionnelles (f. 282r), mais il y a ensuite renoncé. De simples

Ainsi, l'assemblage du matériau est le plus souvent transparent. Le volet édifiant, par exemple (f. 190-250), a pour chef de file Alard de Cambrai, dont le traité occupe presque deux tiers du volet (f. 190r-227v) et est mis en exergue par une lettre historiée, au début ; suivent, sur un nouveau feuillet, les trois courtes pièces de Pierre de Maubeuge (*Quatre martyres* [f. 228a-229b], *Quatre vices* [f. 229b-230d], *Quatre complexions de l'homme* [f. 230d-231b]), traitées comme un texte unique, puisque de simples lettres filigranées sur 2 unités de réglure les ouvrent, aux f. 229b et 231a, et qu'aucun blanc n'est ménagé entre les pièces – de plus, il est clairement subordonné au traité qui précède, étant donné que le début des *Quatre martyres* n'est signalé que par une lettre filigranée sur 3 unités de réglure, en tête du f. 228a – ; de même, l'adaptation partielle de l'*Anticlaudianus* d'Alain de Lille par Ellebaut, quoique plus consistante (f. 231b-250b), fait suite à la dernière pièce de Pierre de Maubeuge, sur la colonne même où celle-ci s'achève, sans qu'un blanc ne soit prévu entre les deux textes d'auteurs différents, et son commencement n'est agrémenté que par une lettre filigranée sur 3 unités de réglure (f. 231b), à l'instar des *Quatre martyres*[1].

lettres en couleur entrecoupent également le court poème apocalyptique des f. 287r-v, les *Quinze signes du jugement dernier*.

1 Pour mémoire, les pièces de Pierre de Maubeuge sont attestées uniquement ici : voir Keith Busby, « Les Poèmes de Pierre de Maubeuge », *Pluteus*, 3 (1985), p. 37-56. En revanche, l'adaptation d'Ellebaut, « sorte de bréviaire de théologie ayant surtout une fonction pratique », écrit à l'intention des laïcs et des clercs moins instruits (Luciano Rossi, « Les sept vies de l'*Anticlaudianus*. Pour une nouvelle édition de la récriture d'Ellebaut », *Cahiers de civilisation médiévale*, 54 [2011], p. 377-396 [en part. p. 389]), que son éditeur croyait connu à travers ce seul témoin (*« Anticlaudien ». A thirteenth-century French adaptation of the « Anticlaudianus » of Alain de Lille by Ellebaut*, ed. by Andrew J. Creighton, Washington DC, The Catholic University of America Press, 1944), se trouve également dans le ms. Oporto, Biblioteca Pública Municipal, 619, comme le rappela le compte rendu de Robert Bossuat, *Bibliothèque de l'École des chartes*, 107 (1948), p. 124-126 (en part. p. 124). Ce recueil pieux richement illustré, dont deux enluminures en pleine page ont été enlevées et se conservent aujourd'hui à Paris, Musée Marmottan, Wildenstein 184, a été dernièrement rattaché à Verdun, suivant la place faite à Santin et Vanne dans la litanie des saints (voir *Inventário dos códices iluminados : até 1500*, 2 t., Lisboa, Secretaria de Estado da Cultura-Instituto da Biblioteca Nacional e do Livro, 1994-2001, t. 2, p. 177-178 et Alison Stones, « Les prières de Gautier de Coinci, leur distribution et leur réception d'après la tradition manuscrite », *Le recueil au Moyen Âge. Le Moyen Âge central*, éd. par Olivier Collet – Yasmina Foehr-Janssens, Turnhout, Brepols, 2010, p. 237-268 [en part. p. 244 et 264, fig. 11]), après avoir été placé dans le Hainaut vers 1280 par Judith Oliver, « "Je pecherise renc grasces a vos". Some French Devotional Texts in Beguine Psalters », *Medieval Codicology, Iconography, Literature, and Translation. Studies for Keith Val Sinclair*,

Comme l'ensemble formé jadis par les mss BnF, fr. 24431, Ars. 3114 et 3122, le recueil BnF, fr. 17177 se compose, dans la plupart des cas, de sections nettement isolées :

1. f. 13-81 et 109-187 : 9 + 10 quaternions, signés *I* à *XIX* et consacrés à l'*Histoire ancienne jusqu'à César* ;
2. > 1bis. f. 82-108 : 3 cahiers, précédés d'un feuillet dépareillé, insérés pour intercaler un *Brut* en prose <
3. f. 188-250 : 8 quaternions signés *I* à *VIII*, portant la conclusion de l'*Histoire ancienne* (f. 188-189), puis une suite de textes édifiants en couplets d'octosyllabes ;
4. f. 251-274 : 3 quaternions signés *I* à *III*, occupés par des textes historiques en prose, dont le dernier manque de la fin (une quinzaine de lignes) ;
5. f. 275-287 : 2 cahiers mutilés et dépourvus de signature, hébergeant des textes en vers à teneur didactique et édifiante[1].

Une continuité textuelle est assurée uniquement entre les sections 1 et 2, par l'entremise du texte dominant du recueil, dont la conclusion occupe les deux premiers feuillets de la section 2. Les autres sections – et, à vrai dire, la section 2 aussi, si l'on fait abstraction des pages liminaires – ressemblent

---

ed. by Peter R. Monks – Douglas D.R. Owen, Leiden / New York NY / Köln, Brill, 1994, p. 248-266 (en part. p. 253 [la proposition est relayée par Rossi, « Les sept vies [...] », art. cité, p. 382 et 395, fig. 1]). Cette dernière intervention s'attarde opportunément sur la qualité de remaniement mêlant vers et prose du témoin d'Oporto, « en vérité une adaptation de l'adaptation d'Ellebaut » (*ibid.*, p. 393).

1 Il s'agit des *Proverbes au vilain* (f. 275a-281b), sur lesquels *cf.* Elisabeth Schulze-Busacker, *La Didactique profane au Moyen Âge*, Paris, Classiques Garnier, 2012, p. 82-88, 123-142 et 185-189, et d'une version particulière, en 112 octosyllabes, des *Quinze signes du jugement dernier* (f. 281b-d), qui suit de très près l'opuscule du Pseudo-Bède (*De quindecim signis ante iudicium*). Elle a été publiée par William W. Heist, « Four Old French Versions of the *Fifteen Signs before the Judgment* », *Mediaeval Studies*, 15 (1953), p. 187-193 (en part. p. 191-193) et prise en compte par Reine Mantou, « Le thème des *Quinze signes du jugement dernier* dans la tradition française », *Revue belge de philologie et d'histoire*, 45 (1967), p. 827-842 (en part. p. 830). Une main adventice a par la suite tiré profit du tiers de colonne resté en blanc au f. 287d pour y écrire onze vers français « de quatorze syllabes divisés en deux hémistiches de sept syllabes, le premier ayant en plus une finale féminine » (Meyer, « Notice du manuscrit fr. 17177 [...] », art. cité, p. 117) : ils exaltent le mérite des femmes et sont publiés *ibid.*, p. 118, puis par Françoise Vielliard – Brian Merrilees, « La vaillance des Marseillaises : un poème français du XVe siècle en l'honneur des femmes (Angers, Bibl. mun. 498, f. 428-433) », *Romania*, 120 (2002), p. 28-62 (en part. p. 46). Cet ajout n'a pas été retenu dans la table des f. 1-12.

davantage à des organismes formés en vase clos, sans chevauchement des textes entre l'un et l'autre et avec des écarts notables d'encre, d'écriture, de réglure, etc. Évidemment, notre copiste et, surtout, la chaîne de production qui l'employait fonctionnaient ainsi : le recueil final constituait la somme et l'agencement d'unités produites individuellement, allant du simple livret (section 4 du ms. BnF, fr. 17177) au bloc consistant ou massif de cahiers (sections 1 et 2 du même recueil, sections 2 et [3-]4 du ms. BnF, fr. 24431), et pourvues d'une indéniable autonomie et cohérence interne. D'ailleurs, les mêmes suites de textes pouvaient former des sections identiques ou semblables d'un produit à l'autre, ce que la circonstance d'avoir reconnu deux spécimens sortis du même foyer permet désormais d'apprécier. On aura en fait déjà remarqué que le ms. BnF, fr. 17177 et l'ensemble divisé entre l'Arsenal et la BnF présentent chacun deux sections presque superposables, à savoir les sections 1 et 2 du ms. BnF, fr. 24431 (f. 2-25 et 26-73) et les sections 2 et 3 du ms. BnF, fr. 17177 (f. 188-250 et 251-274), pour peu qu'on fasse abstraction des f. 188-189, employés pour achever la copie de l'interminable *Histoire ancienne* :

BnF, fr. 24431	BnF, fr. 17177
1.	2. [...]
i. f. 2r-25v : Alard de Cambrai, *Livre de philosophie et de moralité* (incomplet)	i. f. 190r-227v : Alard de Cambrai, *Livre de philosophie et de moralité*
[lacune indéterminée de cahiers]	ii-iv. f. 228r-231r : Pierre de Maubeuge, *Quatre martyres*, *Quatre vices*, *Quatre complexions de l'homme*
	v. f. 231r-250r : Ellebaut, *Anticlaudien*
2.	3.
i. f. 26r-v : annales françaises (et latines) de 1162 à 1254	i. f. 251r-v : annales françaises (et latines) de 1162 à 1254
ii. f. 27r-28r : annales latines de 1249 à 1270	ii. f. 251v-252v : annales latines de 1249 à 1270
iii. f. 29r-38r : *Chronique abrégée des rois de France*	iii. f. 253r-261r : *Chronique abrégée des rois de France*
iv. f. 38v-39v : guide français de Terre Sainte	iv. f. 262r-v : guide français de Terre Sainte
v. f. 39v-53v : *Turpin I*	v. f. 262v-274r : *Turpin I*
vi. f. 54r-v : *Histoire de Tancrède de Hauteville*	vi. f. 274v : *Histoire de Tancrède de Hauteville* (incomplète)
vii. f. 54v-71r : *Chronique des ducs de Normandie* (rédaction *B*)	[lacune indéterminée de cahiers]

Pour les deux séries de transcriptions, tantôt le copiste s'est servi du même modèle[1], tantôt il a utilisé l'une comme modèle de l'autre[2]. Même si beaucoup reste à faire pour établir les procédés réels mis en œuvre par le copiste, nous pouvons émettre l'hypothèse que l'agencement des textes et la relative autonomie des sections devaient être déjà établis dans le modèle. La perte avérée de cahiers à la suite du f. 25 du ms. BnF, fr. 24431 suggère que celui-ci pouvait porter, à l'origine, la suite de poèmes de Pierre de Maubeuge et l'adaptation d'Ellebaut qui figurent dans la section correspondante du ms. BnF, fr. 17177, outre, bien sûr, la deuxième partie du traité d'Alard de Cambrai. D'un autre côté, il n'est pas interdit de croire que le ou les cahiers suivant le f. 274 dans le ms. BnF, fr. 17177, où la conclusion de l'*Histoire de Tancrède de Hauteville* fait défaut (une quinzaine de lignes, à peu près), pouvaient contenir également la *Chronique des ducs de Normandie* que le témoignage du ms. BnF, fr. 24431 atteste ici, en guise de clôture de la section historique. Cela même si la perte d'un ou de plusieurs cahiers, à cet endroit, s'est vraisemblablement produite au cours de la confection, puisque la main qui donne sa physionomie définitive au recueil et le dote d'un riche système de repérage textuel, confrontée à la lacune, a préféré noyer le poisson en inscrivant dans la marge de queue du f. 274v, comme d'habitude, la rubrique annonçant le texte suivant (la sélection des *Quatre âges de l'homme* de Philippe de Novare [f. 275r-281v]) et la reporter ensuite dans la table incipitaire, au f. 12v, comme si de rien n'était[3].

Si le copiste travaillait donc à partir de blocs préconstitués, dont chacun s'articulait en sections homogènes (édifiante dans le premier cas, foncièrement historique dans le second)[4], nous ne pouvons pas déter-

1 Voir les conclusions formelles de Ronald N. Walpole, « Prolégomènes à une édition du Turpin français dit le *Turpin I* », *Revue d'histoire des textes*, 10 (1980), p. 199-230 et 11 (1981), p. 325-370 (en part. p. 222-223) au sujet du *Turpin I*.

2 C'est ce que vient d'établir Craig Baker à propos du *Livre de philosophie et de moralité* (la copie du ms. BnF, fr. 24431 a pour modèle celle du ms. BnF, fr. 17177 : « *Examinatio codicum descriptorum* », communication présentée à la rencontre *Pour une philologie analytique : nouvelles approches à la micro-variance textuelle en domaine roman* [Rome, 12-13 décembre 2014]), contre l'avis de Jung, « Les manuscrits [...] », art. cité, p. 741, n. 11, selon lequel le copiste avait usé du même modèle à deux reprises.

3 *Cf.* déjà Careri *et al.*, *Album [...]*, *op. cit.*, p. 153 (S. Lefèvre).

4 Pour apprécier à sa juste valeur la congruence du guide de Terre Sainte avec la section historique, il faut savoir que le texte précédent, la *Chronique abrégée*, porte en son sein une adaptation succincte du célèbre *Iter Hierosolymitanum*, qui raconte l'expédition légendaire

miner avec assurance, à cause des manipulations subies par l'ensemble formé par les mss BnF, fr. 24431 et Ars. 3114 et 3122, quelle était la place d'origine des différentes sections, même si l'ordre relatif actuel est confirmé par celui des sections correspondantes dans le ms. BnF, fr. 17177. Cependant, le copiste, ou bien le chef d'atelier ou de projet, devait aussi se prévaloir d'une certaine marge de manœuvre, si l'autre texte partagé par les deux recueils – les morceaux choisis de Philippe de Novare – est identique dans les deux témoins, du point de vue textuel, et semble procéder du même modèle[1], mais plonge dans des sections et suites de textes bien distinctes. Dans le ms. BnF, fr. 24431, il prend place au sein de la suite de textes très hétérogènes (f. 147-168 [un ou plusieurs cahiers sont tombés, ou bien se conservent, en partie, dans les mss Ars. 3114 et 3122]) qui succède à *Marques de Rome* et clôt ainsi la section 4 (f. 93-168). Dans le ms. BnF, fr. 17177, en revanche, il est appelé à structurer la section finale (4 : f. 275-287), dont la cohérence de ton et de contenu ne fait pas de doute, au vu des textes mineurs en vers qui prolongent le traité de Philippe de Novare (les *Proverbes au vilain* [f. 282r-287r] et les *Quinze signes du jugement dernier* [f. 287r-v])[2].

Au total, il nous est donné d'entrevoir les rouages d'un système de production en série organisé de façon stricte mais non contraignante, dont la cohérence et l'efficacité sont justement garanties par une certaine souplesse de la mécanique combinatoire[3]. Après tout, les recueils qui en résultent, suivant ce qu'on a pu reconstruire et déduire, s'avèrent être plutôt dissemblables, probablement en raison du profil et des attentes des commanditaires et de la disponibilité du moment. Lors de

---

de Charlemagne à Constantinople et Jérusalem, ainsi que les péripéties de Charles le Chauve, avec la translation finale des reliques de la Passion à Saint-Denis.

1 *Cf.* Careri *et al.*, *Album [...]*, *op. cit.*, p. 153 (S. Lefèvre). Sur cette œuvre « conçue à la fois comme un recueil de conseils personnels basés sur l'expérience d'une longue vie [...] et comme manuel didactique », voir désormais Elisabeth Schulze-Busacker, « Philippe de Novare, les *Quatre âges de l'homme* », *Romania*, 127 (2009), p. 104-146 (en part. p. 106).

2 Bien qu'ils ne s'attardent pas sur cette version du poème apocalyptique, Salvador Rubio Real – Richard Trachsler, « Le profil du recueil : observations sur le contexte manuscrit des *Quinze Signes de Jugement dernier* », *Babel*, 16 (2007), p. 101-122 ont fait ressortir sa fréquence d'insertion dans des suites de textes didactiques, ou bien au sein de recueils à dominante édifiante.

3 Ainsi que l'ont montré, pour des manuscrits contemporains issus d'un autre centre de production, Wagih Azzam – Olivier Collet, « Le manuscrit 3142 de la Bibliothèque de l'Arsenal. Mise en recueil et conscience littéraire au XIIIe siècle », *Cahiers de civilisation médiévale*, 44 (2001), p. 207-245 (en part. 212-215).

la composition de l'ensemble que nous avons rapiécé, on a greffé sur les blocs moral et historique des textes narratifs fort hétérogènes – et prépondérants, du point de vue quantitatif : le *Roman des Sept Sages* et sa continuation, *in primis*, mais aussi des miracles, les textes brefs de l'Ars. 3114, etc. –, ainsi que des textes récents à la teneur courtoise et lyrique affichée (le *Livres d'Amours*, le *Roman de la Poire*), ce qui donne au recueil une allure beaucoup moins austère que celle qu'exhibe le volume passé par Saint-Germain-des-Prés. Dans celui-ci, la pièce maîtresse, à tous égards, est l'*Histoire ancienne jusqu'à César*, au sein de laquelle un *Brut* a été enchâssé par la suite[1], de sorte que la dimension historique rayonnant du bloc textuel de la section 3 s'en trouve renforcée, et même placée sans réticence au centre du recueil. La boucle est bouclée en fournissant à la suite édifiante de la section 2 le pendant, efficace dans sa complémentarité, qu'est la section 4.

ARS. 3114 + BNF, FR. 24431 + ARS. 3122 / BNF, FR. 17177 : LIEU, DATE ET VIE ULTÉRIEURE

La prise en compte du recueil BnF, fr. 17177 permet également de déterminer avec précision la provenance du recueil éclaté entre la BnF et l'Arsenal, l'époque de son exécution et le milieu dans lequel devait opérer le copiste. Le texte historique qui semble être le plus récent – les annales latines couvrant les années 1249 à 1270 – fournit les renseignements essentiels. Ces annales sans prétention, attestées aussi bien dans le ms. BnF, fr. 24431 (f. 27a-28a) que dans le recueil 17177 du même fonds (f. 251c-252c), au sein de la même suite de textes, informent des grands événements ayant secoué l'Europe et la Méditerranée : la lutte acharnée pour le royaume de Sicile, la prise de Constantinople par les Paléologues, les déboires répétés des Latins en Orient, etc. Un paragraphe retient tout particulièrement notre attention, celui où Urbain IV offre

1 Il s'agirait de la plus ancienne traduction (partielle) en prose française de l'*Historia regum Britanniae* de Geoffroy de Monmouth. On en attend l'édition : *cf.* Géraldine Veysseyre, « *Translater* Geoffroy de Monmouth : trois traductions en prose française de l'*Historia regum Britannie* (XIIIe-XVe siècles) », *Perspectives médiévales*, 29 (2004), p. 114-118.

la couronne de Sicile à Charles d'Anjou, en 1263, tel qu'il se lit d'abord dans le ms. BnF, fr. 17177 (f. 251d42-252a3) :

> Anno Domini M° C° LXIII° Urbanus papa Quartus regnum Sicilie quod Manfredus violenter detinuit Karolo comiti Provincie fratri regis Francie ut illud ab eo arriperet contulit.

Au f. 27b29-34, le ms. BnF, fr. 24431 porte exactement le même texte, mot pour mot, mais avant de passer au paragraphe suivant (et à l'année 1264), il ajoute à la fin la précision suivante (f. 27b34-35) :

> Eodem anno fuit Milo de Basochiis episcopus Suessoniensis.

L'indication est correcte, puisque Milon de Bazoches a été élu évêque de Soissons en 1263, mais que vient faire cet obscur prélat issu de la noblesse de la région parmi les grands protagonistes de la politique européenne, au troisième quart du XIIIe siècle ? Évidemment, l'insertion est maladroite et incongrue, mais elle suggère que le prélat soissonnais devait être familier du copiste, et lui tenir à cœur. Nous en avons une confirmation éclatante à la fin de ces mêmes annales. Dans les deux témoins, elles s'achèvent sur le décès de Thibaut II de Navarre (Thibaut V, en tant que comte de Champagne et de Brie) survenu en Sicile en 1270. Mais tandis que dans le ms. BnF, fr. 17177, le copiste se contente d'agrémenter la dernière ligne du texte par un élégant bout-de-ligne (f. 272c33) et laisse le reste de la page en blanc, dans le ms. BnF, fr. 24431, il rajoute, en tête de la colonne vide d'à côté (f. 28b1-2 et 3-4), deux apostilles dans le style sec des annales, mais en français, et foncièrement juteuses, à nos fins :

> Mil et CCLXIII fu vesques Miles li courtoys.
> Mil CCLXXVIII fu pendus a Paris Pierres de la Brouce, chambrelens le roy de France.

La deuxième annotation est précieuse, du fait qu'elle nous livre le *terminus post quem* de la finition du recueil aujourd'hui démembré (1278), mais la pendaison de Pierre de la Brosse eut un tel retentissement, dans le royaume et au-delà, qu'elle ne nous renseigne nullement sur l'endroit où le copiste se trouvait. À cet égard, la première apostille est plus éloquente : elle rappelle la date de l'élection de Milon de Bazoches, déjà glissée dans le texte lui-même, mais sans préciser le siège de l'évêché. Manifestement, ce dernier devait être évident tant aux yeux de l'auteur de l'apostille qu'à ceux de ses lecteurs – ce qui nous ramène, au vu du rayonnement limité de l'épiscopat de Milon de Bazoches (1263-1290), à l'ancien diocèse de Soissons, aussi bien pour le copiste que pour le destinataire du *codex* ensuite dépecé[1]. Or, au moment de l'élection de Milon, les seigneurs de Bazoches, originaires d'un bourg situé près de Braine, entre Soissons et Reims, dominaient depuis un demi-siècle au sein du chapitre cathédral de Soissons : au XIIIe siècle, ils réussirent à lui fournir quatre évêques (les frères Jacques [1219-1243] et Nivelon II [1252-1263], leur neveu Milon [1263-1290] et le neveu de ce dernier, Girard de Montcornet [1292-1296]), sans compter les autres dignités ecclésiastiques qu'ils raflaient systématiquement[2]. Milon, frère du seigneur de Bazoches, Robert, passa toute sa vie au chapitre de Soissons : encore mineur, en 1232, il y était déjà trésorier, puis, pendant l'épiscopat de Nivelon II, il fut élevé à la dignité d'archidiacre en Brie et parvint enfin à l'épiscopat, le point d'orgue de sa carrière étant sans conteste le sacre de Philippe le Hardi (1271), au moment où le siège archiépiscopal de Reims était vacant. Cette carrière est le résultat de la mainmise de la famille de Bazoches sur l'évêché royal de Soissons[3].

Milon de Bazoches resta en fonction jusqu'à sa mort en 1290, et le copiste ne fait aucune allusion à son décès, ni dans l'indication glissée au cœur des annales ni dans l'apostille du f. 28b. On pourrait alors croiser

1 Pour une carte des frontières diocésaines de la province ecclésiastique de Reims, voir Charles Th. Gossen, *Petite grammaire de l'ancien picard*, Paris, Klincksieck, 1951, entre les p. 16 et 17, ou Serge Lusignan, *Essai d'histoire sociolinguistique. Le français picard au Moyen Âge*, Paris, Classiques Garnier, 2012, p. 286.

2 *Cf.* William M. Newman, *Les seigneurs de Nesle en Picardie (XIIe-XIIIe siècle), leurs chartes et leur histoire. Étude sur la Noblesse Régionale Ecclésiastique et Laïque*, 2 t., Philadelphia PA, The American Philosophical Society, 1971, t. 1, p. 100-139. Pour le cadre complet, on n'oubliera pas qu'un oncle de Jacques et Nivelon II, Milon de Bazoches († 1219), fut successivement abbé de Saint-Martin de Tournai, de Saint-Remi de Reims et de Saint-Médard de Soissons ; trois autres frères des deux évêques (Gervais, Gaucher et Gérard, qui fut ensuite évêque de Noyon [1222-1228]) remplirent la fonction, nullement secondaire, d'archidiacre au sein du même diocèse et une sœur, Marie, fut trésorière à l'abbaye Notre-Dame de Soissons, « qu'on peut appeler presque une succursale du lignage bazochien » (*ibid.*, t. 1, p. 103), puisque plus tard, en 1274-1282, elle fut dirigée par l'abbesse Adde, sœur de notre Milon.

3 « Au XIIIe siècle, six fils de la famille de Bazoches furent trésoriers, quatre d'entre eux devinrent archidiacres, trois d'entre eux devinrent évêques, et un autre fut sacré évêque sans avoir passé par l'archidiaconat » (*ibid.*, t. 1, p. 106).

les dates sous-tendues par les annotations du ms. BnF, fr. 24431 et établir que le copiste travaillait entre 1278 (mort de Pierre de la Brosse) et 1290 (mort de l'évêque Milon). Mais ce procédé se heurte à ce que la recomposition du manuscrit autrefois à l'abbaye Saint-Corneille nous a appris, à savoir l'appartenance au recueil d'origine de l'adaptation d'André le Chapelain (Ars. 3122), qui devait donc en être le constituant le plus récent[1]. Puisqu'elle date de 1290, et même qu'elle fut terminée le 8 novembre de cette année – à la lumière des v. 24-29 et 7570-7580 –[2], nous sommes obligés de situer l'exécution du recueil dans la dernière décennie du XIIIe siècle, si l'on ne veut pas croire qu'elle se soit étalée sur plusieurs années, à cheval sur 1290. D'ailleurs, elle pourrait dater des premières années de la décennie, lorsque le souvenir de l'évêque Milon était encore vif et que sa succession n'était nullement établie : son neveu, Girard de Montcornet, qui avait servi le chapitre en tant que trésorier dans les années 1270, puis comme archidiacre en Brie, fut choisi en septembre 1290, mais l'élection fut durement contestée et le nouvel évêque ne put s'installer qu'en 1292[3]. Quoi qu'il en soit, une datation du recueil comprise entre 1290 et 1300 recoupe les indications chronologiques offertes par plusieurs éléments (écriture, décor filigrané, etc.)[4] et permet de prendre en compte l'éventualité que d'autres apostilles,

---

1 Sauf si l'on adhère à la proposition du dernier éditeur des *Fatrasies d'Arras* (*"Sanz rimer de aucun sens" [...]*, éd. citée, p. 12-14), qui les date « des environs de 1300 » (*ibid.*, p. 13), sur la base des références ou allusions littéraires repérées. Mais si ce texte semble être bien au fait de la production littéraire environnante datant du troisième quart du XIIIe siècle, notamment artésienne (Adenet le Roi, peut-être Robert le Clerc d'Arras, le *Jeu de Robin et Marion*, etc.), les points de repère successifs sont moins bien établis : l'allusion à *Renart le Nouvel* de Jacquemart Gielee (vers 1289) est sujette à caution (*cf.* d'ailleurs *ibid.*, p. 269) et le fabliau *Du Prestre et d'Alison* n'est pas de la « 2e moitié du XIIIe siècle, voire fin du XIIIe ou début du XIVe » (*ibid.*, p. 13), mais bien du premier tiers du XIIIe siècle, d'après l'examen des monnaies mentionnées dans le fabliau effectué par *NRCF*, t. 8, p. 185-187, et au vu de la datation probable du témoin unique (BnF, fr. 19152 : début du dernier quart du XIIIe siècle).

2 *Cf.* Bossuat, *Drouart la Vache [...]*, *op. cit.*, p. 245 et *Li Livres d'Amours de Drouart la Vache*, éd. par Robert Bossuat, Paris, Champion, 1926, p. 1-2 et 217.

3 *Cf.* Newman, *Les seigneurs de Nesle [...]*, *op. cit.*, t. 1, p. 101, 107, 123, n. 51, p. 138, n. II. Ce conflit sonna le glas de la domination des Bazoches sur le chapitre cathédral : « l'ère des Bazoches touchait à sa fin et en même temps le chapitre perdit le droit d'élire son chef. Le Saint-Père nomma l'évêque suivant » (*ibid.*, t. 1, p. 101).

4 L'écriture de notre copiste, si infléchie par la pratique diplomatique, peut être confrontée, par exemple, à celle du noyau primitif du cartulaire de l'abbaye augustinienne de Saint-Jean-des-Vignes à Soissons (ms. Soissons, Bibl. mun., 5), achevé entre le mois de décembre 1303 et juin 1304 (voir Denis Muzerelle, *Manuscrits datés des bibliothèques de France. 2.*

concernant des années plus tardives, suivaient les deux qu'on lit à présent sur le f. 28b : en effet, toute la superficie de la colonne au-dessous de la note portant sur Pierre de la Brosse a été enlevée, et nous n'en voyons pas la raison, du moment que le *verso* était blanc.

La localisation de notre copiste dans l'ancien diocèse de Soissons est tout de même assurée. Au Moyen Âge, celui-ci comprenait la Brie pouilleuse, avec Château-Thierry et son territoire. Au vu de l'évènement historique majeur qui se produisit en 1284 – l'absorption du comté de Champagne par le domaine royal, en vertu du mariage de Jeanne de Navarre (1273-1305) avec Philippe le Bel (1268-1314) –[1], il est certain que l'état général de 1212-1222, dont un segment est reproduit dans l'Ars. 3114 (texte 6), redevenait d'actualité, notamment pour les familles seigneuriales et les fondations ecclésiastiques détenant des biens et des droits dans la châtellenie de Château-Thierry : les comtes de Champagne, bien sûr, mais aussi les seigneurs de Montmirail, les vicomtes de Château-Thierry et les « homes Saint-Maart », maintes fois cités dans le texte, à savoir les Bénédictins de Saint-Médard de Soissons[2].

L'ancrage soissonnais est également éclairant lorsqu'on se déplace sur le versant littéraire et qu'on se penche sur l'œuvre la plus récente transcrite dans le recueil autrefois à Saint-Corneille, à savoir le *Livres d'Amours* : si Drouart la Vache semble être un clerc séculier originaire

Laon, Saint-Quentin, Soissons, Paris, Éditions du CNRS, 2013, p. 199 et pl. 107). Le décor filigrané avait déjà été situé « autour de 1300 » par Patricia Stirnemann (Careri *et al.*, *Album [...]*, *op. cit.*, p. 155).

1 *Cf.* Theodore Evergates, *The Aristocracy in the County of Champagne, 1100-1300*, Philadelphia PA, University of Pennsylvania Press, 2007, p. 55-62.

2 Voir d'ailleurs la carte des possessions et intérêts temporels de l'abbaye au XIIIe siècle dans *Saint-Médard. Trésors d'une abbaye royale*, éd. par Denis Defente, Paris, Somogy, 1996, p. 126 et l'examen de son organisation foncière et financière par Ghislain Brunel, « Patrimoine et économie d'un monastère bénédictin : Saint-Médard de Soissons aux XIe, XIIe et XIIIe siècles », *ibid.*, p. 259-271. En revanche, ni les puissantes abbayes bénédictines de Reims (Saint-Nicaise et Saint-Remi) ni Saint-Corneille de Compiègne ne semblent avoir eu de véritables intérêts dans la châtellenie de Château-Thierry, d'après *Documents relatifs au comté [...]*, éd. citée et Philippe Racinet, « Compiègne à la fin du Moyen Âge (fin XIIIe siècle-fin XVe siècle) », *Histoire de Compiègne*, éd. par Élie Fruit, Dunkerque, Éditions des Beffrois, 1988, p. 75-98 (en part. p. 78-83). De même, les seigneurs de Bazoches, tout en étant *hommes liges* des comtes de Champagne, étaient étrangers à la châtellenie. Rappelons qu'au XIIIe siècle, du point de vue féodal, l'ancien diocèse de Soissons était en grande partie sous la coupe des comtes de Champagne : seuls le petit comté de Soissons, qu'une branche de la famille des seigneurs de Nesle tenait en fief de l'évêque de Soissons, et les possessions royales en Valois s'y soustrayaient.

de Champagne sud-orientale, d'après les traits linguistiques relevés et, surtout, les saints invoqués (Perthois et alentours), évoluant au sein de la province ecclésiastique de Reims[1], ses liens personnels avec Nicole de Margival – le chanoine attesté au chapitre cathédral de Soissons autour de 1300 qui lui rendit un hommage vibrant dans son dit de *La Panthère d'Amours* (v. 1718-1727) –[2] n'ont pas été circonscrits, jusqu'à présent. Eu égard au fait que l'adaptation de Drouart n'a joui que d'un retentissement confidentiel, d'après sa circulation manuscrite et son rayonnement littéraire[3], la circonstance que le seul témoin ayant survécu ait été exécuté peu après la rédaction du *Livres d'Amours* (1290) et soit l'œuvre d'un copiste travaillant dans l'ancien diocèse de Soissons, où était en poste son seul admirateur connu (Nicole de Margival), suggère que des pans importants de l'histoire de ce texte (sa première diffusion, peut-être même sa composition) et de son auteur ont pu se dérouler à l'ombre du chapitre cathédral de Soissons[4]. Les textes les moins reculés du point de vue chronologique qui ont été mis à profit par notre copiste dans les deux recueils semblent conforter, de par leur origine souvent picarde ou champenoise et, surtout, leur enracinement en milieu clérical ou chanonial (Pierre de Maubeuge, Alard de Cambrai, Ellebaut, l'auteur du *Miroir du monde*, peut-être le Thibaud du *Roman de la Poire*, etc.)[5],

1 *Cf.* Bossuat, *Drouart la Vache [...]*, *op. cit.*, p. 243-251.

2 *Le Dit de la Panthère d'Amours par Nicole de Margival, poème du* XIIIe *siècle*, éd. par Henry A. Todd, Paris, Firmin Didot, 1883, p. 64-65. Nous préférons cette édition, disponible désormais dans *Gallica*, à Nicole de Margival, *Le dit de la panthère*, éd. par Bernard Ribémont, Paris, Champion, 2000, pour les raisons, fort pertinentes, énoncées dans les comptes rendus de Giuseppe Di Stefano, *Le moyen français*, 48 (2001), p. 255-257 et Gilles Roques, *Revue de linguistique romane*, 65 (2001), p. 289-291.

3 Au sujet de la copie (ou des deux copies) du *Livres d'Amours* figurant autrefois dans la bibliothèque de Philippe le Bon (1396-1467), voir Bossuat, *Drouart la Vache [...]*, *op. cit.*, p. 8-10 et 127-130.

4 À propos de la densité des institutions chanoniales dans le diocèse, ainsi que de l'extraordinaire rayonnement et vitalité de l'abbaye Saint-Jean-des-Vignes, *cf.* l'étude fondamentale de Louis Duval-Arnould, « Moines et chanoines dans le diocèse de Soissons. Fondations nouvelles et substitutions », *Istituzioni monastiche e istituzioni canoniali in Occidente (1123-1215). Atti della settima Settimana internazionale di studio (Mendola, 28 agosto – 3 settembre 1977)*, Milano, Vita e Pensiero, 1980, p. 679-691, qui s'arrête malheureusement à l'aube du XIIIe siècle. Pour Compiègne et ses environs, voir Philippe Racinet, « Moines et chanoines au milieu du XIIe siècle dans la région de Compiègne et ses abords », *Bulletin de la Société historique de Compiègne*, 39 (2005), p. 99-108.

5 L'identification de l'auteur du *Roman de la Poire* à Thibaud de Pouancé, d'abord chanoine d'Angers, puis chanoine, chantre et enfin évêque de Dol, en Bretagne (1280-1301), ainsi que

cette impression. S'ajoute la forte connotation chanoniale (et augustinienne) des pièces les plus précaires du ms. BnF, fr. 24431, à savoir la *Doctrine de l'Eglise* (f. 169r-179v), mise d'emblée sous la tutelle de saint Augustin mais laissée en suspens au f. 179d, et les textes latins ajoutés à la fin de la section 2 du ms. BnF, fr. 24431 par une main proche, à tous égards, du copiste principal, l'explication de la messe des f. 71r-72v (*Missa, ut beatus Isidorus dicit*)[1] et les extraits de sermons de saint Augustin agrégés aux f. 72v-73r. De fait, le profil social et intellectuel du chanoine médiéval est des plus captivants, au vu des rares éclairs que nous avons su dégager[2] :

> Le mode de vie spécifique des chanoines, uniment réglé par l'office, l'aisance matérielle que leur assuraient, au moins en temps normal, les revenus des prébendes souvent cumulées, une origine sociale et un univers intellectuel homogènes, faisaient des chapitres canoniaux des microcosmes préservés à l'intérieur de la cité, dont un habitat regroupé et des forts liens corporatistes, sinon familiaux, renforçaient la cohérence. Sans préjudice, toutefois, de disparités internes : les uns plutôt hommes d'étude, les autres plutôt hommes d'affaires et d'État. Une majorité tournée vers le droit, une minorité sensible aux belles-lettres et aux arts libéraux, une indifférence commune pour la spéculation théologique [...].

D'ailleurs, Drouart lui-même confie, au début du *Livres d'Amours* (v. 52-65), que ce furent deux amis lettrés qui insistèrent afin qu'il adapte en rime le traité d'André le Chapelain, et il souligne vers la

---

proche conseiller de Philippe le Hardi (1245-1285), a été avancée par Luciano Rossi, « La *Rose* et la *Poire* : contribution à l'étude de l'hétéronymie poétique médiévale », *Galloromanica et Romanica. Mélanges de linguistique offerts à Jakob Wüest*, éd. par Hans-Rudolf Nüesch, Tübingen/Basel, Francke, 2009, p. 215-251 (en part. p. 238-247). Un Pierre dit Ellebaut de Coursalin, clerc de son état et habitant derrière la collégiale de Saint-Symphorien de Reims, a été déniché par Id., « Les sept vies [...] », art. cité, p. 392-393 dans une charte rémoise datée de 1271, aux côtés de deux *officiales remenses*, à savoir Simon Matifas de Bucy, dans l'ancien diocèse de Soissons, qui fut ensuite évêque de Paris (1390-1304), et Philippe de Brétigny, chanoine de Notre-Dame de Paris et maître de l'université de Paris, et d'autres chanoines de Saint-Symphorien.

1 Jean-Paul Bouhot, « Les sources de l'*Expositio missae* de Remi d'Auxerre », *Revue des études augustiniennes*, 26 (1980), p. 118-169 (en part. p. 155-167).

2 Geneviève Hasenohr, « L'essor des bibliothèques privées aux XIVe et XVe siècles », *Histoire des bibliothèques [...], op. cit.*, t. 1, p. 215-263 (en part. p. 233). Pour une confirmation de ces vues, *cf.* l'examen des collections des chanoines de Troyes entre le milieu du XIVe siècle et le milieu du suivant mené par Anne Chalandon, *Les bibliothèques des ecclésiastiques de Troyes du XIVe au XVIe siècle*, Paris, Éditions du CNRS, 2001, p. 14-24.

fin que l'œuvre qui en résulte « est destinée aux seuls *clers* et non aux laïcs » (v. 7547-7557), puisque seulement les premiers seront en mesure d'aborder avec discernement un sujet à tel point délicat[1]. On est ainsi tenté de se demander, au risque de faire fausse route en prenant au pied de la lettre la justification liminaire, si Nicole de Margival, qui qualifie feu Drouart de *mestre* dans *La Panthère d'Amours* (v. 1721), « n'était [...] pas plutôt l'un de ces deux notables compagnons dont les efforts combinés, triomphant des hésitations du poète, décidèrent Drouart à se mettre à l'œuvre[2] ».

Par la suite, le recueil démembré plus tard demeura dans la région, d'après les traces que ses possesseurs ont laissées : Jean le Charon, bourgeois de Senlis ayant exercé des fonctions judiciaires à la fin du XIVe siècle, a noté les dates de naissance de ses enfants (1378-1397) sur le *recto* du feuillet de tête de l'Ars. 3114 (folioté *B*), à trois reprises, et son nom à plusieurs endroits du ms. BnF, fr. 24431 (f. 146r, 189v)[3] ; au cours du siècle suivant, Raoul Thiebaut, autre représentant de la société judiciaire du Valois, procureur de Compiègne et notable provincial d'envergure († 1492)[4], traça son seing manuel et une longue liste de renseignements

1 Alfred Karnein, « La réception du *De Amore* d'André le Chapelain au XIIIe siècle », *Romania*, 102 (1981), p. 324-351 et 501-542 (en part. p. 524).

2 Bossuat, *Drouart la Vache [...]*, *op. cit.*, p. 120.

3 Ce personnage, son milieu et ses attaches sont bien connus. Appartenant à une famille en vue de la bourgeoisie de Senlis, dans le Valois, Jean le Charon figure de manière constante, à partir des années 1380, dans les procès-verbaux des assemblées de la ville, qui le chargent de plusieurs fonctions et missions. Ainsi, il est prévôt forain de Senlis entre 1384 et 1386 et plusieurs fois lieutenant général du bailli de la même ville. Or, le lieutenant général exerce des pouvoirs judiciaires étendus en l'absence du bailli et par conséquent, il est choisi parmi les membres des vieux lignages urbains, plus pour ses origines et son statut social et économique que sur la base de ses compétences réelles. Les descendants de Jean le Charon mèneront d'ailleurs une carrière en tout point semblable : son fils Jean fut procureur, puis prévôt forain de Senlis (1411) et son petit-fils, un troisième Jean, connaîtra les mêmes honneurs, entre 1429 et 1465 (prévôt, lieutenant du bailli, attourné, etc.). Bref, « pendant près de cent ans les membres de la famille le Charon ont joué les premiers rôles dans la société judiciaire de Senlis » (Bernard Guenée, *Tribunaux et gens de justice dans le bailliage de Senlis à la fin du Moyen Âge (vers 1380-vers 1550)*, Paris, Les Belles Lettres, 1963, p. 354). L'activité principale dont ils tiraient leurs ressources est toutefois inconnue, comme cela arrive souvent avec ces notables de province, même si l'activité marchande semble être à l'origine de la fortune de la plupart des familles.

4 Raoul Thiebaut a été procureur à Compiègne, dans le Valois, depuis 1428 jusqu'à sa mort (procureur du roi depuis 1447 : *ibid.*, p. 396, n. 148). Témoignent de sa stature considérable, dans son milieu provincial, les charges administratives et judiciaires qui lui ont été confiées et son deuxième mariage avec Gillette de Kerromp (1452 ou 1453),

familiaux couvrant la période 1432-1463 sur l'actuel f. 146 du ms. BnF, fr. 24431 (les détails de la vie des Thiebaut sont prolongés jusqu'en 1474 par des annotations marginales).

Voici donc éclairé, du moins dans ses grandes lignes, le parcours du recueil à travers les siècles. Exécuté dans l'ancien diocèse de Soissons au cours des années 1290, dans un milieu qui sent le chapitre cathédral, il se trouvait à la fin du Moyen Âge chez les gens de justice du Valois : à Senlis, chez Jean le Charon, à la fin du XIVe siècle, puis à Compiègne – donc à nouveau dans le diocèse de Soissons –, au XVe siècle, auprès de Raoul Thiebaut. Au XVIIe siècle, il appartenait à l'abbaye Saint-Corneille de Compiègne[1], où il a été démembré vers le milieu du XVIIIe siècle, ou peu après : deux séries de feuillets ont été découpées et recomposées pour former de minces volumes qui en 1775-1780 figuraient déjà dans les collections de Paulmy, à l'Arsenal (aujourd'hui 3114 et 3122) ; le tronc du recueil, lacunaire et mutilé à maints endroits, est resté à Saint-Corneille jusqu'à la Révolution, qui décida de son transfert à Paris (BnF, fr. 24431). Plusieurs étapes de ce périple seraient à éclairer, mais en l'état, on ne peut que s'adonner à des spéculations plus ou moins raisonnables. Le lien entre Senlis et Saint-Corneille pourrait bien être l'un des possesseurs avérés du recueil, Raoul Thiebaut : d'un côté, ses

---

appartenant à la puissante famille des tabellions de Compiègne (voir *ibid.*, p. 153, Louis Carolus-Barré, *Étude sur la bourgeoisie au Moyen-Âge. Une famille de tabellions royaux, les de Kerromp*, Paris, Champion, 1930, p. 97-98 et 121, Naomi Kanaoka, « La vie théâtrale à Compiègne entre 1450 et 1550 », *Bibliothèque de l'École des chartes*, 164 [2006], p. 97-158 [en part. p. 108 et 132, § 4]). Par ailleurs, la famille Thiebaut était liée depuis des générations à la pratique de la justice : le grand-père de Raoul, son homonyme, était procureur à Compiègne dès 1370, fut bailli à Thourotte, près de Compiègne, et devint ensuite notaire apostolique (voir Carolus-Barré, *Étude [...]*, *op. cit.*, p. 63, n. 1) ; le père, Jean († 1427), était à son tour procureur à Compiègne et ses descendants ne s'écarteront pas du chemin. Les plus habiles monteront même sensiblement dans la hiérarchie des gens de justice (greffiers, avocats, etc. : *cf.* Guenée, *Tribunaux [...]*, *op. cit.*, p. 370 et 388).

1 C'est assurément la stabilité du lieu de conservation du ms. BnF, fr. 24431 pendant quatre siècles qui a poussé Meyer, « Notice du manuscrit fr. 17177 [...] », art. cité, p. 82 à affirmer qu'il fut exécuté à Compiègne, vers 1278 (d'après l'apostille du f. 28b concernant Pierre de la Brosse). Si la localisation n'est nullement improbable, il faut tout de même observer que le grand philologue ne prit pas en compte les traces écrites à la fin du XIVe siècle par le possesseur senlisien (Jean le Charon). Les spécialistes les mieux informés ont répété cette indication : voir Walpole, « Prolégomènes [...] », art. cité, p. 218, Marie-Hélène Tesnière, compte rendu de *Le Roman de la Poire [...]*, éd. citée, *Bibliothèque de l'École des chartes*, 145 (1987), p. 451-453 (en part. p. 453), Jung, « Les manuscrits [...] », art. cité, p. 740 et 742, Gasparini, « Philippe Mousket [...] », art. cité, p. 512, n. 45 et p. 513.

liens avec les gens de justice de Senlis furent toujours étroits et sa première femme, Meline ou Melot de le Canel, était issue d'une puissante famille d'avocats de Senlis[1] ; de l'autre côté, les membres de sa famille comptent parmi les administrateurs des biens de l'abbaye Saint-Corneille, et Raoul lui-même héritera en 1428 du fief de Cloquette, l'une des huit baronnies de l'abbaye, à la suite du décès de la seconde femme de son père, Marguerite le Maire[2].

Quant à l'épisode survenu au XVIIIe siècle, fort peu reluisant à nos yeux, il est possible d'affirmer que le découpage des deux séries de feuillets s'est produit au même moment, et qu'il est l'œuvre de la même main : les modalités sont identiques, les feuillets ont été recomposés et reliés de la même manière et les deux volumes qui en résultent figuraient déjà dans la bibliothèque de Paulmy autour de 1775. Reste à savoir par quelle voie ils ont abouti auprès du grand collectionneur. Or, dans un inventaire partiel des trésors amassés par Louis-César de la Baume Le Blanc, duc de la Vallière (1708-1780), rédigé dans les années 1760 par Étienne Barbazan et consigné dans l'Ars. 4629, p. 339-376 – inventaire qui n'est qu'un « tableau d'une partie des manuscrits français de La Vallière » avant 1770 –[3], figure l'item suivant : « Roman d'Amour » (p. 345). Au vu de sa correspondance exacte avec le titre inscrit dans le dos de l'Ars. 3122[4], et du fait que la reliure de ce dernier est de celles courantes auprès de La Vallière[5], nous sommes

1 Guenée, *Tribunaux [...]*, *op. cit.*, p. 177 et 404.

2 Carolus-Barré, *Étude [...]*, p. 63, n. 1. Son grand-père Raoul était bailli de l'abbaye en 1397, son père Jean procureur ou bailli de Saint-Corneille en 1413, puis *homme de fief* de la même institution en 1418. Il semble toutefois que notre Raoul ait été enterré auprès des Cordeliers de Compiègne, où les de Kerromp avaient leur tombeau de famille (*cf.* Marc Bompaire *et al.*, « Inventaire et étude d'une série de dalles funéraires médiévales et modernes à Compiègne (Oise) », *Revue archéologique de Picardie*, 1 [1996], p. 153-178 [en part. p. 176]).

3 Martin, *Catalogue [...]*, *op. cit.*, t. 8, p. 146. Il est édité *ibid.*, t. 8, p. 146-158. Le marquis de Paulmy acheta les manuscrits (dont six anciens) et les papiers divers de Barbazan aussitôt après son décès (donc fin 1770 ou courant 1771), d'après *ibid.*, t. 8, p. 197-198.

4 Ce titre est vraisemblablement inspiré de l'explicit à l'encre rouge du f. 49d19 : « Explicit li Roumans d'amours ».

5 *Cf.* Dominique Coq, « Le parangon du bibliophile français : le duc de la Vallière et sa collection », *Histoire des bibliothèques [...]*, *op. cit.*, t. 2, p. 316-331 (en part. p. 319) : « En général, il faisait ôter les "couvertures" de ses nouvelles acquisitions pour les revêtir de cette sorte de reliure soignée, assez stéréotypée et caractéristique, qu'on retrouve sur la majorité de ses livres : un maroquin rouge (ou bien un veau fauve) à triple filet d'encadrement ; un dos long doré longitudinalement à la roulette, avec une pièce de titre

tentés de l'identifier avec ce volume fraîchement constitué, d'autant plus que Paulmy a écrit ou fait écrire « dans ma biblioteque » en marge de l'item cité, comme il arrive pour bien d'autres manuscrits appartenus au duc de la Vallière. Nous savons qu'un quart environ des volumes mentionnés ici passèrent à Paulmy alors que le duc de la Vallière était encore en vie, par le truchement des ventes, transactions ou échanges à l'amiable qui durent intervenir à plusieurs reprises entre les deux grands bibliophiles. De toute évidence, l'Ars. 3122 et son compagnon d'infortune, l'Ars. 3114, arrivèrent dans les collections du marquis de Paulmy après un séjour dans la fabuleuse bibliothèque de La Vallière[1]. Comme on sait que ce dernier avait l'habitude de faire rechercher (et acheter, échanger ou simplement prélever) les livres qu'il convoitait dans les fonds des communautés religieuses ou des collèges[2], il est tentant d'attribuer les dépeçages ciblés dont le recueil de Saint-Corneille a souffert, sinon à la commande expresse du duc, du moins au zèle malencontreux ou intéressé d'un maillon du réseau d'informateurs, prospecteurs, mandataires, fournisseurs, etc. que les ressources du grand seigneur avaient créé et nourrissaient, en puisant notamment chez les ecclésiastiques. En effet, ces retranchements correspondent parfaitement aux goûts de bibliophile du duc, que La Vallière lui-même tira au clair dans un passage célèbre de la lettre

---

comportant, s'il y a lieu, l'indication qu'il s'agit d'une édition princeps » (voir le choix de reliures illustré *ibid.*, p. 323).

1 Les volumes intercalés entre l'Ars. 3114 et 3122 (n°s 1507 et 1513 des Belles-Lettres) dans le *Catalogue raisonné d'une grande bibliothèque* (1775-1780), à savoir les manuscrits portant aujourd'hui les cotes 3342 et 2940 (n°s 1508 [ensuite 1741] et 1511), proviennent eux aussi de la bibliothèque de La Vallière. L'appartenance de l'Ars. 3122 à la même collection, avancée jadis par Martin, *Catalogue [...]*, *op. cit.*, t. 8, p. 149, § 59, a fait l'objet de réserves, que nous jugeons excessives, de la part de Bossuat, *Drouart la Vache [...]*, *op. cit.*, p. 3-4.

2 *Cf.* Coq, « Le parangon [...] », art. cité, p. 324, qui insiste à juste titre sur le fait que les agissements discutables de La Vallière jettent aussi la lumière sur l'état de déliquescence dans lequel versaient la plupart de ces établissements au XVIIIe siècle. Des pans importans de leur patrimoine finirent sur le marché privé et alimentèrent « la haute bibliophilie, bien avant la tourmente révolutionnaire ». D'ailleurs, les érudits et académiciens eux-mêmes profitèrent grandement de cet état d'abandon, comme le témoignent, dès les années 1720, quelques passages de la correspondance entre Jean-Baptiste de La Curne de Sainte-Palaye (1697-1781) et Jean Lebeuf (1687-1760), qui sévissait à l'abbaye Saint-Germain d'Auxerre, en l'occurrence : *cf.* Ernest Petit, « Correspondance de l'abbé Lebeuf avec Lacurne de Sainte-Pallaye », *Annuaire historique du département de l'Yonne*, 48 (1884), p. 244-269 (en part. p. 247 et 249).

envoyée en mai 1757 à l'une de ses éminences grises, l'abbé Mercier de Saint-Léger (1734-1799)[1] :

> Ce que je recherche avec le plus grand empressement, c'est, comme je vous l'ai déjà mandé, les poësies en caractères gothiques, les mistères, les moralités, etc., et les manuscrits sur vélin et en vers. J'espère que vous m'en découvrirez quelques-uns.

On finit ainsi par s'interroger, dans une perspective culturelle plus large et moins répréhensible, sur le rôle joué par Étienne Barbazan, aussi bien en tant qu'éditeur de textes littéraires du Moyen Âge que dans sa veste d'érudit apprécié par les bibliophiles parisiens. La publication en 1756 de son recueil en trois tomes a bien dû attirer l'attention sur ces pièces qu'à l'époque on qualifiait de *fabliaux*[2], et susciter bien des convoitises à leur égard : les découpages effectués à Compiègne dans

1 Pierre Louÿs, « Un document sur le duc de la Vallière bibliophile », *Revue des livres anciens*, 1 (1914), p. 228-230 (en part. p. 228).

2 À en juger par l'usage qu'en fait Paulmy dans ses notes, l'acception la plus appropriée semble être celle qu'envisageait le comte de Caylus dans son mémoire lu à l'Académie des Inscriptions et Belles-Lettres en juillet 1746 : « C'est un poëme qui renferme le récit élégant d'une action inventée, petite, plus ou moins intriguée, quoique d'une certaine étendue, mais agréable ou plaisante, dont le but est d'instruire ou d'amuser » (Anne-Claude-Philippe de Tubières de Caylus, « Mémoire sur les Fabliaux », *Mémoires de littérature tirez des registres de l'Académie royale des Inscriptions et Belles Lettres. Tome XXXIV*, Paris, Imprimerie Royale, 1770, p. 75-117 [en part. p. 85]). En témoigne l'emploi élastique du mot dans la « notte » tracée sur le *verso* de la seconde garde de tête de l'Ars. 3114 : le ms. est, certes, un « recueil de fabliaux », mais dans le détail de la notice, seuls les textes 2 (*De Renart et de Piaudoue*) et 3 (*De Groingnet et de Petit*) sont qualifiés de « fabliau », tandis que le fabliau de *La Dame escoillee* (texte 6) est appelé « li romans et li dis de la vielle escoillie », suivant la rubrique à l'encre rouge du f. 11b35-37 (« Ici apprés commence li rommans et li dis de la vielle escoillie ») – l'explicit à l'encre rouge dû à la même main, qui est celle de notre copiste, indiquait plus sobrement que « Ci faut li contes de la vielle escoillie » (f. 15a20). Sur l'effervescence qui entourait les manuscrits de l'Arsenal contenant des pièces françaises en vers et les échanges qui se produisirent entre érudits, bibliophiles et amateurs dans la seconde moitié du XVIIIe siècle, *cf.* désormais Fanny Maillet, « Quand les fabliaux étaient en liberté : Barbazan, La Curne, Paulmy », *L'étude des fabliaux après le « Nouveau Recueil Complet des Fabliaux »*, éd. par Olivier Collet *et al.*, Paris, Classiques Garnier, 2014, p. 39-62 ; au sujet de l'intérêt croissant que les cercles littéraires et académiques parisiens portaient, vers le milieu du siècle, au récit bref en vers et sur les enjeux idéologiques et esthétiques de cette récupération précoce, voir Kris Peeters, « La découverte littéraire du Fabliau au XVIIIe siècle : le Comte de Caylus dans l'histoire d'un genre médiéval », *Revue d'histoire littéraire de la France*, 106 (2006), p. 827-842 ; un aperçu refléchi du regain d'intérêt pour les études médiévales en Europe au XVIIIe siècle est offert par Mario Mancini, « Il Medioevo del Settecento : *philosophes*, antiquari, *genre troubadour* », *Lo spazio letterario del Medioevo. 2. Il Medioevo volgare*, a cura di Piero Boitani *et al.*, 6 t., Roma, Salerno, 1999-2005, t. 3, p. 595-624.

les mêmes années en seraient-ils un effet collatéral ou ambiant ? Au même érudit pourrait d'ailleurs remonter la lecture de l'anagramme, au demeurant abordable, portant le nom de l'auteur du *Livres d'Amours* (v. 7607-7640), dont il est fait étalage dans les deux notes que Paulmy fit écrire sur le *verso* de la deuxième garde de tête de l'Ars. 3122[1].

ARS. 3114 + BNF, FR. 24431 + ARS. 3122 / BNF, FR. 17177 : CONTEXTE

Pour que ces découvertes ne s'enferment pas dans l'enclos de l'anecdote réjouissante mais stérile, il est capital de tenter de les situer dans le contexte de la production de manuscrits vernaculaires propre à l'ancien diocèse de Soissons dans la seconde moitié du XIIIe siècle, fût-ce un exercice périlleux, au vu du manque de données fiables, et exposé dès le départ à l'imperfection et à l'incomplétude. Le philologue se trouve d'emblée dans une situation délicate, puisque Soissons et son ancien diocèse sont sis à la croisée de trois aires linguistiques, picarde au Nord, parisienne à l'Ouest, champenoise au Sud et à l'Est[2]. Les chartes issues des différents centres de l'ancien diocèse, y compris Compiègne, relèvent de la *scripta* centrale, éventuellement mâtinée de quelques traits picards[3]. Dans ces conditions, il est difficile d'accorder trop de crédit à la poignée de manuscrits du XIIIe siècle qu'Anthonij Dees a cru localiser, selon divers degrés de probabilité, dans l'Aisne – département qui comprend également le Laonnois, le Vermandois et la Thiérache,

1 Elles sont transcrites par Bossuat, *Drouart la Vache [...]*, *op. cit.*, p. 3. Comme d'habitude, une annotation en marge de l'entrée consacrée à l'Ars. 3122 dans le *Catalogue raisonné* y renvoie : « voyes ma note sur le volume » (Ars. 6287, f. 46r).

2 *Cf.* Charles Th. Gossen, *Grammaire de l'ancien picard*, Paris, Klincksieck, 1976 [1970], p. 148-152 et Jakob Wüest, « Les scriptae françaises II. Picardie, Hainaut, Artois, Flandres », *Lexikon der Romanistischen Linguistik*, hg. von Günter Holtus *et al.*, 11 t., Tübingen, Niemeyer, 1988-2001, t. 2/2, p. 300-314 (en part. p. 300-301).

3 *Cf.* Gossen, *Grammaire [...]*, *op. cit.*, p. 148-152, Dominique Coq, « Deux chartes originales en français de la Picardie orientale (1260, avril ; 1267, juillet ?) », *Bibliothèque de l'École des chartes*, 142 (1984), p. 313-316 et les confirmations et précisions apportées par Serge Lusignan, « La langue voyageuse. Le picard et la famille d'Estrées au XIIIe siècle », *Florilegium*, 24 (2007), p. 163-172 et Id., *Essai [...]*, *op. cit.*, p. 75-78.

en excluant, à l'ouest, la bande riveraine de l'Oise (avec Compiègne), et qui correspond donc davantage à l'actuel diocèse de Soissons, Laon et Saint-Quentin qu'à l'ancien diocèse de Soissons[1]. Les défaillances auxquelles s'expose la méthode du linguiste hollandais, notamment pour les régions frontalières, qui se voient attribuer maintes copies aux traits scriptologiques contradictoires ou faiblement caractérisés, sont connues[2]. À cela s'ajoute, sur le versant des textes littéraires, la coprésence, tout à fait ordinaire, de différentes couches scriptologiques dans les témoins, au gré des détours des textes et de leur tradition, que le programme informatique aura du mal à départager et à mettre en perspective, comme le reconnaissait le concepteur lui-même : « Ne trouvant aucun ensemble de chartes comparable au texte contaminé, le programme cherchera un compromis, c'est-à-dire un point d'enquête situé entre le point de provenance des formes primitives et le point de provenance des formes récentes[3] ». C'est pourquoi on se demande si la localisation dans l'Aisne, et avec le coefficient le plus élevé de toute la liste de témoins (91), d'un morceau de l'ensemble primitif que nous montrons maintenant émaner de l'ancien diocèse de Soissons (Ars. 3122)[4], est le fait des compromis et hasards évoqués, ou bien représente fidèlement l'exceptionnelle proximité – géolinguistique, mais aussi chronologique – entre la *scripta* de Drouart la Vache et celle de notre copiste[5]. Reste que, pour les autres

---

1 *Cf.* Anthonij Dees, *Atlas des formes linguistiques des textes littéraires de l'ancien français*, Tübingen, Niemeyer, 1987, p. 523-524 et la double carte superposable (pays d'avant la Révolution – départements/diocèses) contenue dans Gossen, *Petite grammaire [...]*, *op. cit.*, entre les p. 16 et 17. À souligner, lorsqu'on songe à la situation médiévale, l'hétérogénéité linguistique que cache le découpement administratif moderne : *scripta* centrale dans l'ancien diocèse de Soissons, *scripta* picarde dans le Vermandois (ancien diocèse de Noyon), partage entre les deux *scriptae* dans l'ancien diocèse de Laon.

2 Voir, entre autres, les remarques de Madeleine Tyssens, « Typologie de la tradition des textes épiques : les poèmes français », *Memorias de la Real Academia de Buenas Letras de Barcelona*, 22 (1990), p. 433-448 et Ead., « Philologie "chevronnée", nouvelle philologie », *Revue de linguistique romane*, 66 (2002), p. 403-420.

3 Anthonij Dees, « La tradition manuscrite du *Charroi de Nîmes* », *La recherche. Bilan et perspectives. Actes du Colloque international (Université McGill, Montréal, 5-6-7 octobre 1998)*, éd. par Giuseppe Di Stefano – Rose M. Bidler, 2 t., Montréal, CERES, 2000 (= *Le moyen français*, 44-45 [1999] et 46-47 [2000]), t. 1, p. 129-189 (en part. p. 178). Voir également, au sujet des errements engendrés par le caractère hétérogène des traditions en présence, le cas limite du ms. BnF, fr. 837, débattu par Id., *Atlas [...]*, *op. cit.*, p. XXVIII-XXX.

4 *Ibid.*, p. 524.

5 À la lumière des interactions illustrées de façon magistrale par Cesare Segre, « Critique textuelle, théorie des ensembles et diasystème », *Bulletin de la Classe des lettres et des sciences*

copies localisées dans l'Aisne, en l'absence d'indications concluantes d'ordre textuel, péritextuel ou codicologique, nous sommes obligés de suspendre le jugement.

Une piste s'ouvre pourtant, du côté des spécialistes de l'enluminure et des résultats atteints au cours des dernières décennies dans ce domaine[1]. Tout d'abord, grâce aux indications précieuses de François Avril, un petit groupe de manuscrits des *Miracles de Nostre Dame* de Gautier de Coinci, agrémentés de pièces pieuses (nativités, paraphrases des psaumes, prières, vies de saints, etc.), a pu être formé, puis rattaché solidement à Soissons ou aux environs : il s'agit du ms. fr. f° v. XIV.9 de la Российская Национальная Библиотека (Bibliothèque nationale de Russie), à Санкт-Петербург (Saint-Pétersbourg), de ses quinze lettres historiées et soixante-quinze enluminures à compartiments de la largeur d'une colonne, qui ont « dû voir le jour dans la région même où Gautier de Coincy a rédigé son œuvre, entre Laon et Soissons », et dateraient des « années 1260-1270[2] », du ms. BnF, fr. 25532, issu du même foyer, mais illustré uniquement par des lettres historiées et des enluminures non compartimentées[3], enfin du ms. BnF, fr. 22928, réalisation plus

morales et politiques de l'Académie royale de Belgique, 62 (1976), p. 279-292. Du point de vue textuel, la copie consignée dans l'Ars. 3122 parut excellente à l'éditeur du texte et entachée uniquement par de rares fautes de transcription (*Li Livres d'Amours* [...], éd. citée, p. V) ; Sandqvist, « Rime léonine [...] », art. cité, p. 167-171 a toutefois montré qu'à certains endroits, la rime léonine sous-jacente pourrait avoir été altérée par le copiste, ou par la tradition dont il dépend.

1 Elle nous a été indiquée, avec sa compétence et sa générosité habituelles, par Olivier Collet, après qu'il ait pris connaissance des enluminures à quatre compartiments du ms. BnF, fr. 17177, lors d'une présentation des premiers résultats de cette enquête faite à la Georg-August-Universität de Göttingen le 24 mai 2011. Qu'il soit ici remercié. À cette même présentation remonte la datation de l'Ars. 3114 (« 1278-1290 ») proposée par une collaboratrice du projet de recherche *Lire en contexte à l'époque prémoderne. Enquête sur les recueils manuscrits de fabliaux*, dans les travaux personnels qu'elle vient de consacrer au texte 5 de l'Ars. 3114 : *La Virago evirata. La Dame escoillee (*NRCF, *83)*, a cura di Serena Lunardi, Milano, Ledizioni, 2013, p. 105, 174, 224 et Ead., « La pratica medievale della "mise en recueil" : considerazioni sulla trasmissione manoscritta del fabliau *La Dame escoillee* (*NRCF*, 83) », *Carte romanze*, 1/1 (2013), p. 157-202 (en part. p. 167). La datation, tirée des premiers aboutissements de notre enquête, y demeure inexpliquée et dépourvue d'indication de source.

2 Tamara Voronova – Andréï Sterligov, *Les Manuscrits enluminés occidentaux du VIIIe au XVIe siècle à la Bibliothèque nationale de Russie de Saint-Pétersbourg*, Bournemouth/Saint-Pétersbourg, Parkstone/Aurora, 1996, p. 67-71 (en part. p. 67).

3 Quelques illustrations de ce manuscrit conservé autrefois à l'abbaye Saint-Médard de Soissons ont été découpées. *Cf.* Alison Stones, « Illustrated *Miracles de Nostre Dame*

tardive (fin du XIIIe siècle) consistant en une réplique littérale du cycle iconographique du ms. de Saint-Pétersbourg. L'élément le plus caractéristique que deux de ces magnifiques volumes partagent – les mss de Saint-Pétersbourg et BnF, fr. 22928 – est le recours constant aux enluminures à compartiments (habituellement quatre, parfois plus, d'autres fois moins) : ces « séries de miniatures à compartiments réunies en sortes de bandes dessinées » comptent parmi les « plus anciens exemples de ce mode d'illustration d'un texte[1] ». Alison Stones a ensuite isolé et précisé les profils de deux des artistes engagés dans la décoration et l'illustration de ces volumes, à savoir le Maître de Gautier et son collaborateur, dénommé le Maître de Vincent (de Beauvais), qui travaillèrent, chacun de son côté, à de nombreux volumes latins (missels, psautiers, graduels, bibles, etc.) pour des commanditaires des anciens diocèses de Soissons, Châlons-en-Champagne, Laon et Noyon et, ensemble, dans trois entreprises d'envergure, dont le recueil de Saint-Pétersbourg[2]. Il est signficatif que, même sous la main de ces deux artistes, le recours aux enluminures compartimentées demeure rarissime sur le versant latin de leur production.

S'y ajoute le magnifique légendier français BnF, naf. 23686, que Patricia Stirnemann a localisé dans le Soissonnais ou dans le Laonnais et daté des années centrales de la seconde moitié du XIIIe siècle[3] : ses lettres historiées et, surtout, ses enluminures à quatre compartiments

---

Manuscripts Listed by Stylistic Attribution and Attributable Manuscripts Whose *MND* Selection is Unillustrated », *Gautier de Coinci. Miracles, Music, and Manuscripts*, ed. by Kathy M. Krause – Alison Stones, Turnhout, Brepols, 2006, p. 373-396 (en part. p. 379, n. 5).

1 Voronova – Sterligov, *Les Manuscrits enluminés occidentaux [...]*, *op. cit.*, p. 67. Le dossier photographique offert ici pour le ms. de Saint-Pétersbourg est représentatif et d'excellente qualité (*ibid.*, p. 67-71, fig. 44-51) ; il est désormais enrichi par *Imagining the Past in France. History in Manuscript Painting, 1250-1500*, ed. by Elizabeth Morrison – Anne D. Hedeman, Los Angeles, The J. Paul Getty Museum, 2010, p. 105-108, fig. 5a-b (E. Morrison).

2 Alison Stones, « Notes on the Artistic Context of Some Gautier de Coinci Manuscripts », *Gautier de Coinci [...]*, *op. cit.*, p. 65-98 (en part. p. 79-90) et Ead., *Gothic Manuscripts, 1260-1320. Part one*, 2 t., London, Harvey Miller, 2013, t. 1, p. 38 et 68, fig. 687-689, t. 2, p. 480-485. La spécialiste attribue au Maître de Gautier l'illustration du ms. BnF, fr. 25532, au Maître de Vincent celle du ms. BnF, fr. 22928. Les deux autres fruits de leur collaboration seraient le graduel de Vauclair (ms. Laon, Bibl. mun., 241), abbaye cistercienne sise dans l'ancien diocèse de Laon, et le recueil de textes grammaticaux latins aujourd'hui à Valenciennes, Bibliothèque, 397.

3 Careri *et al.*, *Album [...]*, *op. cit.*, p. 143 (A.-F. Leurquin). La fiche consacrée au ms. *ibid.*, p. 143-146 peut être complétée, pour les détails concernant le contenu et la bibliographie, par la notice contenue dans la base *Jonas* de l'IRHT/CNRS (URL : http://jonas.irht.cnrs.

de la largeur d'une colonne de texte ont excité bien des convoitises, car plusieurs ont été découpées et une quarantaine de feuillets ont été enlevés. Ces mutilations ne sont pas sans rappeler le sort funeste connu au XVIIIe siècle par notre ensemble partagé entre l'Arsenal et la BnF et, dans une moindre mesure, par le ms. BnF, fr. 17177, et il n'est donc pas anodin que ce légendier éblouissant ait été acheté par Pierre Dubrowsky (1754-1816) sur le marché parisien du livre ancien en 1777[1], c'est-à-dire dans les années où l'éclat de la bibliophilie parisienne alimentait les pratiques les plus douteuses. Mais d'autres éléments rapprochent cette pièce de prix des livres transcrits par notre copiste à la fin du XIIIe siècle, en particulier du ms. BnF, fr. 17177 : d'abord la *scripta*, qui « ne présente aucun caractère notable : c'est le français de Paris, ou [...] celui de la France centrale ou de la Champagne[2] » ; ensuite, la foliotation en chiffres romains, contemporaine de la confection du légendier, tracée dans la marge de tête du *verso* et concernant aussi le *recto* en regard, tout comme le même type de foliotation, occupant dans le ms. BnF, fr. 17177 la marge de tête du *recto*, porte aussi sur la page en regard ; la table liminaire de la fin du XIVe siècle (f. 1v-2v) qui remplace celle, contemporaine ou de peu postérieure à la copie, mais avortée ou mutilée, dont il reste un tronçon au f. 255v[3], et s'apparente, pour le soin mis dans la réalisation et la précision des renvois (à la foliotation médiévale), à celle des f. 1-12 du ms. BnF, fr. 17177.

---

fr/manuscrit/48164), ainsi que par la très nette reproduction en couleur du manuscrit offerte dans *Gallica*.

1 Sur ce collectionneur acharné et chanceux qui céda son extraordinaire bibliothèque aux autorités russes en 1805, *cf.* Tamara Voronova, « Histoire de la collection des manuscrits enluminés occidentaux de la Bibliothèque nationale de Russie », *Les Manuscrits enluminés occidentaux [...]*, *op. cit.*, p. 29-38 (en part. p. 29-31). C'est à Saint-Pétersbourg que Paul Meyer, « Notice d'un légendier français conservé à la Bibliothèque impériale de Saint-Pétersbourg », *Notices et extraits des manuscrits de la Bibliothèque nationale et autres bibliothèques*, 36/2 (1901), p. 677-721, étudia le volume, puisqu'il fit retour en France seulement plus tard, en 1933, lorsqu'il intégra le fonds des nouvelles acquisitions françaises à la BnF.

2 *Ibid.*, p. 678. L'évaluation est confirmée par Olivier Collet – Sylviane Messerli, *Vies médiévales de Marie-Madeleine*, Turnhout, Brepols, 2008, p. 98.

3 Sur le caractère surprenant de l'écriture de ce feuillet et, surtout, de certaines graphies, en relation avec la tradition italienne postérieure du légendier, *cf.* Gabriele Giannini, compte rendu de *Poeti e poesia a Genova (e dintorni) nell'età medievale. Atti del Convegno per Genova capitale della Cultura Europea*, éd. par Margherita Lecco, Alessandria, Edizioni dell'Orso, 2006, *Romania*, 127 (2009), p. 522-528 (en part. p. 525-526).

Rien ne nous empêche de joindre à ce début de rassemblement la *Bible du XIIIe siècle* – mais contenant le *Nouveau Testament* uniquement et reflétant, selon toute probabilité, l'état le plus ancien de ce texte mouvant –[1] du ms. Oxford, Corpus Christi College, 178, rattaché autrefois à Paris dans le troisième quart du XIIIe siècle[2]. Or, ce manuscrit de format respectable (350 x 270 mm), écrit dans une gothique irréprochable et doté d'une table due à une autre main (f. 1-6)[3], présente, au début de chaque livre et, aux f. 53-86, de chaque chapitre, des lettres historiées fort élaborées et agrémentées de drôleries, dans lesquelles les scènes illustrées prennent souvent place au sein de deux à six compartiments, de manière variée et inventive (rectangles, carrés, cercles, losanges)[4]. Au commencement des *Actes des Apôtres* (f. 102d), par exemple, la lettre historiée (*O*) est surmontée par un rectangle de la largeur de la colonne, sur 15 unités de réglure, divisé en quatre compartiments, qui hébergent des cercles dans lesquels les scènes sont peintes[5]. Mais le bilan demeure

---

1 *Cf.* Eugenio Burgio, « I volgarizzamenti oitanici della Bibbia nel XIII secolo (un bilancio sullo stato delle ricerche) », *Critica del testo*, 7 (2004), p. 1-40 (en part. p. 9 et n. 26, p. 14 et n. 42, p. 34). Pour mémoire, la *Bible du XIIIe siècle* est la première traduction française complète de la Bible, elle résulte du travail de plusieurs traducteurs, a été effectuée à Paris et y était peut-être déjà disponible en 1274 (*cf.* Pierre-Maurice Bogaert, « Paris, 1274. Un point de repère pour dater la *Bible (française) du XIIIe siècle* », *La Bibbia del XIII secolo. Storia del testo, storia dell'esegesi*, a cura di Giuseppe Cremascoli – Francesco Santi, Firenze, SISMEL-Edizioni del Galluzzo, 2004, p. 35-45). Une hypothèse qui paraît aventureuse – la *Bible du XIIIe siècle* fut réalisée dans les années 1240 à Orléans, en milieu dominicain, à la demande de Blanche de Castille (1188-1252) – a été émise par Clive R. Sneddon, « On the Creation of the *Old French Bible* », *Nottingham Medieval Studies*, 46 (2002), p. 25-44.

2 Jonathan J.G. Alexander – Elżbieta Temple, *Illuminated Manuscripts in Oxford College Libraries, the University Archives and the Taylor Institution*, Oxford, Clarendon, 1985, p. 67, § 672 et pl. XL.

3 Sur la typologie des manuscrits bibliques latins et vernaculaires, voir Geneviève Hasenohr, « Traductions et littérature en langue vulgaire », *Mise en page et mise en texte du livre manuscrit*, éd. par Henri-Jean Martin – Jean Vezin, Paris, Promodis-Éditions du Cercle de la Librairie, 1990, p. 229-352 (en part. p. 277-283 et 323-327).

4 Des développements semblables s'observent dans d'autres manuscrits, notamment liturgiques, datant de la même époque mais issus de centres artistiques différents. Voir, par exemple, le célèbre lectionnaire BnF, lat. 17326, produit parisien daté de 1260-1270, dans Claus M. Kauffmann, « The Sainte-Chapelle Lectionaries and the Illustration of the Parables in the Middle Ages », *Journal of the Warburg and Courtauld Institutes*, 67 (2004), p. 1-22 et Stones, *Gothic Manuscripts [...]*, *op. cit.*, t. 1, fig. 12-13, t. 2, p. 5-6.

5 Ce manuscrit, dont l'illustration foisonnante serait due à la collaboration d'au moins deux artistes (Alexander – Temple, *Illuminated Manuscripts [...]*, *op. cit.*, p. 67, § 672), entra au Corpus Christi College à la fin du XVIIe siècle, à la suite du don d'un ancien diplômé, mais auparavant, il devait être en France, comme l'attestent les gardes et les annotations

clairsemé, étalé sur une région (Laon, Noyon, Soissons) plus vaste que l'ancien diocèse de Soissons et, surtout, cantonné aux livres de dévotion – vies de saints et miracles de la Vierge, en particulier. Ce qui tranche avec la richesse et la diversité du contenu de volumes comme le BnF, fr. 17177 et, encore davantage, celui que l'on vient de reconstituer : des recueils devant dépasser les 300 feuillets, à l'origine, et contenant, même après les démembrements que l'on sait, neuf textes en prose et sept en vers pour le premier, une quinzaine de textes en prose et une demi-douzaine en vers pour le second, avec une variété considérable de domaines et registres littéraires, notamment le dernier.

Par une heureuse circonstance, c'est justement le ms. BnF, fr. 17177 et la place qu'il accorde à l'*Histoire ancienne jusqu'à César* (1re rédaction) qui nous permettront d'étendre le filet dans la mer peu poissonneuse de la production soissonnaise[1]. Ce témoin de la compilation historique qui a déjà été attribuée à Wauchier de Denain fait partie, selon Doris Oltrogge, d'un groupe homogène de témoins qui partagent le même cycle iconographique (dénommé *C*) et, surtout, l'étalent dans des enluminures à quatre (ou trois) compartiments de la largeur d'une colonne, les lettres historiées étant assez sporadiques : ce sont les mss Den Haag, KB, 78 D 47, London, BL, Add. 19669, Pommersfelden, Schloßbibliothek, 295 et Venezia, BNM, fr. 2[2]. Le fait frappant est que ces quatre témoins et le ms. BnF, fr. 17177 sont aussi extrêmement proches du point de vue textuel et forment, au sein de la tradition de l'œuvre, qui est vaste et

---

écrites aux XVe-XVIe siècles sur le f. 1, qui renvoient à Mâcon et à sa région. Il est difficile de dire si ce manuscrit était autrefois complété par un volume portant l'Ancien Testament, mais on se souviendra que les témoins de la *Bible du XIIIe siècle* « are sufficiently bulky to have been written normally in two volumes, the first containing Genesis to Psalms, the second Proverbs to Revelation » (Clive R. Sneddon, « The *Bible du XIIIe siècle* : its Medieval Public in the Light of its Manuscript Tradition », *The Bible and Medieval Culture*, ed. by Willem Lourdaux – Daniël Verhelst, Leuven, Leuven University Press, 1979, p. 127-140 [en part. p. 129]), ce qui n'est pas le cas du nôtre, dont les 133 feuillets ne contiennent que le Nouveau Testament.

1 La même pauvreté est constatée, du côté de la production, notamment latine, pouvant être ramenée à Soissons, par Muzerelle, *Manuscrits datés [...]*, *op. cit.*, p. 55-59 (précisons que l'abbaye de Prémontré, dont il est question ici, était située dans l'ancien diocèse de Laon).

2 Doris Oltrogge, *Die Illustrationszyklen zur « Histoire ancienne jusqu'à César » (1250-1400)*, Frankfurt am Main, Lang, 1989, p. 13-20, 22-23, 149-154 et 156, fig. 1-25, 28-35, 100-113, 128-146, étude qui vérifie et développe une indication de David J.A. Ross, « The History of Macedon in the *Histoire ancienne jusqu'à César*. Sources and Compositional Method », *Classica et Mediaevalia*, 24 (1963), p. 181-231 (en part. p. 183).

articulée, un groupe à la fois soudé et circonscrit[1]. Or, si l'on met sur la touche le manuscrit de Venise, réalisé dans le nord de l'Italie à la fin du XIVe siècle[2], on s'aperçoit que les autres sont étroitement imbriqués. Ils partagent non seulement la typologie de l'illustration et les choix iconographiques, mais aussi les artisans : l'enlumineur principal du ms. London, BL, Add. 19669 (*L5*) s'est également chargé de l'illustration de la première partie du volume de Pommersfelden (*Po*) ; la main qui a transcrit l'*Histoire ancienne* dans *L5* et *Po*, à l'aide d'une gothique arrondie et assez rapide, qui se caractérise par une note tironienne (pour *et*) au tracé désinvolte et dépourvue de barre médiane, ainsi que par la difficulté à maintenir *s* rond final au niveau des autres lettres moyennes, semble être la même[3] ; les coïncidences entre les deux témoins ne s'arrêtent pas là, mais investissent la mise en page (deux colonnes de 40 lignes, contre 42 dans *H*) et le cadre de réglure (*L5* : 235 x 174 mm [entrecolonne : 17 mm], *Po* : 234 x 172 mm [entrecolonne : 18 mm], contre *H* : 244 x 169 mm [entrecolonne : 15 mm])[4], ainsi que l'agencement et l'exécution du frontispice[5]. Doris Oltrogge datait l'exécution de cet groupe solidaire

1 Voir *Histoire ancienne jusqu'à César (Estoires Rogier)*, éd. par Marjike de Visser-van Terwisga, 2 t., Orléans, Paradigme, 1995-1999, t. 2, p. 205 et 208-211. Ce sont les témoins ayant pour sigle *H*, *L5*, *Po*, *Ve*, qui forment avec le ms. BnF, fr. 17177 (*P18*) le groupe dénommé @*A* par l'éditrice. *Cf.* aussi Marc-René Jung, *La légende de Troie en France au moyen âge. Analyse des versions françaises et bibliographie raisonnée des manuscrits*, Basel/Tübingen, Francke, 1996, p. 354 et, pour les écarts et innovations propres à *P18* au sein des sections X-XI (*Rome II*, *France*), la thèse de Christophe Pavlidès, *L'« Histoire ancienne jusqu'à César » (première rédaction). Étude de la tradition manuscrite. Étude et édition partielle de la section d'histoire romaine*, Paris, École des chartes, 1989, p. 126 et 143.

2 *Histoire ancienne jusqu'à César [...]*, éd. citée, t. 2, p. 14 et 19, n. 53, puis Sebastiano Bisson, *Il fondo francese della Biblioteca Marciana di Venezia*, Roma, Edizioni di storia e letteratura, 2008, p. 6-10.

3 Bien qu'Oltrogge, *Die Illustrationszyklen [...]*, *op. cit.*, p. 13 affirme que les mss *H*, *L5* et *Po* « sind von drei verschiedenen Schreibern in der Littera textualis kopiert worden ». Des images très nettes de cette écriture sont offertes par Jung, *La légende de Troie [...]*, *op. cit.*, fig. 5-6 (*L5*).

4 Il faut probablement imputer aux campagnes successives de rognage la disparité des dimensions des feuillets : 320 x 236 mm dans *L5*, 340 x 235 mm dans *Po* (*H* s'atteste sur 358 x 271 mm).

5 Oltrogge, *Die Illustrationszyklen [...]*, *op. cit.*, p. 13 : « die Frontispize der drei Handschriften sind sehr ähnlich, in Pommersfelden und BL Add. 19669 fast identisch ». Il faut savoir, au sujet de *L5*, qui n'est entré à la British Library qu'en 1853, que le frontispice (f. 4r) fut décoré à nouveau dans les marges au cours du XVe siècle, dans le but, entre autres, d'introduire l'écusson du possesseur de l'époque, Jean d'Averton († après 1456), seigneur de Belin, dans le Maine, ainsi que l'indiquent également les armoiries des f. 45r, 112r et

du troisième quart du XIIIe siècle et en localisait l'atelier, avec beaucoup d'hésitation, à Lille[1], suivant peut-être le glissement, plus ou moins conscient, vers le centre (présumé ou réel) des activités de l'auteur du texte – la petite cour de Roger IV de Lille († 1230) – qui doit avoir également pesé, dans un premier temps, sur l'arrimage de la poignée de témoins des *Miracles de Nostre Dame* dans le Soissonnais.

Une intervention de François Avril aide à mieux cerner les coordonnées spatio-temporelles de cet ensemble, puisqu'elle ajoute aux trois témoins du noyau ancien un nouvel élément, le ms. Lisboa, BNP, Ilum. 132, qui porte la même rédaction que notre texte. L'ensemble y est daté des années 1260-1270 et le foyer de production est localisé entre Soissons et Compiègne, c'est-à-dire dans l'ancien diocèse de Soissons[2]. Cela est d'une importance capitale pour notre enquête, puisque le sous-groupe le plus ancien et soudé du groupe des témoins de l'*Histoire ancienne* auquel appartient le texte du ms. BnF, fr. 17177 est ainsi ancré à la même aire restreinte où l'on situe, sur d'autres bases, le copiste du ms. BnF, fr. 17177 et de l'ensemble composé des mss BnF, fr. 24431 et Ars. 3114 et 3122. En outre, cette indication vient confirmer une série de suggestions stylistiques de Doris Oltrogge, qui reconnaissait dans l'artiste du témoin londonien – celui qui illustre aussi une partie du ms. de Pommersfelden – l'un des enlumineurs du légendier BnF, naf. 23686 (f. 116r-132r et 140r-203r) et attribuait l'illustration de la *Bible du XIIIe siècle* du ms. Oxford, Corpus Christi College, 178 au même foyer artistique. Un élément structurel relatif à l'arrangement des enluminures (le rectangle à quatre compartiments de la largeur d'une

---

238r et l'ex-libris du f. 238r. Voir Ross, « The History of Macedon [...] », art. cité, p. 183 et Oltrogge, *Die Illustrationszyklen [...]*, *op. cit.*, p. 149, n. 60 et fig. 4.

1 *Ibid.*, p. 19 et 20. L'hypothèse lilloise est entérinée dans *Imagining the Past [...]*, *op. cit.*, p. 100-101 (E. Morrison), où l'on trouve toutefois de belles reproductions photographiques (*ibid.*, p. 42, fig. 3a, p. 99-101, fig. 3a-b). D'après Collet – Messerli, *Vies médiévales [...]*, *op. cit.*, p. 98, l'idée d'une « provenance soissonnaise » du ms. BnF, naf. 23686 remonterait à Oltrogge, *Die Illustrationszyklen [...]*, *op. cit.*, mais nous n'en avons pas retrouvé de trace *ibid.*

2 Renseignements transmis par lettre à l'éditrice en 1998, dont l'essentiel est rapporté dans *Histoire ancienne jusqu'à César [...]*, éd. citée, t. 2, p. 18, n. 2 et 24, p. 19, n. 47. Le nouveau témoin, qui a des dimensions de 335 x 245 mm et distribue le texte dans deux colonnes de 39 lignes, n'a pas pu être mis à profit pour le texte édité et il n'est pas doté de sigle ; son f. 1r, qui répète le frontispice des mss *L5*, *Po* et *H*, est reproduit dans *Inventário [...]*, *op. cit.*, t. 1, p. 289 et peut donc être comparé avec les f. 1r de *Po* et 4r de *L5* (Oltrogge, *Die Illustrationszyklen [...]*, *op. cit.*, fig. 3 et 4).

colonne), qui semble constituer, dans l'ancien diocèse de Soissons, un schéma d'organisation de l'illustration traditionnel et récurrent, est susceptible d'aider à esquisser un tableau cohérent de la production des manuscrits vernaculaires dans la région.

On est tenté de conclure qu'au troisième quart du XIIIe siècle, à côté des livres illustrés consacrés à leur gloire littéraire (Gautier de Coinci), Soissons et son diocèse cultivaient déjà, selon toute probabilité, cette littérature historique qui refera surface quelques années plus tard, sous la plume de notre copiste, agrémentée de récits moins reculés, tels la *Chronique abrégée des rois de France* ou la *Chronique des ducs de Normandie.* Et il y a lieu de se demander, à partir justement de la tradition manuscrite des deux chroniques, si cette veine historique ne parcourait pas déjà le corps de la clergie soissonnaise depuis un moment. Un bel exemple de livret (38 feuillets) datant des années 1220-1230[1], mêlant textes latins à teneur historique et chroniques françaises (les deux qu'on retrouve dans les mss BnF, fr. 17177 et fr. 24431) et issu de l'abbaye prémontrée de Notre-Dame et Saint-Yved de Braine, sise dans l'ancien diocèse de Soissons et foncièrement liée aussi bien au chapitre cathédral de Soissons qu'aux seigneurs de Braine[2], pourrait l'attester[3]. Déposé à présent à la BnF sous la cote fr. 10130, ce livret avait intégré au Moyen Âge un ample légendier latin, conservé à l'abbaye de Braine et remplissant ici un usage liturgique, qui fut dépecé à l'époque moderne et dont les constituants se retrouvent aujourd'hui aux quatre coins de l'Europe, c'est-à-dire, suivant l'ordre respectif des constituants attesté à la fin du XVIe siècle[4], à : 1) Cambridge, UL, Add. 4458 ; 2) Berlin, DSB-PK,

1 Careri *et al.*, *Album [...]*, *op. cit.*, p. 111 (G. Labory). Voir la numérisation intégrale du microfilm en noir et blanc dans *Gallica*.

2 Voir *Le chartrier de l'abbaye prémontrée de Saint-Yved de Braine (1134-1250)*, éd. par Olivier Guyotjeannin, Paris, École des chartes, 2000, p. 13-45.

3 C'est ce que suggèrent les additions au *Chronicon Fiscanense* ou *Annales de Fécamp* (f. 31r-38v), introduites dans la première moitié du XIIIe siècle et portant sur l'histoire régionale et locale (abbaye et seigneurs de Braine), mises en exergue par Léopold Delisle, « Chroniques et annales diverses », *Histoire littéraire de la France. 32. Suite du quatorzième siècle*, Paris, Imprimerie Nationale, 1898, p. 182-264 (en part. p. 209). La confirmation définitive vient de la récente édition du cartulaire de l'abbaye, compilé à la fin des années 1210 et ensuite constamment retravaillé : son copiste principal fait surface dans le ms. BnF, fr. 10130, au f. 31r et pour quelques additions relatives aux années 1214 et 1215, d'après *Le chartrier [...]*, éd. citée, p. 41, n. 66, p. 73 et 78, pl. 7.

4 Attestation que nous devons à un chanoine de l'abbaye Saint-Jean-des-Vignes de Soissons, Nicolas de Beaufort (1554-1624), qui répertoria le contenu de plusieurs manuscrits

Theol. f 593 ; 3) ancien Cheltenham, Phillipps Collection, 3688 ; 4) København, KB, Ny Kgl. S. 1784 ; 5) Cambridge, UL, Add. 3473 ; 6) Paris, BnF, fr. 10130[1]. Ce légendier composite réunissait des vies de saints, des miracles de Notre-Dame de Soissons et des textes pieux à teneur mariale, en plus de nos chroniques françaises et de quelques pièces historiques en prose latine (l'*Itinerarium Terrae sanctae* de Wilbrand von Oldenburg [f. 20r-30v] et le *Chronicon Fiscanense* [f. 31r-38v])[2], selon un

conservés dans les fonds des institutions religieuses de l'ancien diocèse de Soissons. Voir la reconstruction à la fois minutieuse et éclairante effectuée par Anne Bondéelle, « D'un fonds monastique aux grandes collections actuelles. L'itinéraire d'un légendier de Braine », *Analecta Bollandiana*, 117 (1999), p. 151-162.

1 Le livret aujourd'hui à Paris (6) fut tôt détaché et figurait déjà, vers le milieu du XVIIe siècle, chez le jésuite Philippe Labbe (1607-1666 ou 1667), professeur de théologie au collège de Clermont à Paris – ensuite, après un séjour dans la bibliothèque du collège, il fut mis en vente (1763) et acquis par la Bibliothèque du Roi. En remplacement du livret, le légendier fu agrémenté au XVIIe siècle d'un fragment de 14 feuillets contenant des œuvres latines d'Hugues de Fouilloy, aujourd'hui à New Haven, Yale UL / Beinecke Rare Book and Manuscript Library, 189. Par la suite, le légendier se retrouve en 1773 parmi les livres de Claude-Robert Jardel (1712-1788), redoutable amateur de Braine dont la collection fut vendue à Paris en 1799, date à laquelle le volume était encore entier (1-5, plus le fragment rajouté). Celui-ci fut donc démembré et les pièces échouèrent en 1826 auprès de Thomas Phillipps (1792-1872), qui les acheta probablement à Joseph-Félix Allard (1795-1831) : elles prirent les n°s 3686 à 3691 chez le bibliophile anglais, avant d'être dispersées à compter de la fin du XIXe siècle. Seul l'ancien n° 3688 (3) n'a pas été identifié par Bondéelle, « D'un fonds monastique [...] », art. cité, p. 157-161. Sur Claude-Robert Jardel, notable de province lié aux comtes de Braine et familier des Prémontrés de Saint-Yved, dont de nombreux livres sont de provenance monastique (au moins neuf de ses manuscrits sont issus de l'abbaye de Braine), *cf.* Ead., « Claude-Robert Jardel, de Braine, collectionneur de manuscrits (1712-1788) », *Du copiste au collectionneur. Mélanges d'histoire des textes et des bibliothèques en l'honneur d'André Vernet*, éd. par Donatella Nebbiai-Dalla Guarda – Jean-François Genest, Turnhout, Brepols, 1998, p. 615-651.

2 Si la *Chronique abrégée des rois de France* s'arrête ici (f. 1r-8v) à l'année 1180, alors que dans nos deux témoins elle atteignait la prise du duché de Normandie par Philippe Auguste (1204), et que la *Chronique des ducs de Normandie* (f. 8v-19v) appartient à une autre rédaction (*A*) que celle attestée dans le ms. BnF, fr. 24431 (*B* : *cf.* Labory, « Les manuscrits de la *Grande Chronique de Normandie* [...] », art. cité [27 (1997)], p. 196-197 et Gasparini, « Philippe Mousket [...] », art. cité, p. 509-516), il convient toutefois de signaler qu'une note tracée par l'une des mains responsables du *Chronicon Fiscanense* dans la marge de gouttière du f. 8v, à côté de la dernière ligne de la *Chronique abrégée* (f. 8c12), signale que la suite du texte fait défaut (voir Careri *et al.*, *Album [...]*, *op. cit.*, p. 112 [f. 8v] et 113 [G. Labory]). En outre, dans le ms. BnF, fr. 10130, les textes vernaculaires semblent faire l'objet d'un assemblage : la *Chronique abrégée*, dont le début est marqué par une lettre filigranée (bleue, à fioritures rouges : f. 1a) mais ne présente pas d'autre décor, est dépourvue d'explicit, et la *Chronique des ducs de Normandie* enchaîne sans ménagement à la ligne suivante (f. 8c13), signalée par une simple lettre rouge (d'autres découpent le texte avec régularité) ; à cela s'ajoute le fait que l'explicit du f. 19d15 (« Ci faut l'estoire des rois ») semble s'appliquer

agencement tout à fait courant dans les grands recueils latins à dominante hagiographique[1].

C'est peut-être dans cette promiscuité ordinaire au sein des recueils monastiques qu'il faut chercher l'origine des centres d'intérêt que la production manuscrite en langue vernaculaire semble cultiver dans l'ancien diocèse de Soissons, à partir des années 1260. L'ensemble recomposé (BnF, fr. 24431, Ars. 3114 et 3122), le ms. BnF, fr. 17177 et leurs antécédents soissonnais échelonnés sur la deuxième moitié du XIIIe siècle seraient, de ce fait, moins isolés, voire parfaitement moulés, pour l'essentiel, sur une matrice culturelle diocésaine de longue durée. Mais « la longueur du voyage » auquel le lecteur a été contraint ne saura faire « croire qu'on est enfin arrivé[2] ».

Gabriele GIANNINI
Université de Montréal

davantage à l'ensemble formé par les deux textes, dépourvus l'un et l'autre aussi bien de titre que de rubrique.

1 Les liens robustes entre la Normandie et Braine que ce recueil composite laisse entrevoir ne nécessitent pas de longues explications : on évoquera tout juste l'appartenance du site de Braine au patrimoine de l'église de Rouen, depuis le VIIe siècle, et l'épisode du transfert à Braine, au IXe siècle, au temps des invasions normandes, des reliques des évêques évangélisateurs de Rouen, Yved et Victrice. Voir *Le chartrier [...]*, éd. citée, p. 13-14.

2 Montesquieu, *De l'Esprit des Lois*, éd. par Robert Derathé, 2 t., Paris, Classiques Garnier, 1973, t. 2, p. 341.

FIG. 1 – 3114, f. 2r © Bibliothèque de l'Arsenal, Paris.

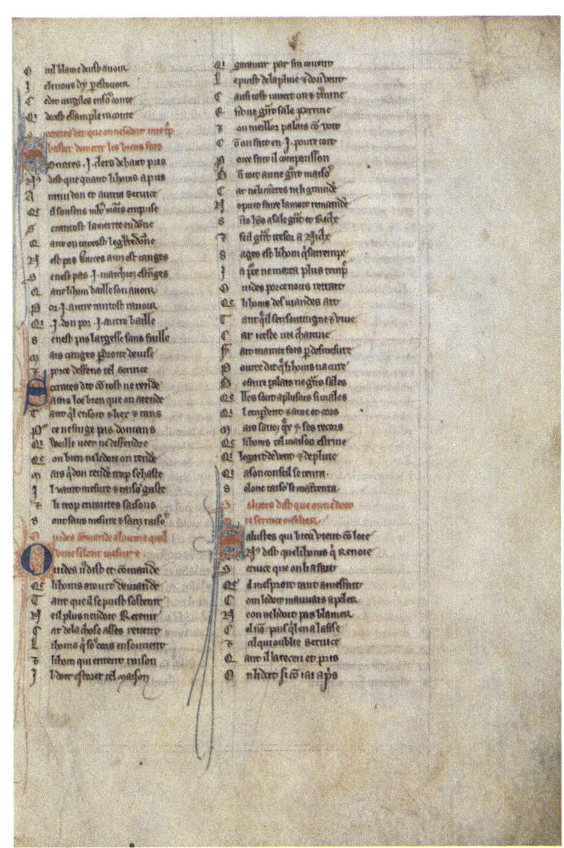

FIG. 2 – fr. 24431, f. 7r © Bibliothèque nationale de France, Paris.

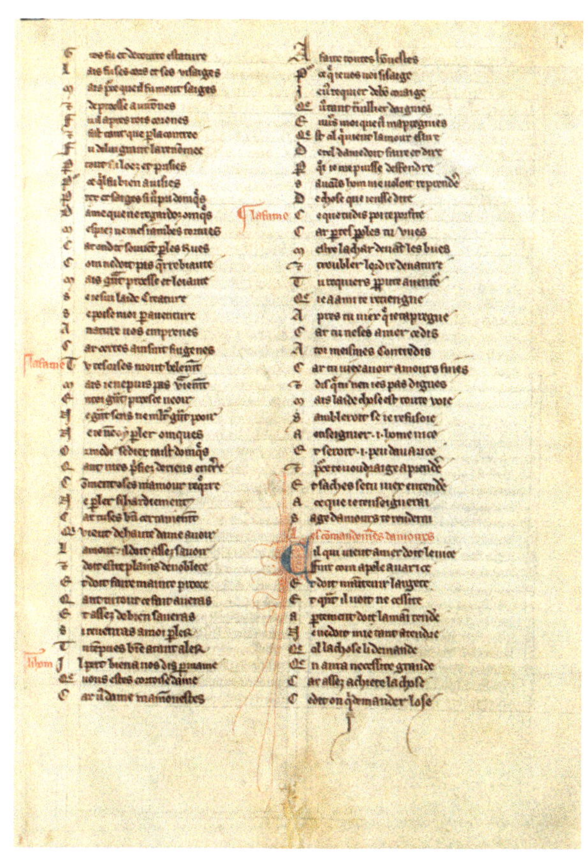

FIG. 3 – 3122, f. 15r © Bibliothèque de l'Arsenal, Paris.

DE LA PRODUCTION À LA RÉCEPTION : LE RECLUS DE MOLLIENS EN MORCEAUX DANS LES RECUEILS DE FABLIAUX

Atypique à plus d'un égard, l'insertion des poèmes du Reclus de Molliens (vers 1225-1230)[1] au sein d'un recueil de fabliaux relève en apparence de l'accident de l'histoire. D'un point de vue strictement quantitatif, du moins, ce rapprochement demeure un phénomène d'exception. Entre la tradition manuscrite du poète de Molliens et celle des recueils contenant des fabliaux – deux ensembles plutôt massifs qui comptent respectivement 44 et 43 exemplaires[2] –, le point de contact est pour le moins étroit : il ne concerne que quatre recueils, ce qui représente à peine 5% de ces groupes réunis. Cette sorte de résistance qui semble prévenir la rencontre de ces deux traditions correspond à une distance poétique bien réelle qui distingue ces textes tant par leur matière et leur manière que par leurs visées. Avec ses poèmes *Carité* et *Miserere*, le Reclus de Molliens se distingue par une certaine virtuosité formelle, qui consiste à se plier aux caprices de la strophe hélinandienne tout en faisant alterner prières, dialogues, invectives et micro-récits au sein d'un diptyque poétique de quelques 6000 vers. Si une telle recherche formelle s'oppose à la formule plus souple mais aussi plus convenue

1 Ce travail s'inscrit dans le cadre d'un projet de thèse intitulé *Le parfait exemple du Reclus de Molliens : vers une poétique de la réception du texte didactique* (XIIIe-XIVe *siècles)*, dirigé par Francis Gingras et subventionné par le Conseil de Recherches en Sciences Humaines du Canada (CRSH). – *Li romans de Carité et Miserere. Poèmes de la fin du* XIIe *siècle du Renclus de Molliens*, éd. par Antoine G. van Hamel, Paris, Vieweg, 1885. Datation selon *Les vers de la mort, par Hélinant, moine de Froidmont*, éd. par Frederick A. Wulff – Emmanuel Walberg, Paris, Firmin-Didot, 1905, p. XXVII-XXXI.

2 Décompte incluant les manuscrits complets et partiels. Aux 36 manuscrits recensés par van Hamel (*Li romans de Carité [...]*, éd. citée, p. VII-XXXVI), l'état inachevé des recherches commande d'ajouter au moins huit exemplaires médiévaux. En gardant en tête qu'une part importante des témoins recensés par ce site représente des copies modernes, on pourra consulter de façon provisoire le répertoire *Jonas* de l'IRHT (URL : http://jonas.irht.cnrs.fr).

des fabliaux, qui se borne au domaine de la narration et se contente du modeste couplet d'octosyllabes, c'est que l'œuvre du Reclus se veut au service d'une matière *autre* – une matière tendue vers Dieu, vers le Bon et le Vrai – qui s'éloigne en tous les cas du contenu plus terre-à-terre, voire franchement vulgaire, de la plupart des fabliaux. La solution de continuité déjà manifeste qui distingue ces œuvres quant à la forme et au contenu est d'ailleurs soulignée par le Reclus lui-même qui se livre à de violentes invectives à l'encontre des textes comme les fabliaux qui, cherchant trop à plaire, en négligent d'édifier[1]. Devant l'écart poétique qui distingue ces traditions, on s'étonne à peine qu'aussi peu d'exemplaires se risquent à les rapprocher dans l'espace du *codex*.

Les quelques manuscrits qui réalisent ce rapprochement forment d'ailleurs un ensemble relativement problématique dès lors qu'on les considère en tant que groupe. Fermement distincts les uns des autres, voire parfois atypiques en eux-mêmes, ces recueils s'apparentent une fois réunis à une véritable « cour des miracles » codicologiques. Il convient de les introduire de façon encore sommaire. Le manuscrit BnF, fr. 25545 (avant 1316)[2] et le célèbre 837 du même fonds (quatrième quart du XIIIe siècle) forment deux vastes collections organiques[3], qui présentent une proportion particulièrement élevée d'*unica*[4]. Toutes deux réputées

1 Voir notamment *Miserere*, str. 157.

2 Description de référence par Olivier Collet *et al.*, *Projet Hypercodex*, Genève, Université de Genève (URL : http://www.unige.ch/lettres/mela/recherche/Hypercodex.html). La datation avait été avancée par Arthur Långfors, « Le *Dit des quatre rois.* Notes sur le ms. fr. 25545 de la Bibliothèque nationale », *Romania*, 44 (1915-1917), p. 87-91.

3 Pour une argumentation en faveur de l'organicité du manuscrit BnF fr. 25545, que l'on croyait précédemment factice, voir Olivier Collet, « "Textes de circonstance" et "raccords" dans les manuscrits vernaculaires : les enseignements de quelques recueils des XIIIe et XIVe siècles », *« Quant l'ung amy pour l'autre veille ». Mélanges de moyen français offerts à Claude Thiry*, éd. par Tania Van Hemelryck – Maria Colombo Timelli, Turnhout, Brepols, 2008, p. 299-311 (en part. p. 306-308). Pour une description des pertes ou des réagencements subis par ces deux recueils, voir Collet *et al.*, *Projet Hypercodex*, *op. cit.*

4 Les *unica* du ms. BnF, fr. 837 forment 37,5% du recueil (94 textes sur 249); ils sont recensés et analysés dans Sylvie Lefèvre, « Le recueil et l'œuvre unique. Mobilité et figement », *Mouvances et jointures. Du manuscrit au texte médiéval*, éd. par Milena Mikhaïlova, Orléans, Paradigme, 2005, p. 203-228 (en part. p. 208-216). Dans le ms. BnF, fr. 25545, ils comptent pour environ 24% (au moins 11 textes sur 46, incluant les ajouts). Sauf erreur – les nombreux textes qualifiés dans *Hypercodex* d'« indéterminés » n'ont pas tous pu être rattachés à des traditions reconnues, mais pourraient encore l'être –, il s'agit des textes suivants : *Épître aux femmes* (f. 2r); *Contre les femmes* (f. 3r-v); *Des Femmes, des dés et de la taverne* (f. 4r); *Dou Pape, dou roy et des monnoies* (f. 17r-v); *Les Menieres de poissons*

pour la diversité déconcertante de leur contenu, elles n'hésitent pas à mêler le vers et la prose, le sacré et le profane, voire le latin et le français[1]. Elles se distinguent pourtant entre elles à plusieurs niveaux en présentant, notamment, l'œuvre du Reclus sous des formes fort différentes : alors que le premier recueil donne le duo *Miserere* et *Carité* (f. 110r-132v et f. 132v-149v) dans une version extrêmement remaniée[2], le second ne contient qu'un fragment d'une dizaine de strophes du *Miserere* (str. 56-69), rangé sous le titre *Le Vergier de Paradis* (f. 203r-v). Ce même fragment réapparaît dans le troisième recueil du corpus (f. 32v-33v), soit le ms. Turin, BNU, L.V.32 (fin du XIIIe siècle), manuscrit disparu dans l'incendie de 1904 mais accessible en partie via des sources alternatives[3]. Cet exemplaire se distingue à son tour des autres recueils dans la mesure où il représente l'un des seuls manuscrits de toute la tradition du Reclus de Molliens à rompre le duo *Carité-Miserere* en présentant le premier élément du diptyque comme un texte isolé (f. 204r-220r)[4]. Cette rupture du couple est appelée à se reproduire dans le dernier exemplaire du corpus, soit le manuscrit Paris, Bibl. de l'Arsenal, 3527 (dernier quart du XIIIe siècle)[5]. Elle s'y conforme cependant à une autre tendance,

---

que on prant en la mer (f. 19r) ; *Femmes qui a son cors servoit cent chevaliers* (f. 76r-77v) ; texte indéterminé (f. 82v-83v) ; *Bestiaire d'amour* en vers (f. 89v-92r) ; poème religieux indéterminé (f. 92r-94r) ; *Purgatoire saint Patrick* [version propre à ce témoin] (f. 97r-104r) ; *Dit des quatre rois* (f. 150r) ; portrait laudatif d'une femme (f. 154v-155r).

1 Le BnF, fr. 25545 renferme quatre textes bilingues ou latins : *Des Femmes, des dés et de la taverne* (f. 4r), *Patre-Nostre farsie* (f. 4r), *Symbole des apôtres* (f. 14r) et un poème religieux indéterminé (f. 92r-94r).

2 L'éditeur souligne la « très grande liberté » du copiste et les nombreux « passages [dont il] donne une espèce de renouvellement » (*Li romans de Carité [...]*, éd. citée, p. XVIII). On se convaincra de la justesse de cette remarque en consultant les variantes de cette édition (ms. *P* de la tradition du Reclus) données en note.

3 L'essentiel des informations de base et la reconstitution du contenu précis du recueil de Turin (datation, données matérielles et bibliographiques, etc.) sont nouvellement accessibles grâce aux études de Gabriele Giannini. Voir Id., « Les "petits recueils" de fabliaux : présence, composition, perspectives », *Actes du XXVIIe Congrès international de linguistique et de philologie romanes (Nancy, 15-20 juillet 2013)*, Nancy, ATILF, sous presse, ainsi que la fiche consacrée à ce ms. par le même chercheur dans le travail de synthèse issu du projet *Lire en contexte à l'époque prémoderne. Enquête sur les recueils manuscrits de fabliaux*, en préparation. La principale description préalable est due à Auguste Scheler, *Notices et extraits de deux manuscrits français de la Bibliothèque Royale de Turin*, Bruxelles, Olivier, 1867, p. 66-97.

4 Au sein de la tradition du Reclus (mss complets et partiels confondus), cette tendance s'illustre dans deux manuscrits : Modena, BEU, XII.F.29 et Den Haag, KB, 128 E 2.

5 Description de référence et datation dans Giannini, « Les "petits recueils" [...] », art. cité et Id., fiche du ms. Ars. 3527 citée *supra*, p. 141, n. 3.

beaucoup plus répandue[1], qui consiste non plus à isoler *Carité*, mais bien *Miserere* (f. 110v-136r). Ce dernier recueil qui contient notamment la *Vie des pères* (f. 1r-110v) et les *Miracles de Notre-Dame* de Gautier de Coinci (f. 110v-117v ; f. 136r-155v) se démarque par ailleurs des autres livres du corpus par sa thématique pieuse qui lui assure une certaine homogénéité quant à son contenu. Ces quatre manuscrits présentent en somme un intérêt particulier. Sans être particulièrement irréguliers en eux-mêmes, ils révèlent, une fois envisagés en tant que groupe, un potentiel heuristique certain : donnant lieu à l'union de ce qui partout ailleurs s'oppose, à savoir les poèmes du Reclus et le corpus des fabliaux, ils permettent d'interroger les conditions permettant le rapprochement de traditions autrement hermétiques.

Il s'agira donc de voir si cet ensemble de manuscrits hétérogènes, dont l'unité ne tient en première analyse qu'à la combinaison particulière des textes qu'il referme, peut présenter d'autres traits communs qui seraient susceptibles de jeter une certaine lumière sur les conditions et raisons d'un tel rapprochement. Il faudra dès lors procéder en deux temps, en excluant d'abord certaines pistes d'explication pour mieux en dégager de nouvelles. Dans l'esprit du présent volume, qui s'intéresse au livre médiéval sous l'angle de sa production, il s'agira en premier lieu de déterminer si le corpus révèle une certaine cohérence du point de vue de l'origine ou de la fabrication du livre. Comme tous ces recueils, à l'exception du ms. BnF, fr. 837[2], ont été localisés dans le Nord-Est de l'espace francophone et que la critique les a également associés, avec différents degrés de fermeté, à la région de Tournai, les données ayant permis ces localisations seront soumises à l'examen. Cette approche, peu concluante, révèlera une série d'écueils qui non seulement jetteront le doute sur certaines localisations proposées, mais inciteront par le fait même à *déplacer* la question. À la perspective de la production du livre se substituera alors celle de sa réception, autrement plus fertile en regard des questions posées par

1 Au sein de la tradition du Reclus (mss complets et partiels confondus), cette tendance s'illustre dans au moins huit manuscrits : Ars. 3527 et 3518, BnF, fr. 12483 et fr. 12594, Bruxelles, BRB, 10457-62, Arras, Méd. mun., 759 (429), Reims, Bibl. Carnegie, 1275 (J. 743), Augsburg, UB, Fürstliche Oettingen-Wallersteinische I 4 f 1.

2 Ce recueil, associé au Maître de l'Hôpital, a été localisé au nord de Paris. Voir notamment *Gautier de Coinci. Miracles, Music, and Manuscripts*, ed. by Kathy M. Krause – Alison Stones, Turnhout, Brepols, 2006, p. 375 (A. Stones).

cet ensemble de manuscrits. En interrogeant le lectorat et en faisant parler ces livres, il deviendra possible d'entrevoir les passerelles ayant facilité l'union de ces traditions qui autrement se repoussent. Il apparaîtra dès lors que le choc des matières provoqué par la rencontre du Reclus de Molliens et de la tradition des fabliaux a pu être atténué par une série des manipulations ciblées, allant du redressement moral au morcèlement textuel.

PARENTÉ DIRECTE ET UNITÉ : UNE PRODUCTION À TOURNAI ?

Avant d'interroger le rattachement possible de ces exemplaires à une même région, voire à un même centre de production, il convient de mettre au clair une question d'apparence plus simple, à savoir celle des liens qu'entretiennent ces livres entre eux. La réponse est toutefois loin d'aller de soi puisque ces trois exemplaires partagent *a priori* très peu de choses. Certes, ils donnent lieu au même rapprochement entre le corpus des fabliaux et les textes du poète de Molliens. Cette rencontre reste cependant très superficielle : non seulement l'œuvre du Reclus se présente, comme mentionné plus haut, sous une forme très variable (fragmentation, union et désunion, diptyque, etc.), mais les fabliaux qu'elle côtoie ne sont jamais identiques[1], de sorte que les liens textuels qui unissent ces exemplaires s'avèrent particulièrement ténus. Ces manuscrits se distinguent également à d'autres niveaux, de telle sorte qu'une des pistes de recherche paraît s'effacer d'emblée : ces recueils peuvent difficilement être rattachés, semble-t-il, à un même atelier ou à une même chaîne de production. Le simple survol de ces trois recueils tend du moins à le suggérer.

1 Le recueil BnF, fr. 25545 contient les six fabliaux suivants : *La Dame qui aveine demandoit pour Morel sa provende avoir* (f. 70v-73r), *Une seule Fame qui a son cors servoit cent chevalier* (f. 76r-77v), *La Pucelle qui voloit voler* (f. 4v-5r), *Le Chevalier qui faisoit parler les cons* (f. 77v-82v), *Le Vallet aus douze fames* (f. 75r-76r) et *La Coille noire* (f. 69v-70v). L'Ars. 3527 donne la version II du *Sacristain* (f. 179v-182r), et le recueil de Turin donne *La Veuve* de Gautier le Leu (f. 167r-170v), dont le statut de fabliau est discuté (il n'est pas inclus dans le *NRCF*), et le spécimen plus canonique de Jacques de Baisieux, *La Vescie a prestre* (f. 107r-108v).

Le manuscrit BnF, fr. 25545 ne se laisse rattacher à aucun groupe de manuscrits connu. L'absence d'illustrations dans cet exemplaire plutôt sobre empêche, en effet, de l'unir à d'autres livres sur la base de liens artistiques. Quant aux textes qu'il contient, ils l'isolent encore davantage : non seulement ce *codex* comporte une quantité importante d'*unica*, mais les œuvres plus communes qu'il renferme, comme les fabliaux ou les poèmes du Reclus, apparaissent souvent dans des versions uniques ou fortement remaniées, qui brouillent les pistes textuelles susceptibles de mener vers des manuscrits apparentés ou proches[1]. Devant le caractère peu probant de ces données, il apparaît difficile d'établir des liens significatifs avec les deux autres exemplaires à l'étude.

L'Ars. 3527 se rattache tout aussi difficilement aux autres exemplaires du corpus. Ses nombreuses illustrations, de même que certains indices matériels, permettent toutefois de le rapprocher d'un ensemble de manuscrits plus vaste. Selon Alison Stones, l'artiste qui a assumé la première partie du programme iconographique de ce *codex* (f. 1r-168v), à savoir le Maître de Bute, peut être retracé dans une dizaine d'autres livres[2]. Quant au Maître de Mons, collaborateur l'ayant aidé à terminer l'ouvrage (f. 169r-203r), il a illustré quatre autres livres, dont un manuscrit connu pour son *Perceval* (Mons, Bibliothèque centrale de l'Université de Mons, R 2/C 331/206)[3]. Si l'on en croit les observations récentes de Gabriele Giannini, les liens qui unissent ce dernier exemplaire à l'Ars. 3527 s'avèrent encore plus étroits : non seulement ils partagent une même organisation des cahiers, une même mise en page, des réglures identiques et des dimensions fort semblables, mais ces deux manuscrits, illustrés

1 Au sujet de cette version du Reclus de Molliens, voir *supra*, p. 141, n. 2. Les fabliaux *Une seule Fame qui a son cors servoit cent chevalier* (f. 76r-77v) et *La Dame qui aveine demandoit pour Morel sa provende avoir* (f. 70v-73r) sont des *unica*. Certaines variantes de *La Pucelle qui voloit voler* (f. 4v-5r) sont analysées plus loin.

2 Alison Stones, « The Illustrated Chrétien Manuscripts and their Artistic Context », *Les manuscrits de Chrétien de Troyes*, éd. par Keith Busby *et al.*, Amsterdam/Atlanta GA, Rodopi, 1993, t. 1, p. 227-322 (en part. p. 243-250) ; Ead., « Stylistic Associations, Evolution, and Collaboration : Charting the Bute Painter's Career », *The J. Paul Getty Museum Journal*, 23 (1995), p. 11-29 et Ead., *Gothic Manuscripts, 1260-1320. Part one*, London, Harvey Miller, 2013, t. 1, p. 63-64 et t. 2, p. 278-296. Il est à noter qu'au sein de cet ensemble quatre mss formaient à l'origine un seul volume : il s'agit des mss BnF, fr. 15104, fr. 15106 et fr. 14970, ainsi que de l'Ars. 2510. À ce sujet, voir François Avril, « Manuscrits », *L'Art au temps des rois maudits, Philippe le Bel et ses fils (1285-1328)*, Paris, Éditions de la Réunion des musées nationaux, 1998, p. 256-334 (en part. p. 297-298).

3 Stones, *Gothic Manuscripts [...]*, *op. cit.*, t. 1, p. 65 et t. 2, p. 332-334.

par un même artiste, auraient été copiés par un seul et même copiste[1]. Ces données nouvelles, qui renforcent les parentés artistiques par des liens matériels, permettent de supposer un vaste réseau d'artisans du livre, qui auraient collaboré à divers niveaux de la production durant les dernières décennies du XIIIe siècle[2]. Si l'hypothèse d'un tel réseau paraît ainsi soutenue par des liens de plus en plus fermes, un certain flou demeure quant à l'ancrage géographique de cette activité de production. Entre autres facteurs, sur lesquels il faudra revenir, les deux artistes ayant collaboré à l'illustration du livre à l'étude ont été localisés, parfois par les mêmes chercheurs, dans deux régions distinctes : par le biais d'un de ses destinataires, la production du Maître de Bute a été rattachée à Cambrai[3], alors que celle du Maître de Mons a été localisée, sur la base d'informations diverses liées aux possesseurs, à la *scripta* et au contenu des livres, dans la région même de Tournai[4]. Devant la force et la plus grande diversité des données liées à cette dernière localisation, Keith Busby n'hésite pas à reconnaître dans ce groupe un « eloquent testimony to manuscript production in Tournai towards the end of the Thirteenth Century », laissant même entendre qu'il pourrait trouver ancrage dans « the same workshop[5] ».

Qu'un tel « workshop » ait existé ou non, il ne semble pas à l'origine des autres recueils à l'étude. Alors que le ms. BnF, fr. 25545 s'est révélé isolé à plusieurs égards, l'infortuné manuscrit de Turin s'avère encore plus difficile à rattacher à un groupe quelconque – ne serait-ce qu'en raison de l'incertitude, inévitable, qui pèse sur toute hypothèse formulée à l'égard d'un livre détruit. Comme ses illustrations ont été décrites de manière plutôt minimale par les spécialistes qui l'ont consulté en personne avant l'incendie[6], il est impossible de le rattacher à une famille sur la base des liens artistiques. Les indices linguistiques s'avèrent un peu plus probants : les textes conservés dans ce recueil sont encore accessibles par le biais de copies réalisées avant le sinistre, à la fin du

1 Giannini, « Les "petits recueils" [...] », art. cité Selon le chercheur, il faut cependant exclure l'idée que ces deux manuscrits représentent les deux volets de ce qui aurait été à l'origine un même recueil, et cela malgré leurs nombreux traits communs.

2 Voir Stones, « The illustrated Chrétien Manuscripts [...] », art. cité, p. 248-250.

3 Ead., *Gothic Manuscripts [...]*, *op. cit.*, t. 1, p. 63 et t. 2, p. 278-296.

4 *Ibid.*, t. 1, p. 65 et t. 2, p. 332-334.

5 Keith Busby, *Codex and Context. Reading Old French Verse Narrative in Manuscript*, Amsterdam/ New York NY, Rodopi, 2002, t. 1, p. 274-275.

6 Scheler, *Notices et extraits [...]*, *op. cit.*, p. 66-97.

XVIIIe siècle par Georges-Jean Mouchet et au siècle suivant par Auguste Scheler[1]. Leur analyse linguistique révèle une influence générale de la langue du Nord, marquée par des traits wallons bien affichés[2]. Ces observations fournissent des indices d'intérêt quant à la localisation de ce recueil. Elles demeurent toutefois insuffisantes pour le rattacher à un quelconque groupe de manuscrits. Malgré cela, il reste néanmoins possible d'inscrire le recueil de Turin dans un ensemble plus vaste sur la base de la parenté particulière qu'il entretient avec un autre livre : le ms. Bruxelles, BRB, 9411-26[3]. Sans être identiques, ces deux exemplaires présentent non moins de vingt titres communs, lesquels sont parfois issus d'une même tradition textuelle, en plus d'être organisés selon un ordre comparable[4]. Ce dernier manuscrit s'inscrit dans une famille encore plus large, réunie sur la base de critères artistiques autour du Maître au menton fuyant. Si la production de cet artiste est bien documentée et qu'elle peut être associée à une quinzaine de livres, le lieu où elle trouve ancrage fait encore l'objet de conjectures, les hypothèses allant de la Flandre à la Picardie et d'Arras jusqu'à Tournai[5].

---

1 *Trouvères belges du XIIe au XIVe siècle*, éd. par Auguste Scheler, 2 t., Bruxelles/Louvain, Closson/Lefever, 1876-1879, t. 1, p. 162-174.

2 Se basant tous sur les copies modernes mentionnées *supra*, les éditeurs des pièces jadis contenues dans ce livre brûlé tirent des conclusions constantes quant à la *scripta* utilisée. Voir surtout Omer Jodogne, « Le caractère wallon de *La vessie au prêtre*, fabliau de Jacques de Baisieux », *Bulletin de la Commission royale de toponymie et dialectologie*, 44 (1970), p. 29-42. On consultera également *L'œuvre de Jacques de Baisieux*, éd. par Patrick A. Thomas, Paris / The Hague, Mouton, 1973, p. 20-33, Raoul de Houdenc, *Le Roman des Eles*, ed. by Keith Busby, Amsterdam, Benjamins, 1983, p. 4-5, *NRCF*, t. 10, p. 287-288. Une localisation à Namur a été proposée dans *Li regres Nostre Dame par Huon le roi de Cambrai*, éd. par Arthur Långfors, Paris, Champion, 1907, p. V-X.

3 Description principale par Céline Van Hoorebeeck, dans *La librairie des ducs de Bourgogne. Manuscrits conservés à la Bibliothèque royale de Belgique*, éd. par Bernard Bousmanne *et al.*, 4 t., Turnhout, Brepols, 2000-2009, t. 1, p. 134-142. Ce recueil représente la première partie d'un ouvrage organique, aujourd'hui scindé (BRB, 9411-26 et 9400). Les points communs avec le recueil de Turin ne concernent que la seconde partie.

4 Scheler, *Notices et extraits [...]*, *op. cit.*, p. 66-97 a été le premier à insister sur la parenté de ces deux manuscrits. Voir aussi *Les vers de la mort [...]*, éd. citée, p. LI-LIII, Gaston Raynaud, « Les *Congés* de Jean Bodel », *Romania*, 9 (1880), p. 216-247, Julia Bastin, « Trois *dits* du XIIIe siècle du manuscrit 9411-26 de la Bibliothèque royale de Belgique », *Revue belge de philologie et d'histoire*, 20 (1941), p. 467-507. Si les textes communs s'inscrivent souvent dans la même famille, Scheler mentionne au sujet de *Carité* que la « version [de Turin] offre d'importantes variantes sur celle du ms. de Bruxelles » (*Notices et extraits [...]*, *op. cit.*, p. 93-94).

5 Stones, *Gothic Manuscripts [...]*, *op. cit.*, t. 1, p. 60-61 et t. 2, p. 177-179, Camille Gaspar – Frédéric Lyna, *Les principaux manuscrits à peintures de la Bibliothèque royale de Belgique*, 2 t.,

Le survol de ces quelques exemplaires permet déjà d'esquisser – ou plutôt d'écarter – certaines pistes. Si ces manuscrits proviennent tous du Nord-Est de l'espace francophone, il semble cependant qu'aucun élément solide ne permette de les unir les uns aux autres. Le travail de leurs illustrateurs, en effet, ne se recoupe pas : l'étude des illustrations, lorsqu'elles existent ou sont du moins encore accessibles, ne permet pas d'établir entre eux des liens artistiques quelconques. Ces collections ne se rejoignent pas non plus par leur tradition textuelle. À l'exception bien sûr des poèmes du Reclus – qui paraissent, selon l'éditeur, dans des versions étrangères les unes aux autres –[1], ces collections n'ont aucun texte en commun, et cela malgré les grandes quantités d'œuvres qu'elles renferment : si l'Ars. 3527 ne contient que 8 textes, les manuscrits BnF fr. 25545 et Turin, L.V.32 comptent respectivement 46 et 57 pièces. Ainsi, éloignés par le texte comme par l'image, ces recueils ne se rapprochent pas davantage par leurs données codicologiques[2], qui ne montrent aucune similitude significative. Les manuscrits à l'étude se laissent donc très difficilement rattacher à un même atelier ou à une même chaîne de production. Il reste qu'ils présentent tous des liens plus ou moins forts avec une même ville : Tournai. Les arguments soulevés en ce sens méritent donc un plus ample examen.

Aucune donnée matérielle ne permet de rattacher, de façon directe et donc assurée, les exemplaires de ces groupes aux structures de production de livre documentées pour la région de Tournai à cette époque : ni colophon, ni marque de commerce, ni relevé d'achat, ni même similitude

---

Bruxelles, Bibliothèque royale Albert Ier, 1984² [1937], t. 1, p. 202-213, Lucien Fourez, « Le psautier de Louis le Hutin », *Revue belge d'archéologie et d'histoire de l'art*, 15 (1945), p. 101-115 et Dominique Vanwijnsberghe, *« De fin or et d'azur ». Les commanditaires de livres et le métier de l'enluminure à Tournai à la fin du Moyen Âge (XIVe-XVe siècles)*, Louvain, Peeters, 2001, p. 9-10.

1 *Li romans de Carité [...]*, éd. citée, p. XXXVI-LXXXV. Le manuscrit de Turin n'a pas été collationné par l'éditeur avant l'incendie.

2 Le ms. BnF, fr. 25545 compte 174 feuillets. Il mesure environ 210 x 145 mm et ne comporte aucune illustration. Il présente une mise en page sur deux colonnes d'environ 36 lignes (avec exceptions) et serait un ms. organique dans lequel se distinguent différentes mains. L'Ars. 3527 compte 203 feuillets. Il mesure 287 x 211 mm et comporte plusieurs enluminures. Il présente une mise en page plus stable sur 2 colonnes de 45 lignes et a été transcrit par un seul scribe. Quant au ms. de Turin, il comptait avant l'incendie 235 feuillets. Il comportait des illustrations et était copié sur deux colonnes de 42 lignes. Il aurait été réalisé par un seul scribe, selon les notes de Paul Meyer citées par Giannini, « Les "petits recueils" [...] », art. cité.

d'aspect avec des exemplaires tournaisiens attestés ne permet d'établir hors de tout doute la provenance tournaisienne de l'un ou l'autre de ces livres[1]. Obstacle somme toute commun dans l'étude des manuscrits vernaculaires de cette époque, cette absence de preuve matérielle n'invite donc pas à conclure à une solution de continuité entre ces livres et cette ville. Elle a donc poussé la critique à se tourner vers d'autres types d'indices.

Ainsi la localisation à Tournai du ms. BnF, fr. 25545, due en grande partie aux recherches d'Olivier Collet[2], se fonde principalement sur des indices linguistiques. À partir d'un texte plutôt singulier qui fournit une liste de foires commerciales, soit les *Foires de Champagne et de Brie* (f. 17v-18r), ce chercheur insiste sur quelques localités, dont Diksmuide, Poperinge, Huy, Orchies et Aubenton, qu'il estime marginales et qui, à ce titre, lui paraissent susceptibles de révéler un parti-pris régional du copiste. Convergeant vers le Nord-Est, le territoire encore vaste que permet de circonscrire ce parti-pris se laisse ensuite affiner par le relevé de régionalismes, comme *anreneuf* pour « nouvel an » par exemple, qui sont localisés de façon assez nette dans la ville même de Tournai[3]. Le raisonnement est sans faille, mais il suffit de considérer l'ensemble de la tradition manuscrite de ce texte, conservé par un total de huit exemplaires[4], pour qu'apparaisse une importante marge d'erreur. Les localités secondaires qui devaient révéler un parti-pris régional figurent en effet dans la quasi-totalité des exemplaires. Quant au régionalisme *anreneuf*, à la base même de l'hypothèse tournaisienne, il apparaît sans exception dans toutes les versions éditées[5]. Par leur caractère généralisé, ces traits qui semblent moins remonter à la copie qu'au modèle peuvent difficilement être utilisés pour déterminer l'origine de l'un ou l'autre de ces témoins.

1 Vanwijnsberghe, « *De fin or et d'azur* » *[...]*, *op. cit.*, p. 9-10 insiste par ailleurs sur le caractère spéculatif et non assuré de productions de livres (illustrés) à Tournai avant le XIVe siècle. On consultera ces considérations générales avec grand profit.

2 Collet, « "Textes de circonstance" [...] », art. cité, p. 303-307.

3 *Ibid.*

4 Voir Félix Bourquelot, *Études sur les foires de Champagne, sur la nature, l'étendue et les règles du commerce qui s'y faisait aux XIIe, XIIIe et XIVe siècles*, Paris, Imprimerie Impériale, 1865, p. 84-85, 138 et 253-255.

5 Les villes de Diksmuide, de Poperinge, d'Huy, d'Orchies et d'Aubenton sont toutes mentionnées dans les six témoins édités sauf dans les cas suivants : Diksmuide n'apparaît pas dans les mss Venezia, BNM, fr. 2 et BnF, fr. 412, lequel ne mentionne pas Poperinge non plus.

La localisation de l'Ars. 3527 se heurte à une problématique analogue. Pour Alison Stones et Keith Busby[1], qui reprennent les données de l'*Atlas* d'Anthonij Dees, la localisation à Tournai de la *scripta* utilisée dans le *Perceval* de Mons (coefficient : 77) fournit une preuve plutôt solide de l'origine tournaisienne du manuscrit, et par là des autres exemplaires comme le manuscrit à l'étude qui lui sont apparentés[2]. Or, il suffit encore une fois de considérer l'ensemble de la pratique de ce scribe, dont l'activité a été récemment décelée ailleurs, pour que s'imposent certaines nuances[3]. Tel que mentionné plus tôt, Gabriele Giannini a reconnu la main responsable du *Perceval* de Mons dans le manuscrit Ars. 3527. Si le scribe est bien le même dans ces deux manuscrits, il y change cependant sa pratique de façon notoire : toujours selon les données d'Anthonij Dees, le sixième texte du recueil de l'Arsenal (*Roman du Conte de Poitiers*, f. 169v-179v) est copié dans une *scripta* picarde caractéristique de la région d'Arras (coefficient : 86)[4]. La langue de ce scribe qui tend ainsi à varier entre deux manuscrits semble même se modifier à l'intérieur d'un même exemplaire, car, à côté du roman copié dans une *scripta* arrageoise, la main responsable de l'Ars. 3527 copie un fabliau dans un dialecte qui doit être situé, selon les éditeurs, « hors des régions picardisantes[5] ». La pratique mobile de ce scribe, dont la langue particulièrement variable ne reflète peut-être rien d'autre que celle de ses modèles, incite à émettre certains doutes quant à l'ancrage spécifiquement tournaisien des manuscrits liés au Maître de Mons, du moins lorsqu'il se fonde comme ici sur des données linguistiques. Les indices discordants sur la langue du scribe ajoutent en somme à l'incertitude qui pesait déjà sur la localisation de ce groupe, dont l'activité se laissait à la fois situer à Tournai et à Cambrai.

Si les données liées à l'Ars. 3527 incitent à faire preuve de circonspection devant l'hypothèse d'un ancrage spécifiquement tournaisien, la localisation du manuscrit de Turin appelle encore plus de nuances. Car, cette fois, ce n'est qu'au prix d'un rapprochement particulièrement

---

1 Busby, *Codex and Context [...]*, *op. cit.*, t. 1, p. 274-275 et Stones, *Gothic Manuscripts [...]*, *op. cit.*, t. 2, p. 332.

2 Anthonij Dees, *Atlas des formes linguistiques des textes littéraires de l'ancien français*, Tübingen, Niemeyer, 1987, p. 524.

3 Giannini, « Les "petits recueils" [...] », art. cité.

4 Dees, *Atlas [...]*, *op. cit.*, p. 522 et Giannini, « Les "petits recueils" [...] », art. cité.

5 *NRCF*, t. 7, p. 8.

ténu avec un groupe autrement indépendant, celui du Maître au menton fuyant, que l'exemplaire à l'étude se laisse rattacher à Tournai. Et, là encore, cette localisation reste incertaine dans la mesure où elle ne représente qu'une hypothèse parmi d'autres. Sans même s'attarder sur les spéculations anciennes qui se fondaient sur une prétendue note manuscrite de Froissart pour supposer une origine anglaise au manuscrit de Bruxelles[1], les conjectures restent multiples. Alors que Céline Van Hoorebeeck se contente, à la suite de Camille Caspar et Frédéric Lyna, d'une localisation générale dans la grande région « franco-flamande[2] », Alison Stones, elle, qui reconduisait auparavant ces indications générales[3], préfère désormais situer la production de ce groupe autour d'Arras, comme le suggèrent deux livres associés à ce groupe : un bréviaire de Saint-Vaast et un ouvrage savant qui aurait été transcrit par Thomas le Myésier, personnage fortement lié à cette ville[4]. Elle rappelle en revanche, à la suite d'autres chercheurs[5], que ce groupe demeure rattaché vers l'Est par le biais notamment d'un autre manuscrit (Tournai, Trésor de la Cathédrale, BCT A 17) qui aurait été commandé par d'importants bourgeois de Tournai. Ainsi concurrencée par d'autres hypothèses, l'idée d'une provenance tournaisienne est donc loin d'être assurée. Or, même si elle était avérée, cette localisation ne saurait pas nécessairement éclairer l'origine du manuscrit de Turin, car, faut-il le rappeler, ce recueil ne s'attache au groupe du Maître au menton fuyant que par des liens somme toute faibles, ceux l'unissant au manuscrit de Bruxelles sur la base des textes qu'ils conservent en commun. Les seules indications permettant de localiser ce manuscrit désormais disparu reposent sur les copies réalisées aux XVIIIe et XIXe siècles, dont l'analyse révèle une inflexion wallonne constante[6]. Ces données linguistiques qui ébranlent encore plus fortement l'hypothèse d'une localisation tournaisienne tendent

1 Cités dans *La librairie des ducs* [...], *op. cit.*, t. 1, p. 137-140.

2 *Ibid.*, t. 1, p. 134-142 et Gaspar – Lyna, *Les principaux manuscrits [...]*, *op. cit.*, t. 1, p. 202-213.

3 Alison Stones, « A Note on the "Maître au menton fuyant" », *« Als ich can ». Liber Amicorum in Memory of Professor Dr. Maurits Smeyers*, ed. by Bert Cardon *et al.*, 2 t., Paris/Leuven/Dudley, Peeters, 2002, t. 2, p. 1247-1271 (en part. p. 1263).

4 Voir la démonstration complète dans Ead., *Gothic Manuscripts [...]*, *op. cit.*, t. 2, p. 176-189.

5 Fourez, « Le psautier [...] », art. cité et Vanwijnsberghe, *« De fin or et d'azur » [...]*, *op. cit.*, p. 9-10.

6 Voir *supra*, n. 25.

à souligner le mouvement d'ensemble qui se dégage des précédentes analyses : devant la fragilité des données utilisées pour localiser la production à Tournai des trois manuscrits à l'étude, la possibilité d'assurer l'unité du corpus à l'étude par le biais d'un attachement à une même ville ou à un même centre de production apparaît de moins en moins prometteuse.

Devant le caractère peu probant de cet ensemble de données, force est de se détourner de la perspective des producteurs – auteurs, artisans ou scribes – pour mieux se tourner vers celle du récepteur qu'il soit destinataire ou lecteur potentiel. Ceux qui sont associés aux groupes Bute-Mons s'étendent sur un territoire plutôt vaste, traversant les frontières du Hainaut, de la Flandre et de l'Artois, avec la région tournaisienne à plusieurs reprises : alors que le calendrier qui ouvre le manuscrit BnF, fr. 786, par exemple, est modelé à l'usage de Tournai, invitant ainsi à localiser son destinataire dans cette ville[1], le livre d'heures du ms. Baltimore, Walters Art Museum, W.39 et le bréviaire de Den Haag, KB, 76 J 18 s'adressent respectivement à la collégiale augustinienne de Saint-Pierre et à un groupement dominicain de Lille, maisons toutes deux situées dans le diocèse de Tournai. De manière analogue, le ms. BCT A 17 de Tournai, que l'on peut associer au ms. de Turin par le biais de celui de Bruxelles, contient des armes qui ont été rattachées à celles des Pourret et des Haudion[2]. Ces deux importantes familles de bourgeois tournaisiens ont d'ailleurs possédé et commandé d'autres livres vernaculaires, parmi lesquels un *Roman de la Rose* réalisé vers 1330 par le miniaturiste tournaisien Pierart dou Tielt[3].

Certes, une demande liée à Tournai ne permet pas de conclure à une offre localisée dans cette même ville. La concentration du lectorat demeure cependant révélatrice, surtout lorsqu'elle est couplée aux tendances plus générales mises en lumière par Pierre Cockshaw, qui confirment, dès le tournant du XIVe siècle, la présence plutôt importante de livres et de lecteurs, parfois ouverts de surcroît à la littérature vernaculaire, dans

1 Stones, « The Illustrated Chrétien Manuscripts [...] », art. cité, p. 248.

2 Fourez, « Le psautier [...] », art. cité et Vanwijnsberghe, *« De fin or et d'azur » [...]*, *op. cit.*, p. 10.

3 *Ibid.*, p. 11-13. Voir aussi Lori Walters, « Marian Devotion in the Tournai *Rose* », *De la Rose. Texte, image, fortune*, éd. par Catherine Bel – Herman Braet, Louvain/Paris, Peeters, 2006, p. 207-270 et Pierre-Yves Badel, *Le Roman de la Rose au* XIVe *siècle. Étude de la réception de l'œuvre*, Genève, Droz, 1980, p. 57.

cette cité. Le survol de quelques testaments et des comptes d'exécution testamentaire permet de préciser la donne[1] :

> Testament de Jehan Bonniers dit dou Castiel (1349), notaire : « Je donne a Jehan d'Avlenghien I livre d'orisons en latin. A signeur Mahieu dou Bos men livre de le rose et men livre dou Renclus avoec autres choses que il y a en escript. A signeur Mahieu dou Bos V grans roles de le bible [...] ».
> Testament de Jehan dou Frasne, caucheteur (29 novembre 1359) : « Item je donne a Jehan de Bauwenies me livre dou Renclus [...] ».
> Compte d'exécution testamentaire de Jehans de Bavaix, mercier et coutelier (1419) : « Ung livre du Renclus de Melan, 15 s. / Ung livre de Hullin, 15 s. ».

Ces quelques mentions sont doublement révélatrices. Elles confirment d'une part la présence de « livre[s] dou Renclus » à Tournai, lesquels peuvent d'ailleurs se présenter, comme les manuscrits à l'étude, sous la forme de recueils avec « autres chose que il y a en escript ». D'autre part, elles permettent d'envisager une circulation à grande échelle qui s'étend à un large éventail de couches sociales, de manière à ce que les seigneurs qui forment un lectorat plus traditionnel, comme le Mahieu du Bos cité ici, côtoient des fonctionnaires, comme le notaire Jehans Bonniers, ou encore à une date un peu plus tardive des gens de métiers éduqués comme le chaussetier Jehan dou Frasne ou le coutelier Jehans de Bavais. Ces sources font partie des plus anciens et des plus éloquents indices suggérant que l'œuvre du Reclus a touché à Tournai un public d'un genre nouveau.

Il reste que l'ensemble des données liées à l'origine de ces manuscrits demeure insuffisant pour parvenir à une conclusion arrêtée. Il laisse tout de même entrevoir une dynamique significative. D'un côté, les indices liés à la production ne semblent pas en mesure d'établir des liens entre ces livres : certains d'entre eux s'inscrivent certes dans des groupements plus larges, mais, comme ces groupes semblent incompatibles entre eux, il s'avère difficile de concevoir une parenté directe, assurée par un même atelier ou une même chaîne de fabrication, entre les trois exemplaires à l'étude. Du reste, l'idée même d'une production à Tournai peut soulever un certain nombre de doutes lorsqu'elle se fonde, comme ici, sur l'origine des scribes ou l'origine des textes, faute de données matérielles plus solides. À cela s'ajoute la pluralité des localisations alternatives proposées

1 *Cf.* Vanwijnsberghe, *« De fin or et d'azur » [...]*, *op. cit.*, p. 167, 169 et 180.

pour ces livres, qui sortent de la région tournaisienne à proprement parler pour couvrir un rayon plus large allant du cœur de la Picardie jusqu'à la Wallonie. S'il demeure tout à fait possible, en somme, que ces manuscrits n'aient pas du tout été produits à Tournai, tout porte à croire en revanche que des livres de leur sorte ou de leur propre famille aient été liés de près au lectorat particulier de cette ville, comme le suggèrent déjà les sources testamentaires. Il est donc à parier qu'à ce lectorat corresponde une sensibilité particulière susceptible d'expliquer, du point de vue de la réception, le groupement improbable des fabliaux et des poèmes du Reclus.

RÉCEPTION : REDRESSER ET MORCELER

Les vers de Gilles le Muisit (1272-1352), abbé de Saint-Martin de Tournai entre 1331 et 1352, fournissent de précieux indices en ce sens[1]. Ce personnage à la vie bien documentée[2] provient précisément de ces familles urbaines de Tournai qui accèdent à l'élite sociale en même temps qu'à la culture de l'écrit[3]. Cet homme de lettres, qui donne dans la critique sociale comme dans la critique littéraire, commente les « viers dou Renclus » à plusieurs reprises[4]. Extrêmement élogieux à l'égard de ce poète, qui se hisse selon lui au rang des « parfais trouveurs[5] » et se laisse comparer à ce titre à cette « mout bele cose » qu'est *Roman de la Rose*[6], l'abbé fournit de précieux indices pour interroger plus avant un

1 *Poésies de Gilles li Muisis*, éd. par Kerwyn de Lettenhove, Louvain, Lefever, 1882. Cette édition ne donne pas de numéros de vers.

2 Voir entre autres Bernard Guénée, *Entre l'Église et l'État : quatre vies de prélats français à la fin du Moyen Âge, XIIIe-XIVe siècles*, Paris, Gallimard, 1987, p. 98-125 et Walters, « Marian Devotion [...] », art. cité.

3 Gilles le Muisit a d'ailleurs été impliqué personnellement dans les affaires de la famille des Pourrés, mentionnée plus haut en relation avec le groupe du Maître au menton fuyant. Il est également à noter que le miniaturiste Pierart dou Tielt, qui a illustré certains livres destinés à cette famille, est responsable des illustrations de certains manuscrits contenant les œuvres de l'abbé. À ce propos, voir Walters, « Marian Devotion [...] », art. cité.

4 *Poésies de Gilles li Muisis*, éd. citée, t. 1, p. 86-87, 90-94, 355-356 et t. 2, p. 114.

5 *Ibid.*, t. 1, p. 355.

6 *Ibid.*, t. 1, p. 86, 91 et 355.

potentiel engouement tournaisien pour le poète de Molliens. « S'en appèrent moult de biel livre / Qui saintement font les gens vivre[1] » : en ouvrant sa description du Reclus et de la *Rose* par le couple *livre* : *vivre*, Gilles le Muisit introduit un thème qui infléchit sa lecture du poète de Molliens, à savoir le mariage entre l'art du texte et l'art de vivre. Ses vers « gracieux à ouïr[2] » se distinguent non seulement par leur perfection formelle, mais ils se recommandent également par une certaine valeur morale, laquelle s'articule parfois – et c'est là tout l'intérêt – avec une certaine fonction littéraire. La plupart des mentions du Reclus, en effet, sont à replacer dans le contexte des mises en contraste, quelques fois réalisées sous la forme de mises en scène. L'abbé se livre, par exemple, à la description de moments de sociabilité où la dépravation des mœurs coïncide avec la lecture de textes littéraires qu'il réprouve. C'est dans un tel contexte, marqué par le risque de glisser dans l'ivrognerie ou dans d'autres excès également répréhensibles, qu'apparaissent des dits comme ceux du poète de Molliens[3] :

> Pour chou fait-il boin biaus dis dire
> Pour oster tous courous et yre
> As diners faire liement
> Et à soupers tout ensemblement
> Einsi poet-on plus aise vivre,
> Ses sens avoir plus à delivre

Intervenant ainsi pour « oster tous courous et yre », l'œuvre du Reclus est le lieu de cette union entre le *beau* et le *bon*, qui sert de contrepoids, voire de rempart à cet art littéraire d'un nouveau genre qui, négligeant le *docere* au profit du *placere*, n'entraîne au final qu'égarements et dépravation. Ce rôle de contrepoids semble d'ailleurs mis à profit dans les recueils eux-mêmes, lorsque certains textes, comme les fabliaux qui s'ouvrent ailleurs à l'équivoque moral, voient leur charge d'ambiguïté pour ainsi dire désamorcée par leur rapprochement dans l'espace du *codex* des « boin biaus dis » du Reclus de Molliens.

L'Ars. 3527 abonde en ce sens, allant jusqu'à modifier l'issue d'un fabliau pour en « oster » l'équivoque. Le récit de la version II du *Sacristain*

---

1 *Ibid.*, t. 1, p. 86.
2 *Ibid.*
3 *Ibid.*

(f. 179v-182r) met en scène un couple de bourgeois qui tue un religieux par mégarde et qui, cherchant à se débarrasser du corps par crainte de représailles, le ramène *incognito* à son abbaye. S'amorce alors une véritable chaîne de délégation des responsabilités : alors que le religieux qui le découvre, craignant à son tour d'être accusé, le ramène sans le savoir à ses meurtriers, ce cadavre dont personne ne veut passe bientôt entre les mains d'un métayer, d'un mercier, d'une horde de voleurs et ainsi de suite jusqu'à ce qu'il n'ait plus rien à voir avec ses meurtriers, lesquels s'en tirent les mains propres ! Cette trame narrative qui apparaît telle quelle dans les quatre autres témoins de cette version du texte s'interrompt dans ce manuscrit au v. 465[1]. On a suggéré que cette interruption, qui intervient au moment où le religieux ramène le cadavre à ses meurtriers, servirait à « garder le récit entre les murs d'une abbaye (et ses environs) et lui donner ainsi droit de cité au sein d'un recueil pieux[2] ». Si une telle rupture sert peut-être ainsi à préserver l'« unité des lieux » – préoccupation classique s'il en est –, elle semble contribuer davantage à ce qu'on pourrait appeler l'« unité du sens », car, tandis que s'effacent la « ballade du cadavre » et la galerie d'irresponsables qui l'accompagne, le pire est évité : les meurtriers n'échappent pas à leur crime, qui leur revient, par les mains d'un religieux, comme s'il leur était attaché. Ce motif à résonnance eschatologique évidente, qui se substitue à la conclusion pour le moins équivoque des autres versions, contribue en somme à « redresser » un fabliau plutôt glissant d'un point de vue moral.

Même quand le fabliau est déjà porteur d'une leçon édifiante, les manuscrits à l'étude tendent à insister plus lourdement qu'ailleurs pour la mettre en évidence. On n'a qu'à penser à la version propre au ms. BnF, fr. 25545 de *La Pucelle qui voloit voler* (f. 4v-5r)[3]. Comme dans tous les autres témoins du récit[4], l'héroïne qui n'a d'autres ambitions que de

1 Le texte apparaît aussi dans les mss Bern, Burgerbibliothek, 354 (f. 136r-143r), Berlin, Deutsche Staatsbibliothek / Preußischer Kulturbesitz, Hamilton 257 (f. 22r-26v), Paris, BnF, fr. 19152 (f. 36r-39r) et BnF, fr. 14971 (f. 41r-48v).

2 Je cite un passage de la communication (« Du bon voisinage à géométrie variable, ou des fabliaux dans les recueils pieux ») donnée par Gabriele Giannini le 20 janvier 2012 à l'Université de Göttingen, au cours d'une rencontre des participants au projet mentionné *supra*, p. 141, n. 3.

3 *NRCF*, t. 4, p. 155-170 et 336-339.

4 Ce texte apparaît dans les mss Bern, Burgerbibliothek, 354 (f. 43r-44r) et BnF, fr. 1593 (f. 187r-188r).

voler comme un oiseau est soumise au subterfuge érotique d'un clerc, qui affirme pouvoir lui poser des ailes par une série d'attouchements. Bientôt déflorée et enceinte d'un bâtard, celle qui cherchait littéralement à « s'élever » au-dessus de sa condition se retrouve si lourde de sa grossesse qu'elle arrive à peine à se déplacer ! Cette conclusion pour le moins imagée est apparemment suffisante pour illustrer la morale de l'histoire dans les autres témoins. Pourtant, elle est lourdement explicitée dans une interpolation hautement moralisante d'une trentaine de vers (v. 111-145), propre au manuscrit à l'étude, qui explique et explicite que « Bien est abatus ses orguieus / Par .j. vallant clerc et estrange / Qui ainsis l'a laissee au lange » (v. 130-132). Cette tendance à redresser ce qui était déjà droit est d'ailleurs perceptible dès la rubrique initiale. À l'intitulé *La Pucelle* [ou *La Demoiselle*] *qui voloit voler* qui figure dans tous les autres témoins du récit[1], la recension propre au BnF, fr. 25545 substitue le titre *La Damoiselle qui onques pour nelui ne se volt marier* (f. 4v) qui, annonçant d'emblée que la finalité et la « nature » des femmes se situent dans le mariage, incite le lecteur à réprouver les *foles* qui refusent de s'y conformer (v. 114-122). Ces interventions sont loin d'être isolées au sein du recueil. Un travail antérieur portant de façon plus ciblée sur le ms. BnF, fr. 25545 a d'ailleurs montré que plusieurs variantes propres à cet exemplaire, de même que certains textes qui y figurent de façon exclusive, tendaient à mettre à l'avant une approche moralisante du fait social, voire à l'exacerber quand elle est déjà présente[2]. Une part de cette passerelle qui semble rapprocher le poète de Molliens des fabliaux pourrait donc reposer sur cette tendance à redresser l'ambiguïté morale.

Or la poétique du Reclus semble également infléchie – et de manière plus significative encore – par celle des fabliaux. Cette fois, cependant, c'est moins par leur contenu que par leur format et par la manière de les lire qu'ils imposent. Tout porte à croire en effet que *Carité* et *Miserere* ont pu être appréhendés à la manière de textes brefs, qui se donnent à lire et qui sont lus comme autant de blocs textuels relativement indépendants. Bien sûr, tout texte peut être ainsi consommé de manière entrecoupée, mais il semble que le duo de poèmes du Reclus,

1 *NRCF*, t. 6, p. 155.

2 Ariane Bottex-Ferragne, « L'esprit du bourgeois ou l'esprit du bourg : le siècle dans tous ses états dans le manuscrit Paris, BNF, fr. 25545 », *Études françaises*, 48/3 (2012), p. 127-151.

malgré ses quelques 6 000 vers, s'y soit prêté de manière particulière et cela, à plus forte raison, dans les recueils à l'étude. La vie autonome du *Vergier de Paradis* le suggère déjà fortement. Ce fragment narratif de quelques strophes, issu du *Miserere* (str. 56-59), est isolé de son texte d'origine dans trois recueils où il paraît à titre de texte indépendant. Ce phénomène de mise en morceaux s'exprime d'ailleurs de manière particulière dans les recueils liés à ceux du corpus : le recueil de Turin (f. 32v-33v), le manuscrit de Bruxelles (f. 2v-3v) et le ms. BnF, fr. 837 (f. 203r-v) qui a été délaissé plus tôt, sont les trois seuls exemplaires de toute la tradition manuscrite du Reclus à présenter cet extrait comme s'il s'agissait d'un texte en soi. Ce morcèlement pourrait s'expliquer par le caractère narratif de ce passage qui s'isole d'autant plus aisément qu'il se détache de la dominante lyrique de l'œuvre en présentant, comme tout récit, un début et une fin clairement identifiables.

Les passages non-narratifs semblent également s'être laissés lire de manière morcelée. En témoigne le ms. BnF, fr. 25545. Sur des feuillets laissés blancs à l'origine (f. 108r-109r), une main médiévale à peine postérieure à la constitution de ce recueil a recopié une dizaine de strophes du *Miserere* (str. 218-227), où un passage non-narratif sur l'imminence du jugement se rapproche d'une revue comparée entre les misères du vieillard et celles du jeune homme. Ce rapprochement – et la ponction ciblée qu'il suppose – n'ont rien d'aléatoire. Du moins, ils ne visent pas uniquement à combler une plage de parchemin vide, puisque cette main adventice n'hésite pas à laisser un vaste espace blanc à la suite de son intervention, négligeant de combler une partie du *recto* et tout le *verso* du dernier feuillet (f. 109r-v)[1]. Choisi, délimité et isolé de manière consciente – sans souci d'économie à tout le moins –, ce passage suggère que cette tendance du lectorat à morceler le texte a pu s'étendre à l'œuvre toute entière et non pas seulement au micro-récit du *Vergier de Paradis*.

D'ailleurs, le recueil BnF, fr. 25545 apparaît particulièrement adapté à ce type de lecture. Il contient en effet quelques autres textes qui ne présentent que des extraits d'œuvres plus larges, qu'il s'agisse de ces quelques branches isolées du *Roman de Renart*, à savoir la confession et le pèlerinage (f. 21v-24v), ou de ces quelques cent vers du *Poème moral*

1 Cette absence d'empressement à remplir les espaces vides semble caractériser le recueil dans son ensemble, comme l'a souligné et analysé Collet, « "Textes de circonstance" [...] », art. cité, p. 303-311.

(v. 425-564)[1] qui se trouvent réunis sous le titre de *Vie sainte Thaïs d'Egipte* (f. 95r-v). En plus de cette tendance généralisée à opérer des coupes textuelles qui réduisent à l'état de textes brefs des extraits d'ensembles plus vastes, cet exemplaire met en œuvre un véritable système de repérage qui permet de pratiquer une lecture ciblée de certains textes, comme ceux du Reclus. De toute la tradition manuscrite de ces poèmes, ce recueil représente en effet l'un des exemplaires qui comporte le plus de rubriques internes. Donnant à lire des indications thématiques comme « de orgueil » (f. 119v), « de touchier » (f. 123v) ou encore « de joie » (f. 125r), ces intertitres, rédigés en rouge, sont placés à la tête de la quasi-totalité des feuillets qui donnent à lire le diptyque[2], offrant ainsi un appui précieux à toute lecture qui cherche moins à suivre la trame du texte qu'à saisir au vol certaines de ses parties.

Un tel dispositif matériel, support d'une lecture fragmentée, souligne un potentiel qui appartenait déjà au texte lui-même et à sa manière particulière de se réapproprier l'un des traits du douzain hélinandien. Cette strophe se caractérise notamment par une tendance, lourde mais non systématique, à ouvrir chaque strophe par une même apostrophe[3], comme dans le célèbre *incipit* du poème d'Hélinand : « Morz, qui m'a mis muer en mue » (v. 1). Là où Hélinand dispose ce même appel à la mort à la tête d'une majorité de ses strophes (70%), le Reclus de Molliens revisite le procédé. Tout en reprenant la logique basée sur la répétition des initiales, il y introduit une importante variété, de manière à ce que se dégagent de véritables « séquences » d'apostrophes répétées : ainsi neuf strophes consécutives s'ouvrent sur un appel au « roi » (*Carité*, str. 30-38), une suite de cinq autres commencent par « mesdit » (*Miserere*, str. 113-117), onze par « abbes » (*Carité*, str. 103-113), six par « Job » (*Carité*, str. 207-213), et ainsi de suite. Cette structure formelle ouvre de

1 *Le Poème Moral. Traité de vie chrétienne écrit dans la région wallone vers 1200*, éd. par Alphonse Bayot, Bruxelles/Liège, Palais des Académies/Vaillant-Carmanne, 1929, p. 33-44.

2 Absents des premiers folios du *Miserere* (f. 110r-116v), ces intertitres rouges paraissent sauf exceptions (f. 128r, 132r, 133r et 136r) jusqu'à la fin de *Carité* (f. 149v), présentant parfois une même indication durant quelques folios consécutifs, comme c'est le cas, par exemple, des six premières occurrences qui donnent toutes « de orgueil » (f. 116v-118v). Cette entreprise d'ajout d'intertitres reste cependant inachevée dans certains cas où aucun substantif n'est ajouté après *de*.

3 Voir les considérations sur les règles tacites de cette strophe et le relevé détaillé de leur distribution dans le poème d'Hélinand dans Robert le Clerc d'Arras, *Les Vers de la Mort*, éd. par Annette Brasseur et Roger Berger, Genève, Droz, 2009, p. 65.

nouvelles possibilités de lecture. Placées en tête de strophes et condensées dans des passages limités dont elles annoncent le thème, ces petites suites d'apostrophes facilitent le repérage d'aussi petits morceaux de texte, facilitant encore une fois la lecture centrée sur des passages particuliers. Ainsi ancrée dans la structure même de la versification, cette ouverture à une lecture par morceaux est mise en évidence dans les manuscrits de l'échantillon, qui tantôt la renforcent par un dispositif matériel fondé sur l'usage de rubriques internes, tantôt lui donnent corps en procédant à des ponctions dans le texte comme dans le ms. BnF, fr. 25545.

Ces différentes stratégies semblent faciliter l'intégration du Reclus de Molliens dans ces quelques recueils de fabliaux où, par ailleurs, la brièveté domine. En effet, les genres brefs abondent dans les manuscrits du corpus : fabliaux, lais et dits côtoyant prières, vies de saints ou saluts d'amour. Sylvie Lefèvre et Olivier Collet ont abondamment insisté sur l'omniprésence des pièces brèves dans le recueil BnF, fr. 837, présentant cette exigence de brièveté comme une solution partielle aux problèmes épineux posés par l'hétérogénéité de cette collection[1]. Ce même impératif de brièveté peut, semble-t-il, jeter la lumière sur les autres manuscrits du corpus : dans les recueils BnF, fr. 25545 et Turin, BNU, L.V.32, les textes de moins de 10 feuillets comptent respectivement pour 90% (43 sur 48 textes) et 95% (54 sur 57 textes) du total des pièces[2]. Bien que ces données restent strictement indicatives – elles dépendent non seulement du nombre de vers des pièces, mais aussi de la mise en page du *codex* qui les renferme, et ne peuvent prétendre l'exhaustivité à cause des pertes matérielles subies –, elles permettent d'identifier un certain nombre d'exceptions dont le statut est encore plus révélateur. Les quelques textes exceptionnels qui occupent plusieurs feuillets consécutifs finissent souvent, en dernière analyse, par confirmer l'importance fondatrice de la brièveté dans ces recueils : qu'il s'agisse du *Roman des Sept Sages* (f. 46r-69v) et des *Fables* de Marie de France

1 Lefèvre, « Le recueil et l'œuvre [...] », art. cité et Olivier Collet, « "Encore pert il bien aus tés quels li pos fu" (Le *Jeu d'Adam*, v. 11) : le manuscrit BnF, f. fr. 837 et le laboratoire poétique du XIIIe siècle », *Mouvances et jointures [...]*, *op. cit.*, p. 173-192.

2 Les textes du ms. BnF, fr. 25545 qui occupent plus de dix feuillets sont : les *Fables* de Marie de France (f. 25v-45v), le *Roman des Sept Sages* en prose (f. 46r-69v), *Carité* (f. 110r-132v) et *Miserere* (f. 132v-149v) du Reclus de Molliens, ainsi que l'*Art d'Amours* (f. 156r-167v) de Jacques d'Amiens. Ceux du ms. de Turin sont : le *Tournoiement Antéchrist* (f. 2r-23r), *Li Prisons d'Amours* (f. 122v-139v) et la *Bible Guiot* (f. 144v-160r).

(f. 28v-45v) dans le ms. BnF, fr. 25545, ou encore des contes de la *Vie des Pères* (f. 1r-100v) et des miracles de Gautier de Coinci (f. 110v-117v et 136r-155v) dans le manuscrit de l'Arsenal 3527, ces textes parviennent en fin de compte à combler, par leur forme à tiroirs ou leur structure par addition[1], l'exigence de « faire court » qui caractérise ces collections. Le morcèlement du Reclus se comprend beaucoup mieux dans ce contexte.

Il semble dès lors qu'on assiste à une dynamique en deux temps. Le régime de lecture caractéristique des textes brefs comme les fabliaux influence la mise en texte et la lecture de l'œuvre du Reclus, laquelle impose en retour un certain *decorum* moral et littéraire qui va parfois jusqu'à infléchir la trame même des fabliaux. Depuis les systèmes de rubriques jusqu'aux contextes de lecture en passant par les interventions directes sur les textes, les différents indices matériels qui permettent d'interroger ces manuscrits du point de vue de la réception laissent entrevoir une unité au sein du corpus que la perspective de la production seule laissait dans l'ombre. La dynamique d'influences réciproques propre à ces exemplaires tend en quelque sorte à désamorcer, ou plutôt à atténuer, la résistance poétique qui semblait prévenir ailleurs la rencontre de ces deux traditions. Ainsi rapprochées, elles semblent se fondre ensemble dans un nouvel horizon, que l'on pourrait appeler le « didactisme bref ». Cet horizon offre une certaine unité à ces recueils sur des bases qui ne sont ni génériques, ni thématiques, ni même formelles, mais qui tendent plutôt à conjuguer un certain penchant pour les leçons édifiantes avec un certain mode de consommation des textes, goûtés par petites bouchées.

Ariane Bottex-Ferragne
Université de Montréal

1 Sur les différentes manières de décliner l'impératif de brièveté, on consultera, de concert avec les autres études réunies dans cette collection, la contribution de Yasmina Foehr-Janssens, « La parole condensée : poétique du récit bref dans les recueils de contes enchâssés », *Faire court. L'esthétique de la brièveté dans la littérature du Moyen Âge*, éd. par Catherine Croizy-Naquet *et al.*, Paris, Presses Sorbonne Nouvelle, 2011, p. 229-248.

LA MATIÈRE DANS TOUS SES ÉTATS. DU RECUEIL RÉVISÉ AU LIVRE RECOMPOSÉ : LES CAS DES MSS PARIS, BNF, FR. 1593 ET GENÈVE, BGE, 179BIS

Les mss Paris, BnF, fr. 1593 (*E*) et Genève, BGE, 179bis (*V*)[1] sont deux recueils composites, c'est-à-dire que sous leur forme actuelle ils ne procèdent pas d'un projet d'atelier, mais qu'ils ont été construits par l'accumulation d'unités destinées originellement à un autre usage. On ne doit pas pour autant les tenir pour factices, car tous deux portent les traces de manipulations et de révisions pensées et organisées à une époque médiévale, bien que tardive. Dans l'état actuel des recherches, rien ne permet de déterminer leur contexte de production, privé ou professionnel (tant et si bien que l'on puisse distinguer l'un de l'autre). Cette contribution prend donc le contre-pied des journées d'étude dont cet ouvrage est le fruit, en pointant les enjeux et les spécificités de la production manuscrite plus que les lieux de confection.

Le ms. *E* est constitué de 220 feuillets de parchemin[2]. Il se divise en onze sections, dont la plupart sont datées de la fin du XIIIe siècle. On ne dénombre pas moins de dix copistes à l'œuvre. Ce recueil porte, en outre, les traces d'importantes révisions, qui peuvent être datées de la fin du XIVe ou du début du XVe siècle et qui sont l'œuvre d'une unique personne. C'est à elle qu'on doit également l'adjonction d'une

1 Les descriptions codicologiques complètes de ces deux manuscrits seront prochainement disponibles dans l'étude de synthèse issue du projet *Lire en contexte à l'époque prémoderne. Enquête sur les recueils manuscrits de fabliaux*.

2 Cette contribution doit beaucoup au travail de Serena Lunardi (Université de Genève), qui, depuis trois ans déjà, étudie la question des réviseurs, notamment au travers du ms. *E*. C'est lors de nos rencontres et discussions que nous avons remarqué les fortes affinités que présentaient les deux manuscrits, dont nous étions chargées de dresser les notices dans le cadre du projet mentionné *supra*.

table des matières en tête du volume, de la foliotation qui est liée[1], ainsi que des feuillets 100 à 103. Le ms. *E* présente actuellement l'aspect suivant :

1. La section 1 (garde 1-f. 1) comprend trois feuillets : deux de garde et la table des matières, rédigée au XVe siècle par ce réviseur.
2. La section 2 (f. 2-58) est constituée de cinquante-sept feuillets (dont le dernier sur onglet, mais présent dès l'origine), qui contiennent le seul *Renart le Nouvel* de Jacquemart Gielée. Son indépendance est confirmée par sa mise en page sur trente-neuf lignes, contre quarante-une pour les autres sections. Sa position initiale l'est également par les traces d'usure importante que porte le f. 2r. Le réviseur intervient à de nombreuses reprises pour compléter des vers effacés, corriger le texte de la copie ou remplir des espaces blancs en y inscrivant des portées musicales.
3. Les sections 3 (f. 59-74) et 5 (f. 104-111) devaient à l'origine ne former qu'une seule unité codicologique. La section 3 transmet exclusivement des poèmes de Rutebeuf. La section 5 des textes plus divers, avec deux autres pièces de ce même auteur, les *Vers de la mort* d'Hélinant de Froidmont, un fabliau et un poème sur les femmes. Notons qu'au f. 74v (dernier feuillet de la section 3), huit vers d'une nouvelle pièce qui débutait à la fin de la deuxième colonne ont été grattés et qu'au f. 104r (premier feuillet de la section 5) les vingt-quatre premières lignes ont été également effacées. Il est fort probable que cette intervention soit l'œuvre du réviseur et qu'il ait agi de la sorte pour insérer la section 4. Ce lien est corroboré par le

1 Le volume présente quatre foliotations distinctes : deux anciennes et deux modernes. Pour les anciennes : la première, qui est très fortement rognée, semble débuter au f. 18 (XVII) et se poursuivre jusqu'au f. 209 ; la seconde est de la main du réviseur et correspond presque exactement à la foliotation moderne, à l'encre rouge, qui numérote de manière continue les 220 f. – ce qui signifie que le livre n'a pas subi de transformations fondamentales depuis le XVe siècle. Une foliotation datant de l'époque moderne complète le tableau : à l'encre noire, notée de façon intermittente, elle supplée aux lacunes des plus anciennes foliotations.

fait que la main responsable de la section 3 est la même que celle de la 5[1].

4. La section 4 (f. 75-103) est constituée de vingt-neuf feuillets, dont les quatre derniers sont un ajout du réviseur. Elle conserve les *Fables* de Marie de France, un évangile des femmes et un nouveau poème de Rutebeuf. L'épilogue des *Fables*, ainsi que les deux textes qui suivent sont tous de la main du réviseur. Le choix des deux dernières pièces s'explique facilement au regard du contenu qui précède. La réécriture de la conclusion des *Fables* ne trouve sa raison d'être que dans le simple fait que le dernier feuillet de cette œuvre devait contenir un ou d'autres texte(s) qui ne convenai(en)t pas au réviseur et qu'il l'(les) ait donc enlevé(s) pour insérer ses propres feuillets. Ou plus simplement que ce feuillet était déjà manquant lorsqu'il s'est procuré cette partie.
5. Les sections 6 (f. 112-143) et 7 (f. 144-151) devaient également ne former qu'une seule et même unité codicologique. La plus ancienne des foliotations, bien qu'incomplète, laisse penser que cette division n'est due qu'à un accident matériel, dont on peut estimer l'importance à un cahier (huit feuillets)[2]. Il en est peut-être de même avec la section 8. Il faut toutefois rester prudent : les trois sections sont rédigées par trois copistes différents. Le réviseur intervient encore au f. 123v, où il corrige la leçon de *La Bataille de Carême et Charnage*. Au f. 149v, il complète le titre du fabliau des *Trois Dames qui trouverent un Vit*.
6. La section 8 (f. 152-159) présente également une intervention du réviseur : les derniers vers et l'explicit du *Blâme des femmes* (f. 156v) ont été effacés, ainsi que le texte qui suivait et qui s'étendait du f. 156v au haut de la première colonne du f. 157. Le réviseur a écrit les quatre vers manquants de la première pièce, a laissé vierge l'espace qu'occupait le texte qu'il

1 Le lien entre ces deux sections avait déjà été signalé dans *Œuvres complètes de Rutebeuf*, éd. par Edmond Faral – Julia Bastin, 2 t., Paris, Picard, 1959-1960, t. 1, p. 13-14.

2 On distingue nettement la foliotation LV au f. 140 et LXXII au f. 149. Les chiffres présents entre ces deux extrémités sont partiellement effacés, mais un rapide calcul permet d'avancer que le f. 143 devait porter le numéro LVIII et le f. 146 le LXIX.

a vraisemblablement gratté et a complété le titre de la pièce qui suit, le *Lai d'Aristote*, dans la marge inférieure du f. 157r.

7. Les sections 9 (f. 160-175) et 10 (f. 176-188) présentent également plusieurs cas d'effacement suspects : le *Bien des femmes*, aux f. 171r-172r, et le *Prestre qui abevete*, au f. 174r, ont été lavés. La première page de la section 10 (f. 176) est totalement blanche. Ne subsiste au *verso* qu'une vingtaine de vers des *Sept Arts libéraux d'Amour*. Pour le *Fabliau du Pardon*, au f. 188r, seul le titre a été effacé : c'est le réviseur qui le réécrit. Avons-nous à faire ici à de la censure ? Peut-être pas quand on sait que des fabliaux tels que l'*Anel qui faisoit les Vis grans et roides* (f. 210v-211r), le *Chevalier qui fist parler les Cons* (f. 211r-215r) et d'autres à très forte connotation sexuelle n'ont pour leur part subi aucun dommage. Ces interventions sont-elles imputables au réviseur ? Probablement. Les trois premiers textes ne sont pas répertoriés dans la table des matières, ce qui signifie qu'ils étaient absents lorsque le réviseur a rassemblé les unités, ou que ce dernier les a éliminés. Et j'aurais tendance à pencher pour la seconde solution, car on peut également observer à l'étude de cette table que les pièces *Du Dieu d'Amours, d'été et de mai* du Clerc de Vaudoi (f. 111r) et du *Maignien qui foti la Dame* (f. 151v), qui concluent les sections 5 et 7 et qui sont toutes les deux incomplètes de la fin, ne sont pas non plus répertoriées. Le reste des interventions résulte peut-être de la création du recueil, un peu à l'image de ce qui est fait pour les *Fables* de Marie de France.
8. Pour la section 11 (f. 189-220), Jean Rychner a identifié le scribe responsable de cette section avec le copiste qui a exécuté la transcription du ms. Berlin, Deutsche Staatsbibliothek / Preußischer Kulturbesitz, Hamilton 257[1]. Ici, également, le réviseur intervient en complétant le titre du fabliau d'Haiseau, l'*Anel qui faisoit les Vis grans et roides* (f. 210v).

On le constate : le réviseur ne se borne pas à réviser un recueil, mais il construit un objet, en prenant soin de le corriger et de le façonner

1 Jean Rychner, *Contribution à l'étude des fabliaux. Variantes, remaniements, dégradations*, 2 t., Genève, Droz, 1960, t. 1, p. 47-50.

à son désir. Qu'en est-il de ce désir ? Qu'est-ce qui a motivé le travail de cette personne ? Et que savons-nous de lui ? Voici des questions auxquelles je ne peux apporter de réponses satisfaisantes pour l'heure ; mais tablons sur le fait que les textes qu'il a personnellement ajoutés, ceux qu'il a choisis d'ignorer dans sa table des matières, la langue des premiers ainsi que la signature, indéchiffrable, au *verso* du f. 220 nous en apprendront un jour plus.

À présent, le ms. *V*. Pour lui, tout est plus simple et plus compliqué à la fois. Plus simple, car dans son cas on ne constate pas d'interventions directes : pas de révisions, pas de feuillets insérés ou copiés. La personne responsable de sa création s'est bornée à assembler des unités diverses. Enfin, c'est ce qu'il semble, car la difficulté de ce recueil réside dans son état de conservation déplorable. Il a subi un si grand nombre d'accidents matériels qu'on estime qu'il a perdu 50% de sa masse textuelle[1]. Bien sûr, ce calcul n'est basé que sur l'analyse des textes et pourrait bien être complètement faussé, car rien ne nous indique que l'auteur de ce recueil n'ait pas de lui-même lacéré ces cahiers. En effet, s'il n'a pas laissé de traces directes de son travail sur les feuillets conservés, on doit quand même lui reconnaître la paternité d'un recueil construit et pensé. L'assemblage des différentes parties ne semble pas avoir été fait « au petit bonheur ». Au contraire, l'étude des textes et de leurs thèmes laisse envisager un ensemble qui répond à deux principes : une thématique axée sur la littérature courtoise et l'enseignement de cour, et le regroupement d'extraits d'œuvres. Mais avant d'entrer dans ces considérations, voici sa description.

Le ms. *V* est un recueil de 154 feuillets de papier filigrané. Il serait composé de six sections[2], rédigées par au moins dix copistes[3]. On peut dater sa rédaction à la première moitié du XVe siècle. L'assemblage de

---

1 Eugène Ritter, « Notice du ms. 179bis de la Bibliothèque de Genève », *Bulletin de la Société des anciens textes français*, 3 (1877), p. 85-113.

2 L'état de conservation de ce recueil et l'incertitude concernant la structure de ses cahiers nous obligent à rester prudents. Toutefois, de l'analyse de la mise en page et de la mise en texte, de celle de l'écriture et des filigranes semble se dégager la composition suivante : section 1 (f. 1-38), section 2 (f. 39-96), section 3 (f. 97-131), section 4 (f. 132-142), section 5 (f. 143-152) et section 6 (f. 153-154).

3 Copiste A (f. 1r-36r), B (f. 37r-38v), C (f. 39r-40r et f. 41r-87v), D (f. 40r-v et f. 88r-96v), E (f. 97r-131v), F (f. 132r-v), G (f. 133r-140r), H (f. 140v-142v), I (f. 143r-152v), J (f. 153r-154v).

ses sections peut être fixé peu de temps après, grâce à la reliure originale. Ce manuscrit a été fortement endommagé : seuls six textes sur les trente-trois conservés aujourd'hui n'ont pas été touchés par des accidents matériels. En l'état, il est donc très difficile de tenter une reconstruction de ce qu'il pouvait être au XVe siècle. Peut-être peut-on constater une affinité entre les sections 3 et 6, qui pourrait suggérer qu'elles faisaient partie à l'origine du même manuscrit ? Comme rien n'est sûr de ce côté-là, il faut donc tabler sur ce qui est certain : les feuillets conservés et les textes. L'étude des filigranes[1] et de la langue des copistes[2] nous permet

1 Les informations actuellement disponibles à ce propos étant incomplètes et divergentes (*La Lettre du Prêtre Jean. Les versions en ancien français et en ancien occitan. Textes et commentaires*, éd. par Martin Gosman, Groningen, Bouma's Boekhuis, 1982, p. 64 et Beatrice Atherton – Keith Atkinson, « Les manuscrits du "Roman de Fortune et de Félicité" », *Revue d'histoire des textes*, 22 [1992], p. 169-251 [en part. p. 191]), une nouvelle étude a été menée par l'auteur de cet article. En voici les résultats. Huit filigranes, pliage in-folio (les sigles Briquet et Piccard font référence à Charles-Moïse Briquet, *Les filigranes. Dictionnaire historique des marques du papier*, 4 t., Hildesheim / New York NY, Olms, 1977 [1923] et à Gerhard Piccard, *Wasserzeichen*, 17 t., Stuttgart, Kohlhammer, 1961-1997) : *fleur de lis* simple, isolée, pied de forme conique portant un corps ovale bien dessiné (à partir du f. 1) : Briquet n° 6816 [1407, Fribourg] ; *deux mains* aux quatre doigts serrés, le pouce seul écarté (à partir du f. 8 jusqu'au f. 30) : n'appartiennent ni au répertoire de Briquet ni à celui de Piccard ; *main* aux quatre doigts serrés, le pouce seul écarté, manche festonnée à quatre languettes (à partir du f. 40 jusqu'au f. 64) : n'appartient pas au répertoire de Briquet et s'apparente à Piccard n°s 175 [1414, Berne] et 181 [1414, Berne] ; *deux clefs*, en sautoir, inscrites dans un cercle (à partir du f. 31 jusqu'au f. 36) : s'apparente à Briquet n° 3894 [1404-1423, Lausanne, Fribourg, Mayence, Strasbourg et Perpignan] et à Piccard n° 99 [1411, Ellingen (Bavière)] ; deux *couronnes*, à fleuron, double cercle à la base (à partir du f. 71 jusqu'au f. 75) : n'appartiennent pas aux répertoires de Briquet et Piccard ; *tête de bœuf*, aux cornes tombantes (à partir du f. 89 jusqu'au f. 96) : s'apparente à Briquet n° 14276 [1395-1493, Genève, Brioude, Châteaudun, Strasbourg, St-Marcellin, Grenoble] ; *tête de bœuf*, toison frisée et gueule ouverte (à partir du f. 132 jusqu'au f. 142) : s'apparente à Briquet n° 14297 [1424/1427, Genève] ; *croissant avec croix pommée* (à partir du f. 97 jusqu'à f. 131) : n'appartient pas aux répertoires de Briquet et Piccard ; *roue*, à eau (à partir du f. 143 jusqu'au f. 152) : n'appartient pas aux répertoires de Briquet et Piccard ; *lettre S* (à partir du f. 153) : l'empreinte peu marquée ne permet pas d'identifier ce filigrane.

2 Les études ponctuelles menées par Eero Ilvonen (*Parodies de thèmes pieux dans la poésie française du Moyen Âge : Pater, Credo, Ave Maria, Laetabundus*, Paris, Champion, 1914, p. 150-151) sur le *Pater* et par le *NRCF* (t. 4, p. 110) sur le fabliau du *Pescheor de Pont seur Saine* ont circonscrit une zone géolinguistique centrée sur le Sud-Est. On peut noter également la présence récurrente de la graphie *cz* (*menczongiers*, *reczoit*, *arczons*, *douczour*, *corroczouse*) dans le traité de physiognomonie (f. 32r-36r), dans un des poèmes non-identifiés (f. 86r-87v) et dans l'*Épître* d'Aimé Malingre (f. 88r-96r), un *unicum* dont on sait qu'il a été rédigé en Savoie. Or, cette graphie se retrouve, par exemple, dans un glossaire professionnel genevois, publié dans Alfred Lucien Covelle, *Le livre des bourgeois de l'ancienne République de Genève*, Genève, Jullien, 1897, p. 554 (*chauczaterius*, *chauczatier*, *chouczaterius*).

de cibler une origine savoyarde (Savoie médiévale), voire genevoise, et cela pour la majorité des parties (le reste ne donnant pas suffisamment d'informations pour tirer des conclusions). Les premiers nous permettent aussi de dater le recueil de la première moitié du XVe siècle, ce qui est confirmé par l'étude des pièces : ainsi, l'*Épître* d'Aimé Malingre, conservé aux f. 88r-96r, a été rédigée entre 1408 et 1413 ; le *Livre des bonnes mœurs* de Jacques Legrand, dont le manuscrit conserve des extraits aux f. 9v-11v, 12, et 37r-38v, entre 1404 et 1410. Les thèmes abordés dans les textes nous indiquent que le recueil a été pensé et construit en suivant une logique, et ils renseignent peut-être sur les intérêts de son créateur, voire sur sa condition sociale : en effet, ce livre semble s'adresser avant tout à un public noble, peut-être bourgeois. Il aborde les thèmes de l'amour courtois et de l'enseignement aux princes, avec un nombre important de textes relevant de l'ordre social. De nombreuses pièces font la revue des différents états de la société médiévale, avec un développement sur leurs qualités et leurs défauts : la fable du jeune homme inconstant, extrait du *Roman de Fortune et Félicité* (f. 37r-38v), *Les dix souhaiz* (f. 55r-58v), le *Dit des souhaits* (f. 58v-61r), le *Dit des enfens Adam et des enfens du pape* (61v), le *Dit de chascun* (f. 62r-63v), la *Voie de Pauvreté et de Richesse* de Jacques Bruyant (f. 97r-131v) et le *Merlin Merlot*, conte n° 42 de la *Vie des Pères* (f. 133r-140r). Trois poèmes non-identifiés, dont l'un comporte de fortes ressemblances avec le dit *Haute honneur* de Watriquet de Couvin (f. 70r-72v, 73r-74v et 86r-87v) et un extrait du *Livre de bonnes mœurs* de Jacques Legrand (f. 143r^{o}-152v^{o}) enseignent aux princes à distinguer les pairs méritants des autres et louent les vertus d'honneur et de loyauté contre le défaut d'orgueil. Ces qualités sont reprises dans leur dimension amoureuse avec la *Châtelaine de Vergi* (f. 14r-31v), les *Demandes d'amour* (f. 39), une *Complainte d'amour* (f. 46r-51v) et l'*Épître* d'Aimé Malingre (f. 88r-96r), qui rappellent aux amants la nécessité de l'absolu secret pour ne pas être la proie des médisants. D'autres textes, comme le *Jugement* (f. 40), la *Contenance des fames* (f. 45) et le premier extrait du *Livre des bonnes mœurs* (f. 132) continuent à aborder la question des femmes, mais d'un point de vue plus « pratique », en s'intéressant au mariage, à la sexualité du couple marié ou encore à la volubilité des femmes. Il faut noter que, si ces thèmes sont avant tout dominants dans la section 2, qui est aussi la plus importante en masse textuelle, ils se retrouvent dans l'ensemble des unités conservées et semblent donc donner le ton au recueil. La question religieuse, en dehors de considérations secondaires sur la mort ou sur la morale, est par contre la grande absente de ce recueil. Peut-être cela s'explique-t-il par l'état extrêmement lacunaire de ce manuscrit ; peut-être cela reflète-t-il également le changement amorcé à la fin du Moyen Âge dans les collections nobiliaires, où la part de livres religieux recule pour faire place à ceux relevant de l'histoire, du droit ou de la littérature[1].

Le second élément significatif de ce manuscrit est le nombre d'extraits conservés : trois pour le *Roman de Fortune et Félicité* de Renaut de Louans (f. 9v-11v, 12 et 37r-38v)[2] ; un traité de physiognomonie, qui clôt généralement la traduction française du *Secret des secrets* (f. 32r-36r) ; des chapitres tirés du *Livre des bonnes mœurs* de Jacques Legrand (f. 132, 140v-142v et 143r-152v)[3] ; un conte tiré de la *Vie des Pères* (f. 133r-140r)[4].

Sauf erreur de ma part, la question des extraits dans la littérature française médiévale a été peu traitée jusqu'ici, contrairement au domaine latin. Pour se faire une idée, les actes du colloque *Les genres littéraires dans les sources théologiques et philosophiques médiévales. Définition, critique et exploitation*[5], qui, il est vrai, datent un peu, mais offrent l'avantage d'une vision tout à la fois plurielle et globale du genre, sont un bon point de départ. Ainsi, à cette occasion, plusieurs contributeurs ont pu proposer leur définition des florilèges latins, que l'on pourrait résumer de la manière suivante : « un florilège est un recueil de citations ou de textes courts, qui se réclament ou non d'une autorité. Il doit contenir au moins deux extraits d'auteurs différents – et ainsi répondre à l'étymologie des mots, *flores* / *legere*. Il est une collection de passages recueillis par une personne dans les écrits d'autres et procède donc du réaménagement de

1 Geneviève Hasenohr, « L'essor des bibliothèques privées aux XIVe et XVe siècles », *Histoire des bibliothèques françaises*, éd. par Claude Joly, Paris, Promodis-Éditions du Cercle de la Librairie, 1988-1992, t. 1, p. 215-263 (en part. p. 245-246).

2 Respectivement livre III, xii, v. 5789-5885, livre IV, vii, v. 6794-6845 et livre II, prose 4, v. 2555-2668. Voir Atherton – Atkinson, « Les manuscrits [...] », art. cité.

3 Respectivement 2e partie, chap. XVIII, 2e partie, chap. XXXI, 2e partie, chap. VI-XIII, XVII et XVI. Voir Jacques Legrand, *Archiloge Sophie et Livre des bonnes mœurs*, éd. par Evencio Beltran, Paris, Champion, 1986.

4 *La vie des Pères*, éd. par Félix Lecoy, Paris, Société des Anciens Textes Français, 1987-1999, t. 2, p. 271-290.

5 *Les genres littéraires dans les sources théologiques et philosophiques médiévales. Définition, critique et exploitation. Actes du colloque international de Louvain-la-Neuve (25-27 mai 1981)*, Louvain-la-Neuve, Institut d'études médiévales, 1982.

matériau de seconde main ». Le recueil genevois ne semble pas détoner à l'énonciation de cette définition. Tout au plus peut-on remarquer que, si la majorité des anthologies latines se recommandent d'une autorité, en raison de leur valeur didactique, le ms. *V*, lui, ou plutôt ses extraits, se détache de ce concept en excluant la figure auctoriale : en effet, et à ce que laisse supposer les restes conservés, la totalité des pièces sont anonymes. Puisque l'auteur n'a pas été l'élément décisif, qu'est-ce qui a présidé au choix de ces extraits ? Pour répondre correctement à cette question, il faut d'abord mettre de côté le traité de physiognomonie, la fable du jeune homme inconstant (troisième extrait du *Roman de Fortune et Félicité*) et le conte du Merlin Merlot. En effet, leur forme invite à une diffusion autonome et les place donc dans une situation qui n'est plus vraiment celle de l'extrait sorti de tout contexte.

Les autres textes par contre sont instructifs : le premier présente l'histoire d'Orphée (A). Il est séparé physiquement de l'extrait qui suit et qui lui présente les travaux d'Hercule (B) pour la raison suivante : les feuillets qu'occupent ces deux extraits (f. 9v-11v, 12) ont subi d'importants dommages. Et l'on sait par des notes d'Eugène Ritter que les pertes ont été encore augmentées depuis le XIXe siècle[1]. Toutefois même en étant très généreux sur l'ampleur de la lacune, il est impossible qu'à l'origine cette section ait contenu toute la masse textuelle qui sépare normalement ces deux extraits dans le *Roman*. Il s'agit de près de 1000 vers. Il faut donc en conclure que ces deux textes étaient déjà présents sous forme d'extraits dans le projet initial, ou que le modèle qui a servi à leur copie était sérieusement déficient. Ce qui m'amène à la constatation suivante : si le projet d'extraits, intentionnel ou non, est le fait de la première phase d'élaboration des unités, de quoi peut être tenu responsable notre homme ? C'est le second groupe de textes qui va répondre à cette question. Ici aussi, nous nous trouvons face à trois extraits d'une même œuvre. Il s'agit des chapitres XVIII (C), XXXI (D) et I-XIII, XVII et XVI (E) du *Livre des bonnes mœurs* : le premier chapitre expose les qualités que doit détenir une femme à marier ; le second traite de la mort et de la libération que sa venue apporte à l'âme ; les derniers renseignent sur la manière dont

1 Dans son étude (« Notice du ms. 179bis [...] », art. cité, p. 102-104), Ritter rapporte en effet l'existence de deux feuillets lacérés, non compris dans la foliotation et qu'il dénomme 11bis et 12bis. Ces deux fragments semblent avoir depuis disparu.

doivent se comporter les princes. Des sujets bien disparates, pris ainsi hors contexte de l'œuvre originelle. Alors qu'est-ce qui a pu motiver leur regroupement ?

À l'image de ce qui a été présenté précédemment, les extraits C et D sont issus de la même section. Pourtant, nous ne sommes pas face à la même situation que tout à l'heure, ou pas tout à fait : s'il s'agit de la même unité (et dont la responsabilité revient donc à un atelier et non à notre intervenant), les deux parties du *Livre* sont bien considérées comme des extraits : d'une part, ils ont été rédigés par deux mains différentes ; d'autre part, ils sont délimités par des blancs (132v, 142v), mais aussi séparés par le conte de la *Vie des Pères.* À ce premier groupe vient s'adjoindre le E, qui appartient lui à la section 5. Les mises en page de ces deux sections, radicalement différentes, prouvent qu'elles proviennent de deux manuscrits. Leur réunion peut dans ce cas être attribuée à notre homme. On peut dès lors s'interroger sur les raisons qui l'ont poussé à cet assemblage. On aurait envie de croire qu'il est tombé sur des unités qui contenaient la même œuvre et qu'il a voulu naturellement les regrouper, dans une volonté de totalisation et indépendamment des thèmes abordés dans les extraits. Mais cette idée appelle deux questions : quelle valeur doit-on alors donner à l'analyse thématique effectuée peu avant ? Devient-elle nulle ? Et le créateur de ce volume avait-il seulement conscience qu'il s'agissait d'extraits d'une même livre ? Difficile de répondre à cette question. Le *Livre des bonnes mœurs* était une œuvre contemporaine pour lui, puisque les dates de sa rédaction sont fixées entre 1404 et 1410. Qui plus est, elle était très connue, puisqu'on en conserve aujourd'hui plus de 70 copies ! Là à dire qu'il la connaissait par cœur, il y a un pas que je ne franchirai pas. Peut-être en possédait-il un exemplaire complet ? On ne peut le savoir. Observons simplement que dans le cas de C et D, tout comme E, les titres conservés n'indiquent d'aucune manière la provenance de ces textes. Peut-être l'étaient-ils dans les feuillets aujourd'hui perdus. Ajoutons que le regroupement de ces unités à la section 2, majoritairement constituée de textes brefs, invite à considérer la collecte d'extraits, ou de textes brefs, comme un principe d'organisation, qui ne discrédite en rien la valeur de l'analyse thématique. Malgré ces arguments, il est difficile de croire que la réunion de trois extraits d'une même œuvre s'est faite de manière fortuite … Gardons à l'esprit que le ms. *V* est un recueil atypique, tellement accidenté qu'aucune conclusion ne peut être définitivement tirée.

Pour conclure, prenons le temps de réfléchir un peu sur ce que nous apprend la confrontation de ces deux manuscrits. Ces deux recueils comportent de nombreuses similitudes. Ils présentent tous les deux un programme iconographique quasi nul ou inachevé. Ils ont tous les deux été réalisés à une époque tardive, s'étendant de la fin du XIVe au XVe siècle. Ils sont finalement tous les deux, ce que j'ai pu appeler en préambule, des objets de « seconde main » : ils ont été construits avec et pensés selon des unités diverses en origine, et donc en mise en page, en texte et en contenu. Ils ont tous les deux nécessité l'adaptation de leur créateur à une matière déjà existante, déjà formée, dont l'élaboration l'avait destinée à une autre finalité. Malgré ces points communs, importants, ces deux recueils présentent des dissemblances frappantes. Au soin méticuleux apporté à la révision du ms. *E* s'oppose le fruste du ms. *V*. Alors que le réviseur du premier s'applique à corriger des parties et à les référencer grâce à une table des matières, celui du second ne semble guère plus qu'assembler des parties, dont une grande majorité des pièces restent anonymes, sans rubrique. Pendant que le premier a choisi des cahiers qui ont été rédigés avec soin, le second semble avoir pris « ce qu'il avait sous la main ». De plus, on ne sait rien de ces deux hommes. On ne connaît ni leur identité, ni leur motivation, et encore moins les conditions matérielles qui ont présidé à leur travail. Certains éléments d'interprétation peuvent être déduits des thèmes abordés dans ces deux volumes ou des traces manuscrites qu'ils conservent. Le reste est pure conjoncture. Pourtant, je vais m'autoriser à aller encore plus loin, car c'est là que réside tout l'intérêt de ce sujet.

Au début de mon discours, je m'excusais à demi-mot de ne pas être de plain-pied dans le sujet des journées d'étude dont ce collectif est le résultat, en expliquant notamment qu'en l'état je ne savais pas si ces confections relevaient du domaine privé ou professionnel. Si je n'ai toujours pas de réponse définitive à cette question, je dois tout même pointer plusieurs éléments. Il semble assez clair que le ms. *E* a été réalisé avec soin et qu'il était destiné à une utilisation fréquente, facilitée par l'adjonction d'outils de lecture. Bien que la signature du dernier feuillet est indéchiffrable, et que l'identité de son réalisateur nous reste donc inconnue, certains indices suggèrent que le métier de l'écriture lui était familier : notamment, la maîtrise qu'il a de son objet et la façon qu'il lui donne en complétant et réorganisant sa matière. Il utilise pour ce faire des aides, telle que la réclame du f. 33v rédigée par ses soins. Pour le ms. *V*, j'aurais plutôt tendance à pencher pour un amateur éclairé. L'absence d'interventions sur les textes, les thèmes abordés, l'anonymat des pièces, l'écriture très peu soignée, rapide, en d'autres mots quotidienne laissent plutôt penser que cette personne a réalisé ce recueil pour un usage personnel. Cependant, pour avoir pu récolter autant de sections différentes, on ne doit pas douter qu'il était proche des milieux de production livresque, voire de personnes possédant des bibliothèques privées, endroits où il a pu obtenir des unités inexploitées ou lacéré des manuscrits existants. Peut-être même en a-t-il copié ou fait copier certaines parties, un peu à l'image du ms. Oxford, Bodleian Library, Digby 176, une compilation de textes astrologiques, dont on sait par l'*ex-libris* conservé qu'il a appartenu « à maître Guillaume Rede, évêque de Chichester. Il en reçut une partie de maître Nicolas de Sandwich ; il en acheta une partie aux exécuteurs testamentaires de maître Thomas de Bradwardine et une autre partie à ceux de maître Richard Camsale ; il en écrivit lui-même une partie et en fit écrire une autre partie[1] ». On sait donc qu'il l'a fabriqué, mais certainement pas vendu. Le peu de considération qu'on portait à cet objet est d'ailleurs reflété par son état de conservation et par notre méconnaissance totale de son histoire avant la fin du XVIIIe siècle. Tout le contraire du ms. *E*, qui a été acquis par Claude Fauchet. Je me permettrai encore une dernière observation. On l'a vu, pour ces deux manuscrits, si les pratiques d'élaboration sont semblables, les contextes de réalisation semblent différents. Qu'en est-il des buts ? L'un procède certainement d'une volonté commerciale, l'autre d'un désir plus personnel. Mais qu'est-ce à dire des matériaux utilisés ? Je le rappelle, les sections du ms. *E* datent du XIIIe siècle ; celles du ms. *V* du début du XVe siècle. Dans le second cas, il s'agit souvent de la copie de textes contemporains, de la fin du

1 Geneviève Hasenohr, « Les recueils littéraires français du XIIIe siècle : public et finalité », *Codices Miscellanearum (Colloque Van Hulthem, Bruxelles 1999)*, éd. par Ria Jansen-Sieben – Hans van Dijk, Bruxelles, Bibliothèque royale de Belgique, 1999, p. 37-50 (en part. p. 38-39).

XIVe ou du début du XVe siècle, et qui plus est de textes qui ont connu un certain succès (plus de trente copies connues). Le ms. *E* souhaitait-il s'ancrer dans une matière ancienne ? Je ne sais, mais si le réviseur complète, corrige et organise minutieusement ses textes, il n'en actualise pas la langue. C'est pourtant ce que n'hésite pas à faire le copiste du ms. Cologny, Fondation Martin Bodmer, Bodmer 113, au XVe siècle, lorsqu'il copia très exactement le ms. Paris, BnF, fr. 2173, daté lui de la seconde moitié du XIIIe siècle.

Gaëlle MOREND JAQUET
Université de Genève

SIRE TROUVÈRE ET ROI TROUVÉ. ASPECTS GÉOGRAPHIQUE, POÉTIQUE ET POLITIQUE DE LA PRODUCTION DES MANUSCRITS DE WATRIQUET DE COUVIN

Longtemps négligé par la critique, Watriquet de Couvin, poète dont la production, datée entre 1319 et 1329[1], est composée d'une vingtaine de dits, d'une fatrasie et de deux fabliaux[2], a récemment connu un vif regain d'intérêt chez les médiévistes, et plus particulièrement les historiens du livre, du fait que les manuscrits du poète hennuyer, apparemment produits peu de temps après 1329[3], figurent parmi la liste des témoins les plus importants de l'irruption d'une figure singulière dans la production commerciale et la consommation des *codices* vernaculaires en ce début de XIVe siècle, à savoir l'auteur. En effet, cinq des sept manuscrits médiévaux qui conservent l'œuvre de Watriquet ont la particularité d'être organisés autour de la figure d'un auteur unique, une innovation dans le domaine de la littérature en langue vulgaire[4]. Sylvia Huot en a plusieurs fois analysé l'impact

1 Cette contribution s'inscrit dans le cadre d'un projet de thèse intitulé *L'Auteur au temps du recueil : figures et fonctions auctoriales dans les manuscrits de Rutebeuf, Adam de la Halle, Watriquet de Couvin, Baudoin et Jean de Condé (XIIIe-XIVe siècle)*, financé par le Conseil de Recherches en Sciences Humaines du Canada. – Sur la datation de l'activité littéraire du poète, voir Charles-Victor Langlois, « Watriquet, ménestrel et poète français », *Histoire littéraire de la France. 35. Suite du quatorzième siècle*, Paris, Imprimerie nationale, 1921, p. 403-421.

2 Édition de référence : *Dits de Watriquet de Couvin*, éd. par Auguste Scheler, Bruxelles, Devaux, 1868.

3 Cette datation a été proposée par Mary Rouse – Richard Rouse, « Publishing Watriquet's *dits* », *Viator*, 32 (2001), p. 127-176, repris dans Eid., *Bound Fast with Letters : Medieval Writers, Readers, and Texts*, Notre Dame, University of Notre Dame Press, 2013, p. 164-214.

4 Pour un inventaire et une description exhaustifs des différents témoins manuscrits (disparus ou non) de l'œuvre de Watriquet de Couvin, voir Maria Cojan-Negulescu, *Watriquet de Couvin, Sire de Verjoli. Statut du poète et évolution de la poésie française à l'aube du XIVe siècle*, Lille, Presses Universitaires du Septentrion, 1999, p. 24-77. On pourra aussi consulter les descriptions plus brèves et partielles qu'on trouve dans *Dits [...]*, éd. citée, p. XVII-XXIII,

du point de vue de l'histoire culturelle, et notamment de l'histoire de l'avènement, au XIVe siècle, de ce qu'elle nomme les « author-centered books[1] ». Dans une perspective plus proprement codicologique, Mary et Richard Rouse ont quant à eux avancé une série d'hypothèses concernant le lieu, la date et le contexte de production et de réception de ces cinq manuscrits[2]. En s'inspirant des exemples plus tardifs des recueils de Guillaume de Machaut, de Jean Froissart et de Christine de Pizan, les Rouse ont notamment soutenu que Watriquet aurait été, à l'instar de ses successeurs, directement impliqué dans la publication écrite de son œuvre[3]. Or, s'il est indéniable que l'auteur joue un rôle à la fois central et novateur dans la grammaire interne de ces cinq *codices* en tant que *figure* (ou, pour reprendre l'expression de Michel Foucault, en tant que « fonction »)[4], cela implique-t-il nécessairement que le Watriquet de Couvin historique ait présidé à la diffusion écrite des manuscrits conservant son œuvre ? Ne se peut-il pas qu'à l'instar de la majorité des auteurs de son époque, il ait entretenu avec la mise en livre de ses pièces un rapport distant, voire inexistant[5] ? Il s'agira

ainsi que dans Langlois, « Watriquet, ménestrel [...] », art. cité, p. 394-396 et Rouse – Rouse, « Publishing [...] », art. cité, p. 132-143. Bien que les sigles choisis par Cojan-Negulescu soient les seuls à prendre en compte la totalité des manuscrits de Watriquet (aucun autre spécialiste n'a proposé de sigle pour le ms. BnF, fr. 12483), ils ne semblent pas avoir fait autorité dans les études portant sur le poète couvinois. Par souci de clarté et pour le bien de l'argumentation, les sigles retenus ici sont donc ceux employés par les Rouse, qui ont repris la siglaison de Langlois. De la siglaison de Cojan-Negulescu, on ne retiendra que celle du ms. BnF, fr. 12483, *G*. Du fait qu'elles ne renferment pas de renseignements sur de quelconques manuscrits disparus, les copies tardives (non médiévales) que sont le ms. BnF, Moreau 1719 (copié à partir du ms. *E*, alors que celui-ci était déjà fragmentaire, et qui néglige le *fatras*) et les trois volumes de Den Haag, KB, 71 G 70-72 (copiés à partir des mss *A* et *D*), ne feront pas l'objet de développements ici.

1 Sur le rôle joué par les manuscrits de Watriquet de Couvin dans cet avènement, voir Sylvia Huot, *From Song to Book. The Poetics of Writing in Old French Lyric and Lyrical Narrative Poetry*, Ithaca, Cornell University Press, 1987, p. 224-232 et Ead., « The writer's mirror : Watriquet de Couvin and the development of the author-centred book », *Across Boundaries : The Book in Culture and Commerce*, ed. by Bill Bell *et al.*, Winchester/Newcastle DE, St Paul's Bibliographies/Oak Knoll Press, 2000, p. 29-46.

2 Rouse – Rouse, « Publishing [...] », art. cité.

3 *Ibid.*, p. 145-149.

4 Sur la « fonction-auteur », voir Michel Foucault, « Qu'est-ce qu'un auteur ? », Id., *Dits et Écrits : 1958-1988*, Paris, Gallimard, 1994 [1969], p. 789-821.

5 Le travail éditorial de l'auteur médiéval sur ses œuvres demeure assez peu documenté. Robert Marichal (« Livre manuscrit », *Dictionnaire des lettres françaises. Le Moyen Âge*, éd. par Geneviève Hasenohr – Michel Zink, Paris, Fayard, 1994 [1964], p. 941-949 [en part. p. 946]) explique au sujet de l'époque étudiée que « [s]i l'on voit intervenir dans

moins ici de trancher le débat de manière univoque que de compléter et réévaluer quelque peu les conclusions des Rouse à la lumière des stratégies littéraires (jeux de masques, polysémie, etc.) qui entourent la *persona* auctoriale de Watriquet, et ce afin de voir dans quelle mesure elles peuvent informer ou, au contraire, « contaminer » l'étude sur le contexte historique entourant la production et la diffusion de ces manuscrits. On tentera en outre de partir de ces interrogations pour mieux essayer de répondre à celles, également fondamentales, concernant les causes de l'« invention » – autour de la personne de Watriquet de Couvin – et de la diffusion à grande échelle de cette anomalie qu'était encore, dans la première moitié du XIVe siècle particulièrement, le livre vernaculaire à auteur unique.

UN LIBRAIRE ET UN PUBLIC CURIAUX

En ce qui a trait au contexte de production, les manuscrits à l'étude contiennent de nombreux renseignements sur leur origine et leur premier public, qui tendent à suggérer une grande proximité entre le contexte dans lequel Watriquet évoluait et celui où ses œuvres ont été diffusées et produites. Se décrivant comme le ménestrel du comte Gui Ier de Blois et du connétable de France Gaucher de Châtillon[1], mettant en scène ou s'adressant, dans ses pièces, aux différents membres de la famille de Charles de Valois, dont le roi de France Philippe VI

l'exécution du livre le libraire et l'acheteur, on ne voit pas paraître l'auteur », allant jusqu'à se demander si l'auteur médiéval ne se serait pas simplement « désintéressé de la publication de son œuvre ». Si elle n'a jamais fait l'objet d'une étude globalisante et exhaustive, l'implication de certains auteurs médiévaux dans la mise en recueil de leurs propres œuvres demeure documentée, quoique parfois incertaine. Si le travail éditorial de Christine de Pizan, de Jean Froissart et de Pétrarque ou encore de Gautier de Coinci est connu, celui d'auteurs tels que Thibaut de Champagne, Adenet le Roi, Robert de Blois, Jean de Condé, Adam de la Halle ou même Guillaume de Machaut ne génère pas le même consensus chez les chercheurs. Chacun de ces cas devant être traité avec précaution, on ne les évoquera que ponctuellement au cours de la discussion dans le but précis d'alimenter la réflexion sur le rôle de Watriquet dans la production de ses livres.

1 « [...] Watriqués / suis nommez jusqu'en Areblois, / Menestrel au conte de Blois / Et si à monseignor Gauchier de Chastillon [...] » (v. 80-84 de *Les trois chanoinesses de Cologne*).

en personne[1], Watriquet est, de son propre aveu, un poète de cour. Or, après avoir étudié en détail les cinq *codices* renfermant ses « œuvres complètes », les Rouse ont avancé que ceux-ci étaient destinés à ce même milieu curial et qu'ils provenaient en outre de l'atelier d'un libraire habitué à servir une clientèle proche de la couronne française, à savoir le parisien Thomas de Maubeuge[2]. Ces recueils auraient été confectionnés pour célébrer l'avènement du premier des Valois à la tête du royaume de France en 1328, comme en témoignerait la présence du *Dit du roi*, dont la date de composition – forcément postérieure au couronnement de Philippe – constitue le *terminus ante quem* des volumes qui, d'après les pièces datées ou datables qu'ils contiennent, auraient donc été produits pendant ou peu de temps après la période d'activité littéraire de Watriquet[3].

La grande proximité entre les deux manuscrits les plus copieusement illustrés du corpus, à savoir les recueils BnF, fr. 14968 (*A*) et Ars. 3525 (*C*)[4], avait déjà laissé entendre à Langlois que ceux-ci avaient été exécutés « dans le même atelier, par le même copiste et le même miniaturiste[5] ». Il revient toutefois aux Rouse d'avoir établi que ce copiste était le dénommé « long-nose », qui a copié une douzaine de manuscrits, dont trois sont issus de l'atelier de Thomas de Maubeuge[6], et d'avoir précisé

1 Des exemples notables sont le *Dit de l'arbre royal*, le *Dit des quatre sièges* ou encore le *Dit du roi*. Sur la proximité entre Watriquet de Couvin et la cour royale, voir Jacques Ribard, « Littérature et société au XIVe siècle : le ménestrel Watriquet de Couvin », *Court and Poet. Selected Proceedings of the Third Congress of the International Courtly Literature Society*, ed. by Glyn S. Burgess *et al.*, Liverpool, Cairns, 1980, p. 277-286 et Silvère Menegaldo, « La figure royale et la justice dans l'œuvre de Watriquet de Couvin. À propos des dits "royaux" (*Dit de l'arbre royal*, *Miroir aux princes* et *Dit du roi*) », *Le Roi fontaine de justice. Pouvoir justicier et pouvoir royal au Moyen Âge et à la Renaissance*, éd. par Id. – Bernard Ribémont, Paris, Klincksieck, 2012, p. 169-191.

2 Rouse – Rouse, « Publishing [...] », art. cité, p. 134. Sur Thomas de Maubeuge, voir Eid., *Illiterati et uxorati. Manuscripts and their Makers. Commercial Book Producers in Medieval Paris, 1200~1500*, 2 t., London/Turnhout, Harvey Miller/Brepols, 2000, t. 1, p. 173-202.

3 Rouse – Rouse, « Publishing [...] », art. cité, p. 133.

4 Le manuscrit *C* justifie le rattachement de la présente étude au projet *Lire en contexte à l'époque prémoderne. Enquête sur les recueils manuscrits de fabliaux*. En effet, il contient les deux fabliaux composés par Watriquet de Couvin, à savoir *Les trois chanoinesses de Cologne* et *Les trois Dames de Paris*. Renfermant quelques pièces de Watriquet de Couvin, le ms. BnF, fr. 24432 (*F*) appartient également au corpus du projet, mais les fabliaux qu'il contient ne sont pas du poète couvinois.

5 Langlois, « Watriquet, ménestrel [...] », art. cité, p. 396.

6 Rouse – Rouse, « Publishing [...] », art. cité, p. 136-137.

que le ms. *C* contenait les illustrations de deux enlumineurs différents. Le premier, identique à celui du ms. *A*, serait le Maître de Watriquet, tandis que l'autre serait le célèbre Maître du *Roman de Fauvel*[1]. Le travail de révision du libraire serait pour sa part observable en plusieurs endroits du ms. *A*, sous la forme de corrections à l'encre rouge apportées aux rubriques des f. 26v, 126v et 160v. L'idée selon laquelle il s'agirait d'inscriptions de la main du libraire pourrait être étayée par le fait qu'on retrouve également de telles corrections (non relevées par les Rouse cependant) dans le ms. *C* aux f. 127r et 163r. Ainsi, sans qu'on puisse dire qu'il s'agit de manuscrits « frères », notamment en raison de leur différence de format (215 x 125 mm pour le premier, 260 x 170 mm pour le deuxième)[2] et de contenu[3], *A* et *C* sont indéniablement liés par un rapport de parenté étroite, tandis que la présence d'artisans ayant travaillé pour Thomas de Maubeuge dans d'autres contextes rend l'attribution au libraire sinon certaine, du moins fortement probable.

Tout aussi probable, sans doute, est le rattachement du ms. Bruxelles, BRB, 11225-27 (*D*), et du fragment du Bowdoin College (*E*) à l'atelier de Thomas. De format plus réduit et d'un luxe moindre que *A* et *C*[4], ces manuscrits ont été copiés par les scribes parisiens « dovetail » et « little-flowers », collaborateurs du libraire[5]. La ressemblance entre l'unique illustration de *D* (f. 1r), une scène dédicatoire présentant apparemment l'auteur en train d'offrir son livre à ses patrons, et les scènes de présentation peintes dans *A* (f. 1v) et *C* (f. 1r)[6], incite les Rouse à suggérer qu'elles sont toutes l'œuvre du Maître de Watriquet[7]. Les deux historiens du livre émettent certaines réserves au sujet d'« atypical details » propres à l'illustration de *D*[8] sans toutefois en dresser une liste. Le non-spécialiste ne peut que deviner ces détails atypiques et observer que, malgré une proximité thématique évidente, l'illustration de *D* se distingue par ses

1 *Ibid.*, p. 135-136. Sur ces deux enlumineurs et pour une liste de publications portant sur les manuscrits qui leur ont été attribués, voir *ibid.*, p. 136, n. 50.

2 Un diagramme représentant le format de chacun des cinq manuscrits étudiés par les Rouse se trouve *ibid.*, p. 141.

3 Pour une liste du contenu du ms. *A*, voir *ibid.*, p. 156. Pour *C*, voir *ibid.*, p. 157.

4 *D* et *E* mesurent tous deux 180 x 130 mm. Voir *ibid.*, p. 141.

5 *Ibid.*, p. 138-139.

6 Des reproductions en noir et blanc de chacune de ces scènes dédicatoires sont disponibles *ibid.*, p. 162 (*C*), 163 (*A*) et 166 (*D*).

7 *Ibid.*, p. 138.

8 *Ibid.*

personnages aux attributs plus allongés, ses drapés davantage géométriques et les visages, les chevelures, ainsi que les positions corporelles de ses sujets traités dans un style somme toute assez différent des illustrations du Maître de Watriquet présentes dans *A* et *C*. Cette différence stylistique de surface, qui mériterait peut-être un nouvel examen, ne permet toutefois ni de remettre en question l'identification au Maître de Watriquet, ni surtout de disqualifier le rattachement du manuscrit *D* à l'atelier de Thomas, mais elle autorise au moins à constater une différence plus grande entre le couple *A-C* et le ms. *D*, différence qui, on le verra, prend toute son importance lorsqu'on s'intéresse à la manière dont est présenté l'auteur dans chacun des manuscrits.

Copié par un scribe non-identifié, pourvu d'un programme iconographique constitué de grandes lettres filigranées à l'encre rouge et bleue, le ms. BnF, fr. 2183 (*B*), s'il n'est théoriquement pas exclu qu'il vienne du même atelier qu'*A*, *C*, *D* et *E*, ne partage avec ces derniers que peu de caractéristiques communes : une unité de projet, à savoir rassembler les dits de Watriquet de Couvin, et une proximité de format, et ce de l'aveu des Rouse eux-mêmes[1].

Deux autres recueils médiévaux ont conservé l'œuvre du poète sans pour autant accorder à sa *persona* auctoriale une quelconque importance : le ms. BnF, fr. 24432 (*F*) qui, contrairement aux cinq autres manuscrits mentionnés, est un recueil qui réunit les pièces de divers trouvères sans vraiment insister sur l'autorité du poète hennuyer (dont le nom n'y figure d'ailleurs pas)[2], ainsi que le ms. BnF, fr. 12483, surnommé *Rosarius*, qui contient, au f. 55r et sans que soit mentionnée sa paternité, le *Dit du roi* accompagné d'un prologue original[3]. Mais, à l'instar des cinq manus-

1 *Ibid.*, p. 140 : « [B] is the least securely tied to the group, because it was not produced by the scribes and illuminators who made the other manuscripts ; moreover, it has no illumination, not even a frontispiece, and its initials are pen-flourished, in contrast to the champie initials of the other four Watriquet collections [...]. In other words, B's quires did not pass through a painter's hands, not even for the initials. Nevertheless, B's layout and content encourage one to think of it as part of the group of five [...] ».

2 Aucune des quatre pièces du poète copiées dans le manuscrit (le *Dit du preux chevalier* et le *Dit de l'araignée et du crapaud*, copiés aux f. 388r-391r, le *Dit du roi* et le *Dit de la noix*, copiés aux f. 392v-396r) n'inclut une signature d'auteur, et aucun des *incipit* ou des *explicit* de ces textes ne mentionne l'autorité de Watriquet dans le manuscrit.

3 Sur le *Dit du roi* dans le ms. BnF, fr. 12483 et pour une transcription du prologue, voir Arthur Långfors, « Notice du manuscrit français 12483 de la Bibliothèque nationale », *Notices et extraits des manuscrits de la Bibliothèque nationale et autres bibliothèques*, 39 (1916), p. 555-556. Concernant l'absence d'indications sur la paternité du poème, il convient de

crits « d'auteur », ils seraient eux aussi d'origine parisienne. En effet, un nombre important de cahiers de *F* aurait été copié par « dovetail », également responsable de la transcription de *E*[1], tandis que l'unique miniature située au début du second livre de *G* et représentant une nativité aurait été exécutée, selon Marie-Laure Savoye, « dans les années 1340 dans un atelier parisien proche de celui de Jeanne et Richard de Montbaston[2] », deux artisans connus pour les copies du *Roman de la Rose* qu'ils ont produites et enluminées[3]. Bien que plus tardifs, ces recueils émaneraient donc du même centre géographique de production, proche du lieu d'activité du poète[4].

Mais, si les indices sur l'identité des artisans à l'origine de ces *codices* sont relativement nombreux, ceux concernant les destinataires des recueils sont quant à eux plus difficiles à déceler, et les hypothèses avancées par Langlois et les Rouse à ce sujet mériteraient peut-être un second examen. L'attribution la moins contestable demeure celle du ms. *A* au comte Gui Ier de Blois, nommé dans la rubrique de l'illustration située au f. 1v, où il est présenté comme le destinataire du livre[5]. Sylvia Huot a cependant relevé à juste titre que le comte Gui n'était pas l'unique mécène figurant dans *A*, puisque la miniature du f. 26v représente, par exemple, Louis

---

préciser que, si la pièce est bien anonyme dans le manuscrit, elle est cependant accompagnée de la note *Quid'* (f. 55v). Or, comme il a été expliqué dans *Miracles de Notre-Dame, tirés du* Rosarius *(Paris, BnF, fr. 12483)*, éd. par Pierre Kunstmann, Ottawa, Presses de l'Université d'Ottawa, 1991, p. 9, il s'agit d'un « système utilisé par le compilateur [du manuscrit] pour indiquer qu'une partie a été empruntée à une autre source : dans la marge est indiqué *Quid'* ou *Quidem*, c'est-à-dire *Quidam*. Quand le compilateur revient à sa propre création, il indique *Ras'* dans la marge ».

1 Rouse – Rouse, « Publishing [...] », art. cité, p. 140, n. 67. Sur l'attribution du manuscrit *E* à « dovetail » et pour une liste des manuscrits qu'il a copiés, voir *ibid.*, p. 138-139.

2 Avis de Marie-Thérèse Gousset, cité par Marie-Laure Savoye, « Semis, transplantation et greffe : les techniques de la compilation dans le *Rosarius* », *Le recueil au Moyen Âge. Le Moyen Âge central*, éd. par Oliver Collet – Yasmina Foehr-Janssens, Turnhout, Brepols, 2010, p. 199-221 (en part. p. 200).

3 Sur les Montbaston, voir Rouse – Rouse, *Illiterati et uxorati [...]*, *op. cit.*, t. 1, p. 235-260.

4 À titre indicatif, on peut rappeler que Gérard Gros, *Le poète, la vierge et le prince. Étude sur la poésie mariale en milieu de cour aux XIVe et XVe siècles*, Saint-Étienne, Publications de l'Université de Saint-Étienne, 1994, p. 15, a même suggéré que Philippe VI aurait été le destinataire du manuscrit *G*. Mais l'hypothèse n'a pas fait l'objet d'un véritable débat depuis et il serait hasardeux de l'entamer ici. Pour les hypothèses les plus récentes sur les clients de *G*, on renverra plutôt à Savoye, « Semis, transplantation [...] », art. cité, p. 218.

5 Scheler en fournit la transcription dans *Dits [...]*, *op. cit.*, p. 1 : « Veschi comment Watriqués sires de Verjoli baille et presente touz ses meilleurs diz en escrit à monseigneur de Blois son maistre, premièrement le mireor aus dames [...] ».

de Bourbon en train de dicter le *Dit du connétable de France* à Watriquet, tandis que deux autres illustrations (f. 150v et f. 161v) présentent le poète en train de réciter devant le roi Philippe VI de Valois, ce qui témoigne pour la médiéviste de la nécessité qu'il y avait de faire exister dans ce livre l'idée d'une multitude de destinataires, même si le comte de Blois était celui à qui le recueil avait été offert en premier lieu[1].

Aucune rubrique ou indice codicologique de cette sorte ne vient en revanche appuyer de façon aussi certaine l'idée selon laquelle *C* aurait été conçu pour le roi Philippe VI. Certes, à la différence de la scène de présentation du manuscrit *A*, celle de *C* présente des dédicataires couronnés, que les Rouse décrivent comme étant « the seated king and queen, Philip VI and Jeanne de Bourgogne[2] ». Pour appuyer l'idée d'un destinataire royal pour le manuscrit *C*, les Rouse semblent principalement se fonder sur l'hypothèse, jadis avancée par Langlois, selon laquelle *C* serait le manuscrit 1216 de l'inventaire de 1373 de la librairie du roi Charles V effectué par Gilles Mallet, qui dénombre six manuscrits de Watriquet[3]. Le *codex* serait identifiable grâce aux *incipit* des deuxième et dernier feuillets transcrits par le rédacteur du catalogue[4] :

> L'incipit du fol. 2, dans le manuscrit de l'Arsenal, est celui qu'indique le rédacteur du catalogue de la librairie de Charles V pour le n° 1216. Le feuillet qui est actuellement le dernier de ce manuscrit s'arrête au vers qui précède immédiatement celui que le rédacteur indique comme l'*incipit* de l'avant-dernière page dans le n° 1216.

Dans son étude exhaustive des témoins de l'œuvre de Watriquet, Maria Cojan-Negulescu se contente de juger l'identification de Langlois comme « plausible[5] », tout en rappelant qu'elle ne fait pas l'unanimité chez les médiévistes[6]. L'hypothèse demeure fortement probable, et on peut aisément imaginer que ce manuscrit a été confectionné quelques générations plus tôt pour le roi Philippe VI.

---

1 Huot, « The writer's mirror [...] », art. cité, p. 38.

2 Rouse – Rouse, « Publishing [...] », art. cité, p. 134.

3 Voir Lépold Delisle, *Recherches sur la librairie de Charles V. Inventaire de Gilles Mallet 1373*, Paris, Champion, 1907 et Joseph Van Praet, *Inventaire ou catalogue des livres de l'ancienne bibliothèque du Louvre, fait en l'année 1373*, Paris, De Bure, 1836. Outre le 1216, les manuscrits dénombrés sont le 1215, le 1217, le 1218, le 1219 et le 1220.

4 Langlois, « Watriquet, ménestrel [...] », art. cité, p. 395, n. 1.

5 Cojan-Negulescu, *Watriquet de Couvin [...]*, *op. cit.*, p. 68.

6 *Ibid.*, p. 67, n. 99.

Mais il convient de rappeler que les personnages de la scène dédicatoire ne sont ni identifiés par la rubrique, ni par un quelconque symbole héraldique, contrairement à ce qu'on peut observer dans différents manuscrits adressés aux rois de France ou aux membres de la famille royale contemporains (ou presque) de Watriquet[1]. Cela a de quoi étonner lorsqu'on sait que, plus loin dans le manuscrit, la rubrique du *Dit du roi* (f. 25v) nomme de façon explicite le destinataire originel de la pièce : *Ci conmence le dit du roy Phelippe de France.* Si l'hypothèse d'une dédicace discrète, placée à un endroit moins « stratégique » que le premier feuillet, ne doit pas être écartée, le doute augmente dès lors qu'on compare la manière dont le roi Philippe VI est dépeint par le même artiste et pour la même pièce dans *A* (f. 50v). Alors que la miniature de *A* présente un fond composé entièrement de grandes fleurs de lys qu'on serait tenté d'interpréter comme une manière d'accentuer le lien entre le personnage dépeint et la couronne de France[2], celle de *C* n'en contient aucune trace, si ce ne sont les petites fleurs de lys placées dans le fond échiqueté, une

1 Des exemples notables et connus de scènes de présentation figurant des rois de France ou leur entourage : le ms. Ars. 3142, f. 1r (fin du XIIIe siècle), représentant Marie de Brabant et Blanche de Castille vêtues de leurs armes ; les mss BnF, fr. 1589, f. 1r (fin XIIIe siècle) et BnF, fr. 1633 (fin XIIIe siècle), représentant Philippe le Bel et ses proches vêtus de leurs armes ; le ms. BnF, lat. 8504, f. 1r et Bv (1313), représentant Philippe le Bel et sa famille vêtus de leurs armes ; le ms. BnF, fr. 2090, f. 4v (1317) représentant Philippe V le Long vêtu de fleurs de lys et nommé par une indication textuelle placée dans l'illustration. Des reproductions de ces scènes de présentation sont disponibles dans *Gallica* (URL : http://gallica.bnf.fr/), ainsi que dans la *Banque d'images* de la BnF (URL : http://images.bnf.fr/). Un exemple particulièrement intéressant dans le contexte de cette étude est la scène de présentation du ms. BnF, fr. 316, f. 1r (composé vers 1333-1334, soit au même moment ou presque que les mss de Watriquet), présentant d'une part Louis IX en manteau fleurdelisé, commanditant le *Speculum historiale* à Vincent de Beauvais, et d'autre part la femme de Philippe VI de Valois et petite-fille de Saint Louis, Jeanne de Bourgogne (identifiable grâce à ses armes, qui tapissent le fond de la miniature), commanditant la traduction du texte par Jean de Vignay. Ce dernier exemple est tiré de Colette Beaune, *Le Miroir du Pouvoir. Les Manuscrits des Rois de France au Moyen Âge*, Paris, Bibliothèque de l'Image, 1997, p. 15. On se référera également à cet ouvrage pour une liste plus exhaustive des manuscrits contenant des scènes de présentation à des rois de France dans la deuxième moitié du XIVe siècle et au XVe siècle. On pourrait enfin rappeler l'existence d'un manuscrit illustré par l'autre enlumineur de *C*, collaborateur de Thomas de Maubeuge, le Maître du *Roman de Fauvel* : le BnF, fr. 156 (vers 1320-1330), qui porte, entre autres, au f. 1r, les armes de Jeanne de Bourgogne, destinataire de cette *Bible historiale* selon Éléonore Fournié, « Les manuscrits de la "Bible historiale". Présentation et catalogue raisonné d'une œuvre médiévale », *L'Atelier du Centre de recherches historiques*, 3/2 (2009), URL : http://acrh.revues.org/1408.

2 Le même procédé est employé par l'artiste au f. 161v pour illustrer la *Fatrasie*.

décoration cependant commune à la majorité des miniatures de *A* et *C*. On pourrait certainement arguer que la présence de couronnes rend totalement superflu le recours à l'héraldique ou à des rubriques pour identifier les personnages de la scène de présentation de *C* et explique les variations par rapport à *A*. Il resterait toutefois à expliquer pourquoi l'enlumineur emploie tout de même de grandes fleurs de lys ailleurs dans le manuscrit, comme dans *A* : l'arbre de l'illustration du *Dit de l'arbre royal* (f. 47r dans *A* et f. 97r dans *C*) est couvert de fleurs de lys dorées, tandis que Jeanne d'Évreux (troisième épouse de Charles IV le Bel) est représentée, dans une des illustrations du *Miroir aux Dames* (f. 24r dans *A*, f. 75v dans *C*), de façon tout à fait conforme avec les représentations de monarques de l'époque ainsi qu'avec le texte du poème, c'est-à-dire vêtue d'une robe portant ses armes d'azur semé de fleurs de lys à la bande « d'argent componée de gueule » (*Miroir aux Dames*, v. 1258). En outre, beaucoup de personnages allégoriques tels que Fortune ou le roi exemplaire du *Miroir aux princes* sont représentés, tout au long du ms. *C* et comme dans *A*, avec une couronne, ce qui accentue le caractère en grande partie représentationnel (et intemporel) des figures monarchiques dépeintes dans le programme iconographique. Loin de discréditer l'identification (somme toute probable) jadis proposée par Langlois, puis reprise par les Rouse, ces éléments peuvent contribuer à rappeler qu'elle demeure hypothétique (et peut-être secondaire par rapport à la grammaire interne du recueil)[1]. Car, en somme, le manuscrit *C* ne renferme aucune information précise sur ses possesseurs, si ce

1 Un élément qui, au contraire, permettrait d'arguer en faveur de l'idée de Langlois serait la relative proximité thématique (et non stylistique) entre certaines miniatures du ms. *C* (par exemple, le f. 190v représentant un monarque vêtu de bleu priant devant la Vierge) et celles d'un autre manuscrit « d'auteur » constitué à Paris à la même époque (et, le fait est notable, bien après la mort de l'auteur qu'il met en scène), à savoir le ms. BnF, fr. 24541 des *Miracles de Nostre Dame* de Gautier de Coinci, apparemment destiné à Jeanne de Bourgogne ou à Philippe VI. Le roi représenté dans le ms. de Gautier est semblable au roi de *C* (voir les f. 235v, 237r et 242v). Il ne s'agirait en tout cas pas du seul lien de production entre les manuscrits de Watriquet et ceux de Gautier, puisqu'on sait que le libraire Thomas de Maubeuge a produit un volume des *Miracles* pour le prédécesseur de Philippe, à savoir Charles IV le Bel. Aucun effort de mise en parallèle entre le projet éditorial et les aspects codicologiques de ces deux manuscrits ne semble cependant avoir été entrepris, et on ne fait ici que de suggérer une piste de recherche qui nécessiterait une attention et un travail de plus grande envergure. Sur les mss de Gautier de Coinci et leurs possesseurs, on consultera *Gautier de Coinci. Miracles, Music, and Manuscripts*, ed. by Kathy M. Krause – Alison Stones, Turnhout, Brepols, 2006.

n'est la signature d'un dénommé Jehan de la Sauch : certains indices portent à croire qu'il pourrait s'agir de Jehan de la Sauch, secrétaire de Marguerite d'Autriche et de Charles Quint, mais rien ne permet de remonter au destinataire originel[1].

1 Cette signature figure dans le coin supérieur gauche du contreplat supérieur de la reliure (ancienne) du manuscrit, aux côtés d'une liste de comptes partiellement effacée située au *recto* du feuillet de garde. On a de fortes raisons de penser que, contrairement à ce qui a pu être écrit dans Rouse – Rouse, *Illiterati et uxorati [...]*, *op. cit.*, t. 2, p. 197, le nom du signataire n'est pas Jehan Lesanch, mais Jehan de le Sauch. En effet, on ne trouve aucune mention dans les sources historiographiques d'un quelconque Jehan de Lesanch, un nom de famille qui demeure par ailleurs extrêmement peu répandu à l'époque médiévale et moderne. L'unique mention d'un Jehan de Lesanch dans l'histoire figure dans Loys Gollut, *Les mémoires historiques de la république séquanoise et des princes de la Franche-Comté de Bourgogne*, Dôle, Dominique, 1592, p. 1049, où il est fait référence à « Guillaume des Barres, & Jean de Lesanch, Secretaires de dame Marguerite, Regente & gouuernante des païs Bas », c'est-à-dire Marguerite d'Autriche, devenue régente en 1507. Or, il pourrait s'agir d'une faute typographique, étant donné qu'on possède par ailleurs de nombreux documents sur un dénommé Jehan de la Sauch, mentionné entre autres dans une facture de Marguerite d'Autriche reproduite par Emmanuel de Quinsonas, *Matériaux pour servir à l'histoire de Marguerite d'Autriche, duchesse de Savoie, régente des Pays-Bas*, Paris, Delaroque, 1860, p. 395, à titre de « secrétaire de l'Empereur [Charles Quint] & secrétaire de Madame ». Le site de l'Institute of Historical Research and the History of Parliament Trust (*British History Online*, URL : http://www.british-history.ac.uk/) propose une liste assez imposante de documents mentionnant Jehan de la (ou de le) Sauch, secrétaire de Charles Quint. La tentation d'identifier ce secrétaire à l'auteur de la signature dans le manuscrit *C* devient encore plus grande si on consulte l'inventaire de 1523 de la « librairie » de Marguerite, retranscrit par Henri Michelant dans *Compte-rendu des séances de la Commission Royale d'Histoire*, 3e s., 12 (1871), p. 48, mentionnant « un petit [livre], qui ce nomme Witricquet ». La présence d'un livre de Watriquet de Couvin chez Marguerite d'Autriche n'étonne guère lorsqu'on se souvient qu'elle est la petite-fille de Charles le Téméraire, quatrième et dernier duc de Bourgogne. Or, selon Georges Doutrepont, *La littérature française à la cour des ducs de Bourgogne (Philippe le Hardi, Jean sans Peur, Philippe le Bon, Charles le Téméraire)*, Paris, Champion, 1909, p. 331, le duc de Bourgogne Jean sans Peur avait acheté, en même temps qu'une copie du *Roman de Renart*, les « fabliaux obscènes de Watriquet de Couvin ». Le seul manuscrit de Watriquet conservant des fabliaux est le manuscrit *C*. Mais Doutrepont reste vague quant à la source qui lui permet de retracer cet achat. De plus, on associe depuis longtemps le volume acquis par Jean sans Peur au ms. *A*. L'inventaire de la bibliothèque des ducs de Bourgogne, effectué en 1577 par Viglius et reproduit dans le *Catalogue des manuscrits de la bibliothèque royale des ducs de Bourgogne*, 3 t., Bruxelles/Leipzig, Muquardt, 1842, t. 1, mentionne aussi un « *Witricquet, en franchois* » sous la cote 878, ce qui correspond à l'orthographe de l'inventaire de Marguerite d'Autriche. Rien ne permet toutefois d'affirmer qu'il s'agit du ms. *C*. Sur la confusion autour des inventaires des manuscrits de Watriquet dans la bibliothèque des ducs de Bourgogne, voir la synthèse Cojan-Negulescu, *Watriquet de Couvin [...]*, *op. cit.*, p. 69-73. Par ailleurs, si rien ne permet d'affirmer à coup sûr que le la signature est celle du secrétaire Jehan de la Sauch, l'hypothèse demeure somme toute assez crédible.

Et sans doute l'identité exacte du destinataire de *C* importe-t-elle moins que le témoignage qu'apporte l'inventaire de 1373 sur l'ample diffusion manuscrite dont a bénéficié Watriquet de Couvin. Les cinq, voire six (si on décide de ne pas identifier le numéro 1216 au manuscrit *C*) recueils non identifiables, ajoutés aux manuscrits conservés[1], élèvent à dix ou onze le nombre de volumes exclusivement construits autour de la personne de Watriquet, catalogués et conservés ensemble dans la bibliothèque de Charles V une vingtaine d'années après la fin du règne de Philippe VI. Une telle réception est loin d'être négligeable. De plus, bien qu'il ne faille pas tirer de conclusions hâtives sur l'emplacement des recueils en 1373, elle tend à corroborer l'hypothèse d'une clientèle curiale pour les livres de Watriquet, proche peut-être du « premier public » auquel le poète semble s'adresser dans ses œuvres.

Cette hypothèse est-elle confirmée par les indices présents dans *B*, *D* et *E* ? Au sujet de ces manuscrits, les Rouse suggèrent qu'ils auraient été commandés par des membres de l'entourage du roi « who had seen C and wished to emulate the king[2] ». La relative modestie de ces manuscrits fait supposer que ces clients devaient être des personnages hiérarchiquement inférieurs aux clients de *A* et *C*. Malgré des efforts d'identification, les personnages de la miniature de *D* demeurent inconnus[3], tandis que l'aspect fragmentaire de *E* empêche toute enquête concluante. En revanche, aucun chercheur ne semble avoir remarqué la présence de gloses dans les marges inférieures des f. 58v, 60r, 62v, 67r et 104v de *B*. Les quatre premières gloses se situent toutes sur les feuillets renfermant le *Dit des quatre sièges* : il s'agit de récapitulations des comparaisons contenues dans le dit entre les hauts personnages de l'histoire ou de la littérature et les membres de l'entourage de Charles de Valois[4]. Située à la fin du *Dit du roi*, la glose du dernier feuillet est quant à elle une note sur les

1 D'après Rouse – Rouse, « Publishing [...] », art. cité, p. 143, le ms. 1217 aurait été la copie (aujourd'hui perdue) de Louis de Bourbon.

2 *Ibid.*, p. 149-150.

3 Pour plus de détails sur l'illustration du ms. *D* et sur les tentatives les plus récentes d'identification des personnages qui y figurent, voir la brève synthèse de Tania Van Hemelryck dans *La librairie des ducs de Bourgogne. Manuscrits conservés à la Bibliothèque royale de Belgique*, éd. par Bernard Bousmanne *et al.*, 4 t., Turnhout, Brepols, 2000-2009, t. 2, p. 272.

4 On donne ici la transcription du contenu des interventions : f. 58v *Artuz de Bretaigne, comparé à Charles de Valoys* ; f. 60r *Alexandres, comparé au Conte de Henaut* ; f. 62v *Dus Naymes, comparé au Conte de Provence* ; f. 67r *Girart de France, comparé au conte de Flandres.*

célèbres quatre vertus cardinales que devrait posséder tout monarque et dont Watriquet se fait le porte-voix[1], signe que ce glosateur avait au moins un intérêt pour les problématiques liées à la cour des Valois et à la manière dont on y réfléchissait au gouvernement de soi et des autres[2]. Un détail notable et original réside dans le fait que ce glosateur, qui use de nombreuses abréviations témoignant d'une familiarité avec l'activité scripturaire, a apposé à côté de chacun de ses commentaires une signature. Si un examen par un œil expert permettrait sans doute de la dater et de la localiser avec précision, elle paraît à première vue correspondre au modèle des paraphes établi par les fonctionnaires royaux de Jean II le Bon, repris par un certain nombre de ducs de Bourgogne et que Claude Jeay, notamment, a étudié et reproduit[3]. Le paraphe du glosateur de *B* paraît épeler le nom *Valee.* On possède un certain nombre de documents sur un Jehan Valee, devenu gruyer (officier chargé des forêts) du duc Philippe le Hardi en 1371, mort en 1379. Il est un candidat relativement crédible[4]. Mais, il demeure plus sûr de se contenter

1 *Le nom des quatre vertus : Sagece, Justice, Force, Atemprance.*

2 Sur la réception médiévale de ces quatre vertus, qu'on trouve déjà dans *La République* de Platon, voir par exemple István Pieter Bejczy, *The Cardinal Virtues in the Middle Ages. A Study of Moral Thought from the Fourth to the Fourteenth Century*, Leiden/Boston MA, Brill, 2011.

3 Voir Claude Jeay, « La signature comme marque d'individuation. La chancellerie royale française (fin XIIIe-XVe siècle) », *L'Individu au Moyen Âge. Individuation et individualisation avant la modernité*, éd. par Dominique Iogna-Prat – Brigitte M. Bedos-Rezak, Paris, Aubier, 2005, p. 59-78.

4 En avril 1371, Jehan Valee est nommé gruyer par le duc Philippe le Hardi : « Si donnons en mandement a nostre aimé et feal Jehan de Saulx nagueres nostre gruier de Bourgoigne que les proces, enquestes, instructions, informations et autres choses qu'il a par devers lui touchans ledit office, il baille et delivre audit Jehan Valee par inventoire et par les li baillant avec copie dudit inventoire soubz le sceel dudit Jehan Valee nous len delivrons et deschargons par la teneur de ces presentes » (cité dans Corinne Beck, *Les Eaux et Forêts en Bourgogne ducale (vers 1350-vers 1480). Société et biodiversité*, Paris, l'Harmattan, 2008, p. 91). Ce Valee est donc un administrateur, disposant d'un *sceel* et accoutumé à une certaine forme de culture écrite, ce qui pourrait expliquer la nature rudimentaire des commentaires ainsi que la volonté de signer chaque intervention écrite. L'inventaire *post mortem* de « certains meubles laissiez ou chastel de Maisey » par la femme de Jehan Valee à la mort de celui-ci en 1379, s'il permet de connaître la date du décès, ne renferme aucun indice sur une quelconque bibliothèque personnelle. Voir *Inventaires mobiliers et extraits des comptes des ducs de Bourgogne de la maison de Valois (1363-1477)*, éd. par Bernard Prost – Henri Prost, 2 t., Paris, Leroux, 1902-1913, t. 2, p. 44. Afin de se faire une idée, on peut également constater la ressemblance entre la signature du ms. *B* et celle qui figure sur le *vidimus* des lettres de Philippe le Hardi, duc de Bourgogne, au f. 1 du ms. BnF, fr. 22451, dont une reproduction est disponible dans *Gallica.*

de suggérer que ce glosateur a pu évoluer dans un milieu curial, proche peut-être de la branche Valois de la famille royale, entre le règne de Jean II le Bon et celui de Charles V, soit entre 1350 et 1380.

QUEL RÔLE POUR L'AUTEUR ?

Au regard de ce tableau des origines géographiques de la clientèle livresque de Watriquet ainsi que de l'atelier ayant produit ses recueils, il est donc tout à fait probable que le poète couvinois, qui, dans le fabliau des *Trois Dames de Paris*, se dépeint lui-même en train de déambuler entre « les maisons plaines et les rues » de Paris aux côtés de citadins tels « que la fame Adam de Gonnesse / et sa niece Maroie Clippe » (*Des Trois Dames de Paris*, v. 5 et 18-19), ait personnellement supervisé la production, dans un atelier de la ville, de ses recueils destinés à des clients issus de la cour et devant lesquels il avait l'habitude de performer. Cette supposition ne paraît toutefois pas l'emporter sur d'autres qui éloigneraient l'auteur de la chaîne de confection de ses recueils, en raison de la place grandissante que la figure de l'écrivain a jouée dans l'histoire, jusqu'à son « sacre » au XIXᵉ siècle, pour reprendre la formulation de Paul Bénichou[1]. En d'autres termes, il semblerait que, suivant ce qu'Henri Bergson nomme le « mouvement rétrograde du vrai[2] », on ait tendance à naturaliser la conception moderne de l'auteur comme maître de son œuvre et à l'appliquer de façon un peu trop systématique à un contexte de production qui se caractérise au contraire par son ambivalence par rapport à la place qu'il accorde à la propriété littéraire. En ce sens, la conception quelque peu téléologique des Rouse sur ce point gagnerait donc à être fortement nuancée, voire tout bonnement remise en question.

En effet, elle a tout d'abord de sérieuses conséquences sur l'interprétation et l'image qu'on peut se faire de l'origine et de la signification des

1 Paul Bénichou, *Le Sacre de l'écrivain, 1750-1830. Essai sur l'avènement d'un pouvoir spirituel laïc dans la France moderne*, Paris, Gallimard, 1996 [1973].

2 Sur cette notion, voir Henri Bergson, *La Pensée et le mouvant. Essais et conférences*, Paris, Alcan, 1934.

variantes contenues dans les manuscrits de Watriquet. Les médiévistes effectuent ainsi un travail de comparaison des variantes du *Dit de la noix* (présent dans six des sept témoins médiévaux de Watriquet)[1] et en concluent que « none of the surviving copies of this *dit* is the source of any of the others », mais que « the collation indicates, as well, that all the survivors stand close to the point of origin[2] ». Ils avancent donc que « an image of spokes radiating from a "hub", the author's own text, would not be far off the mark[3] ». Or, il est intéressant de remarquer que le travail de comparaison des manuscrits mené parallèlement et à plus grande échelle par Cojan-Negulescu aboutit à un constat relativement identique quant à la variabilité des textes contenus dans les manuscrits, mais à une interprétation toute autre, selon laquelle « les volumes conservés de Watriquet de Couvin constituent tous eux-mêmes des copies », tandis qu'une « pluralité de [...] manuscrits, aujourd'hui disparus », auraient par exemple servi de support au seul ms. *C*, ce qui témoignerait donc de la « renommée assez considérable dont devait jouir le ménestrel en son temps[4] ». Il paraît difficile de juger de la supériorité de l'une ou de l'autre de ces conclusions qui, de surcroît, ont été menées indépendamment l'une de l'autre. On peut en revanche constater que la centralité d'un hypothétique manuscrit d'auteur (« the author's own text ») dans la chaîne de production des manuscrits apparaît à certains égards comme un parti-pris théorique. Un examen de l'explication apportée par les Rouse sur la manière dont Watriquet conservait ses textes devrait permettre de le suggérer davantage encore.

Les médiévistes relèvent la présence, d'un recueil à l'autre, de blocs textuels qui se retrouvent dans le même ordre et sont augmentés tout au plus d'un ou de deux *unica*[5]. Pour expliquer ce phénomène, ils s'inspirent, à la suite des recherches de Sarah Williams[6], des témoignages

---

1 Contrairement à ce qui est dit dans Rouse – Rouse, « Publishing [...] », art. cité, p. 145, le *Dit de la noix* n'est pas « the only *dit* found in all the surviving manuscripts », puisqu'il n'est pas présent dans *G*.

2 *Ibid.*

3 *Ibid.*

4 Cojan-Negulescu, *Watriquet de Couvin [...]*, *op. cit.*, p. 61. Ici, le ms. *C* est désigné par la lettre *A*.

5 Un tableau synthétique de ces blocs textuels est fourni dans Rouse – Rouse, « Publishing [...] », art. cité, p. 146.

6 Sarah J. Williams, « An Author's Role in Fourteenth Century Book Production : Guillaume de Machaut's *livre où je met toutes mes choses* », *Romania*, 90 (1969), p. 433-454.

de Guillaume de Machaut disséminés dans son *Livre du Voir Dit*[1] au sujet du *Livre ou [il] met toutes [s]es choses* et ils imaginent que Watriquet possédait lui aussi un système de conservation analogue qui aurait été une sorte de recueil de feuillets volants et de livrets (« booklets ») contenant ses dits[2]. Ils font également référence aux exemples de Jean Froissart et de Christine de Pizan, qui se sont impliqués dans l'édition de leurs textes[3]. Mais il est à noter dans un premier temps que – et les Rouse le remarquent eux-mêmes[4] – contrairement à ses successeurs ou même à des prédécesseurs qui, tels l'auteur de *Renart le nouvel*, Jacquemart Gielée, ou encore Gautier de Coinci, incluent dans leurs textes des allusions au devenir livresque de leur œuvre[5], Watriquet de Couvin ne fait pas une seule fois référence à un quelconque livre qui contiendrait ses propres textes. Certes, le poète thématise son activité d'écriture, comme par exemple dans le *Dit des trois Vertus* (v. 329-333) :

Si m'en alai grant aleüre
Pour cestui songe en escript metre.
Si com je m'en soi entremetre,

1 Guillaume de Machaut, *Le Livre du Voir Dit*, éd. par Paul Imbs – Jacqueline Cerquiglini-Toulet, Paris, Librairie Générale Française, 1999.

2 Rouse – Rouse, « Publishing [...] », art. cité, p. 144-145.

3 *Ibid.*, p. 145.

4 *Ibid.*, p. 144.

5 Ainsi, Jean Froissart parle de *faire* un livre aux v. 332-333 du *Joli buisson de Jonece*, éd. par Anthime Fourrier, Genève, Droz, 1975 (« Se m'en pora bien souvenir / Quand je ferai un aultre livre »), tandis que dans *Le Dit dou Florin*, publié dans *Poésies de Jean Froissart*, éd. par Jean-Alexandre Buchon, Paris, Verdière, 1829, il lit à son auditeur une copie de son livre, *Méliador* : « Car toutes les nuis je lisoie / Devant lui et le solaçoie / D'un livre de Melyador » (v. 291-293). Dans *Renart le Nouvel*, éd. par Henri Roussel, Paris, Picard, 1961, Jacquemart Gielée indique à son lecteur l'emplacement matériel de l'illustration représentant la roue de Fortune qu'il évoque dans son texte : « De Renart ne vous dirai plus / Veoir poés apertement / Conment siet en haut mandement / En son le roe de Fortune / Par coi some en amertume. / La figure est fins de no livre / Veoir poés a delivre » (v. 7744-7750). Dans son épilogue, au livre 2 de ses *Miracles de Nostre Dame*, Gautier de Coinci envoie la copie achevée de son texte à Robert de Dive, prieur de Saint-Blaise et abbé de Saint-Éloi, à Noyon, pour qu'il l'annote et l'illustre : « Il m'est avis que bien l'avoi / Quant tout premier l'envoi a lui / Quar ne connois certes nului / Plus volentiers de lui ne lise / Me qui plus tost le contrescrise / Ne qui miex le sache atourner / Flourir, ne paindre, n'aourner / Livres or tost, va t'en, va t'en, / Va a Noion, plus n'i aten. / Bien sai que jor et nuit la bee / Robert qui m'a m'amour robee » (v. 98-108). Cette dernière citation est reprise de Keith Busby, *Codex and Context. Reading Old French Verse Narrative in Manuscript*, Amsterdam / New York NY, Rodopi, 2002, t. 2, p. 744. Le contrôle éditorial de Christine de Pizan sur ses livres n'est quant à lui plus remis en question.

M'en sui durement entremis ;
Ci est mes songes à fin mis.

Mais de tels propos semblent plutôt devoir être replacés au sein de la posture auctoriale de Watriquet, qui se fonde entre autres sur une synthèse cinesthésique et dialectique des univers de la performance physique, des jeux chromatiques, de la musicalité et enfin de la culture écrite, certes, mais pas forcément de la culture livresque. On peut par exemple citer le passage du *Miroir aux Dames* dans lequel le ménestrel thématise la musicalité de son dit, alors même que celui-ci se caractérise par sa forme scandée (et non chantée), mais aussi par sa forme écrite (v. 10-14) :

A ce c'un dit vous conte et die,
A oïr plaisant melodie,
De la plus très bele aventure
C'onques meïsse en escripture

Une analyse détaillée du *Dit des huit couleurs*, texte dans lequel le poète procède à un jeu d'identifications codées associant à un personnage allégorique une lettre et une couleur, a permis à Bernard Ribémont de constater lui aussi l'aspect inter-médial de l'écriture du poète, qui associe « la lettre, le chiffre [et] la couleur[1] » et pour qui « colorier est avant tout écrire[2] ». Il est donc étonnant et significatif de remarquer que, malgré une conscience de la spécificité de chaque *medium*, Watriquet ne parle jamais de son *livre* dans ses textes[3].

De plus, les références de Guillaume de Machaut à son *livre* à lui témoignent d'une connaissance de la morphologie du manuscrit, ainsi que du souci du poète de faire tenir ses blocs textuels dans des livrets, qu'il décrit comme des « pièces » (soit des *peciae*)[4]. Ce respect de l'unité de base constituée par le livret a permis à Williams de dire que Guillaume

1 Bernard Ribémont, « Jeu de signes, jeu de couleurs : le *Dit des .VIII. couleurs* de Watriquet de Couvin », *Écrire pour dire. Études sur le dit médiéval*, éd. par Id., Paris, Klincksieck, 1990, p. 67-91 (en part. p. 68).

2 *Ibid.*, p. 91.

3 Et ce en dépit des illustrations évoquées précédemment, présentant Watriquet son livre à la main.

4 Sur ce point, voir Williams, « An Author's Role [...] », art. cité, p. 441, ainsi que la lettre X du *Livre du Voir Dit* (éd. citée, p. 188), où l'auteur parle de son livre : « il est plus de .XX. pieces, quar je l'ai fait faire pour aucun de mes seigneurs, si que je le fais noter, et pour ce il couvient que il soit fait par pieces ».

de Machaut s'était impliqué dans la production de ses manuscrits. Or, malgré son apparente solidité, la vision d'un Guillaume de Machaut veillant attentivement à la mise en recueil de ses poèmes a récemment été remise en cause par plusieurs spécialistes (qui rappellent notamment les multiples références au rôle joué par le secrétaire du poète dans le *Voir Dit*)[1]. Quoi qu'il en soit, on ne trouve pas d'indices de l'existence de cahiers ou de livrets chez Watriquet, dont les blocs de poèmes, s'ils existent bel et bien, ne semblent pas avoir été conçus pour tenir dans des livrets. Aucun texte ne vient se conclure à la fin d'un cahier, si ce n'est le dernier de chaque manuscrit, lorsque celui-ci est présent[2]. Aucun de ces blocs ne se conforme à une organisation – totale ou partielle – en cahiers, et aucun recueil de Watriquet ne présente de sous-unités qui témoigneraient avec certitude d'un modèle livresque préexistant et canonique[3].

Un autre argument avancé par les Rouse en faveur de la thèse d'un contrôle auctorial concerne la manière dont Watriquet est systématiquement dépeint en robe mi-partie dans *A* et *C*, ce qui témoignerait, parmi d'autres indices, de son implication active dans le programme iconographique de ses manuscrits, notamment parce que le choix de son costume aurait été « unlikely to have mattered to anyone else[4] » que l'auteur. Contre cette hypothèse, on remarquera que le costume mi-parti, variation du costume rayé, est de longue date associé aux figures ambigües de marginaux, de fous ainsi que de ménestrels dans diverses

1 Pour un point de vue récent, synthétique et éclairé sur ce débat, voir Margarida Madureira, « Le recueil d'auteur au XIVe siècle : Guillaume de Machaut et la compilation de ses œuvres », *Le recueil au Moyen Âge. La fin du Moyen Âge*, éd. par Tanya Van Hemelryck – Stefania Marzano, Turnhout, Brepols, 2010, p. 199-211.

2 Ce constat est également celui de Rouse – Rouse, « Publishing [...] », art. cité, p. 145, qui imaginent plutôt que les « booklets » constituant la « réserve personnelle » de Watriquet étaient une sorte de synthèse des blocs textuels que l'on retrouve dans les manuscrits.

3 Les mss *F* et *G*, qui ne renferment que quelques textes de Watriquet, pourraient à cet égard renseigner sur le type de diffusion écrite, mais non livresque, dont l'œuvre de Watriquet bénéficiait à Paris (ou ailleurs). En effet, on peut s'interroger sur la provenance des modèles employés par les copistes de *F* et de *G*, et il est possible de supposer une circulation partiellement orale des pièces de Watriquet de Couvin. En guise de comparaison, on pourrait citer l'exemple de la *Complainte Rutebeuf*, qui a connu une variabilité manuscrite telle que l'hypothèse d'une transmission orale de ce dit a pu être avancée. Voir *Œuvres complètes de Rutebeuf*, éd. par Edmond Faral – Julia Bastin, 2 t., Paris, Picard, 1959-1960, t. 1, p. 545, ainsi que Denis Hüe – Hélène Gallé, *Rutebeuf*, Paris, Atlande, 2006, p. 41-46.

4 Rouse – Rouse, « Publishing [...] », art. cité, p. 147. Les autres indices seraient le caractère « tailored » (soit adapté au goût de chaque client) des illustrations.

représentations picturales médiévales[1]. Il ne faut donc pas oublier la part de convention qui guide le travail des enlumineurs, bien que le caractère systématique de la représentation de Watriquet soit un indice sinon de la volonté de l'auteur de se mettre en scène, du moins d'un projet éditorial et iconographique dont la figure du poète Watriquet serait l'élément principal parce qu'invoqué à répétition au fil des enluminures peuplant l'ouvrage.

Mais, là encore, la représentation de l'auteur connaît d'un *codex* à l'autre des variations dignes d'être interrogées : dans les illustrations de *C* représentant Watriquet, exécutées par le Maître du *Roman de Fauvel* (f. 124v, 176v, 189r), qui aurait été mandaté par Thomas de Maubeuge pour accélérer la production du livre prétendument destiné au roi[2], et dans l'unique miniature de *D* (f. 1r), Watriquet n'est plus peint en costume mi-parti, mais en rose et en bleu respectivement[3]. Si l'hypothèse d'un manque de temps – et donc d'un contrôle auctorial moindre – explique potentiellement le phénomène pour *C*, comment expliquer que l'auteur se soit désintéressé de sa représentation dans *D* ? Au regard des doutes concernant l'identité de l'enlumineur de *D* avec le Maître de Watriquet, peut-on au moins imaginer, à la suite de Tania Van Hemelryck, une plus faible implication de Watriquet dans la confection de *D*[4] ?

Ces interrogations en appellent d'autres concernant l'inachèvement de deux pièces : le *Dit des huit couleurs*[5] et le *Dit de la faux et de la faucille*. La première pièce, propre au ms. *B*, paraît clairement tronquée de sa fin, mais Colette Van Coolput-Storms souligne que « le copiste suit manifestement un modèle où le texte était déjà incomplet[6] », puisque la pièce est suivie d'un *explicit* et le manuscrit est complet. Cela laisse songeur quant à la provenance de cette pièce ainsi qu'à la manière dont

1 Sur la rayure et le mi-parti, on consultera Michel Pastoureau, *L'Étoffe du Diable. Une histoire des rayures et des tissus rayés*, Paris, Seuil, 1991.

2 Rouse – Rouse, « Publishing [...] », art. cité, p. 136.

3 À noter que l'illustration du f. 183v du ms. *C* représente un personnage qui pourrait être Watriquet en tunique bleue.

4 *La librairie des ducs de Bourgogne [...]*, *op. cit.*, t. 2, p. 271.

5 L'édition de Richard Beaufort, *Le Dit des .VIII. couleurs*, mémoire de licence en philologie romane, Louvain-la-Neuve, Université catholique de Louvain, 1998, n'a malheureusement pas pu être consultée.

6 Colette Van Coolput-Storms, « Note sur le *Dit des .VIII. Couleurs* de Watriquet de Couvin », *Convergences médiévales. Épopée, lyrique, roman. Mélanges offerts à Madeleine Tyssens*, éd. par Nadine Henrard *et al.*, Bruxelles, De Boeck, 2001, p. 549-558 (en part. p. 550).

Watriquet aurait admis qu'on la copie dans un recueil le mettant à l'honneur[1]. L'idée que le *Dit de la faux et de la faucille* soit inachevé vient quant à elle du fait que l'énonciation et l'autorité du dit sont prises en charge par un narrateur se présentant comme un élève de Watriquet (v. 102-105) :

Or n'ai que .ij. mos qui parfont,
A ce derrain, fin en mon dit,
Ainsi que Watriqués l'a dit,
Dont escolez sui et apris.

Cette référence a permis de supposer – un peu hâtivement peut-être – que la pièce avait été complétée après la mort de l'auteur, ce qui impliquerait que les mss *C* et *B* auraient tous deux été confectionnés en l'absence du poète[2]. Toutefois, en dehors de cette référence à l'enseignement de Watriquet, la pièce ne présente aucun signe d'inachèvement. De plus, le débat philologique, fort difficile à trancher, ne doit pas éclipser la part de mise en scène propre à ce passage qui, en dépeignant une relation de maître à élève liant Watriquet à l'énonciateur du poème, attire l'attention sur la figure auctoriale du Couvinois pour la renforcer.

Et tout autant qu'un renforcement, la référence à l'enseignement de Watriquet constitue, dans *C*, une étape notable dans la série de mutations de la figure auctoriale du Couvinois entre diverses séries de poèmes présentant des images distinctes et antithétiques de celui-ci. Composée du *Dit du fol menestrel*, une réflexion sur les devoirs du bon ménestrel et sur le danger de la parole des jongleurs, ainsi que de deux fabliaux (*Les trois chanoinesses de Cologne* et *Des Trois Dames de Paris*) présentant Watriquet en train de conter des histoires grivoises[3], la série de trois pièces (f. 81v-94r) qui précède le *Dit de la faux et de la faucille* (f. 94v-97r), poème où l'auteur fait montre de sa capacité à explorer la plasticité – et donc, en quelque sorte, la vanité – de la langue, pourrait être vue comme une stratégie éditoriale conçue pour insister sur le personnage de bouffon et d'amuseur public que joue parfois Watriquet.

1 Et, comme on le rappelle *ibid.*, cela est encore plus « énigmatique » du fait que « le *dit* en question est précédé d'une rubrique qui le date de 1322 ».

2 Langlois, « Watriquet, ménestrel [...] », art. cité, p. 416-417 et Van Coolput-Storms, « Note [...] », art. cité, p. 550.

3 Grivoises à un point tel que les passages les plus scabreux ont été grattés. Voir Rouse – Rouse, « Publishing [...] », art. cité, p. 130.

Les premiers textes du manuscrit, ainsi que les pièces qui, tel le *Dit de l'arbre royal* (f. 97v-107r), suivent directement cet « îlot de cohérence » constitué par les f. 81v-94r présentent plutôt un Watriquet capable de se connecter aux vérités abstraites et transcendantes personnifiées par diverses allégories qui prodiguent des conseils aux princes. La clôture de la parenthèse dans laquelle Watriquet se présente en amuseur et non en maître s'opérerait donc symboliquement aux v. 102-105 du *Dit de la faux et de la faucille*, où le poète plasticien et forgeur d'assonances ludiques mettrait en scène son retour, après une parenthèse carnavalesque, à la figure du dispensateur d'un enseignement digne d'écoute pour les gouvernants.

Une même logique visant à dramatiser la dualité complémentaire du ménestrel bouffon et prédicateur à la fois sous-tend l'organisation du ms. *A*, qui s'ouvre et se referme sur une représentation dédoublée de Watriquet. Si la miniature d'ouverture (f. 1v) présente le ménestrel à la fois en train de prêcher, le doigt tendu, et d'offrir un livre au comte de Blois, la dernière miniature (f. 161v) le dépeint en compagnie d'un dénommé Raimondin, avec lequel il aurait, selon la rubrique, performé la *Fatrasie* devant le roi Philippe[1]. Si, tout comme il est impossible de trancher sur l'autorité et l'inachèvement du *Dit de la faux et de la faucille*, il est impossible de savoir qui était ce Raimondin, il est à noter que la rubrique suggère, avec le verbe *desputer*[2], une opposition entre lui et Watriquet, tandis que sa représentation le fait émaner (ou graviter autour) du corps du poète tout en le dessinant comme étant atteint de strabisme. Tout comme la tunique mi-partie du ménestrel couvinois, cela suggérerait une représentation consciente de la dualité d'une même *persona* auctoriale, qui oscille, pour reprendre l'expression de Jacqueline Cerquiglini, entre « le clerc et le louche[3] », deux pôles représentationnels entre lesquels le personnage de Watriquet fait de constants va-et-vient dans les recueils à l'étude, sous la forme de multiples avatars. Il peut être question des mauvais conseillers – qu'il met d'ailleurs en relation et en

1 *Dits [...]*, éd. citée, p. 295 : « Ci commencent li fatras de quoi Raimondin et Watriquet desputerent le jour de pasques devant le roy Phelippe de France ».

2 *Ibid.*

3 Sur ces deux figures et leur rôle dans la construction du poète au XIVe siècle, voir Jacqueline Cerquiglini-Toulet, « Le clerc et le louche. Sociologie d'une esthétique », *« Comme mon cœur désire ». Le "Livre du Voir Dit"*, éd. par Denis Hüe, Orléans, Paradigme, 2001, p. 187-198.

opposition avec les ménestrels dans le prologue du *Dit de loyauté* –[1], des mécènes qui dictent l'inspiration du poète, comme dans la miniature présentant Louis de Bourbon en train de dicter le *Dit du connétable de France* au Couvinois (f. 26v), du ménestrel « fol » – lui aussi dessiné avec un strabisme dans l'illustration du *Dit du fol menestrel* (f. 82r) –, de la figure du maître (*Dit de la faux et de la faucille*), etc.

L'AUTEUR ET LE ROI : DEUX RÈGNES PROBLÉMATIQUES EN VIS-À-VIS

Or, force est de constater que, parmi toutes ces figures présentées comme la contrepartie de l'auteur, celle qui retient le plus l'attention demeure sans doute celle du monarque, qu'il soit allégorique et anonyme comme dans le *Miroir aux princes* ou historique, tel le Philippe VI du *Dit du roi*[2]. On pourrait dès lors avancer que la monarchie politique du roi sert de vis-à-vis exact à la monarchie poétique de Watriquet, autoproclamé « sire de Verjoli[3] », soit seigneur d'un univers littéraire au sein duquel il effectue des allées et venues pour informer l'univers politique et éthique qui est celui du Prince.

Et les recueils *A* et *C*, en multipliant les jeux de miroir entre la figure du clerc et celle du louche ou en présentant Watriquet invitant le roi Philippe à *baisier* son *fondement* dans une *Fatrasie* (v. 57) marquée par le renversement carnavalesque et l'humour scatologique[4], n'en

1 « A ces festes et as haus jours / Doivent estre les hautes cours / Des bons menestreus celebrée, / Des faisours de recordeours, / Des trompeurs, de taboureours, / De viele bien atemprée, / De naquaires à grant huée ; Et puis que raisons ne le vée, Watriqués veult à briés mos cours / De rime faite et parée, / De loiauté enluminée / Qui ci aval nous fait ses tours » (*Dit de loyauté*, v. 1-12).

2 Sur ce point, voir Menegaldo, « La figure royale [...] », art. cité, p. 172.

3 « Watriquet m'apelent aucun, / De Couvinz, et presque chascun, / Et sui sires de Verjoli » (*Le Tournoi des dames*, v. 248-250).

4 Sur la *Fatrasie* et les fatras, voir Lambert C. Porter, *La Fatrasie et le fatras. Essai sur la poésie irrationnelle en France au Moyen Âge*, Genève / Paris, Droz / Minard, 1960, p. 145 *sq.*, Maria Cojan-Negulescu, « Les fatras de Watriquet, parodie ou exercice poétique ? », *Poésie et Rhétorique du non-sens. Littérature médiévale, littérature orale*, éd. par Sylvie Mougin – Marie-Geneviève Grossel, Reims, Presses Universitaires de Reims, 2004, p. 89-116, Patrice Uhl, *La Constellation poétique du non-sens au Moyen Âge : onze études sur la poésie*

finissent pas de mettre en scène l'interpénétration entre le poétique, la littérature et les vers plaisants, d'une part, et le politique, d'autre part, symbolisés respectivement par la figure de l'auteur et par celle du monarque. En somme, tout en tentant de faire accéder le ménestrel à un nouveau statut, celui d'autorité morale et politique, *A* et *C* rappelleraient également, en sous-texte et par l'entremise de stratégies éditoriales et iconographiques telles que le placement de la *Fatrasie* à la fin du recueil *A*, le caractère en partie absurde et subversif d'un tel projet poétique.

À cet égard, on pourrait, en guise de conclusion et d'amorce à une réflexion plus vaste, s'interroger sur les raisons ayant mené à la création d'un antécédent dans la production livresque vernaculaire, à savoir « l'invention » – autour de la personne de Watriquet, et non d'un autre poète – des recueils à auteur unique diffusés à une échelle somme toute considérable. Un élément de réponse pourrait se trouver dans la grande fortune manuscrite du *Dit du roi*, texte dont on sait qu'il a été composé à la suite du couronnement de Philippe VI de Valois. Transmise dans l'ensemble des manuscrits conservés, sauf *E* dont il n'est après tout pas impossible qu'il ne le contenait pas à l'origine[1], cette pièce où on voit le ménestrel donner des conseils politiques au roi est le poème de Watriquet consacré par la culture écrite comme étant digne de figurer dans un livre et de traverser les âges. En témoignerait, par exemple, la glose qui accompagne le poème (placé de façon emblématique à la toute fin du ms. *B*) et que l'on peut interpréter comme un signe de l'intérêt particulier que pouvait susciter le texte pour le lectorat de l'époque. Est-il absurde, dès lors, de supposer que ce serait en grande partie cette pièce, ainsi que le couronnement de Philippe qui en constitue la genèse et que les Rouse présentent comme l'évènement à l'origine de la production de l'ensemble des manuscrits de Watriquet[2], qui auraient justifié le passage du poète d'un statut de ménestrel de cour à celui d'auteur livresque ? Ne peut-on pas penser que ce serait en tant qu'interlocuteur du premier roi Valois et témoin privilégié de son arrivée au pouvoir que le poète

---

fatrasique et ses environs, Saint-Denis-de-La Réunion / Paris, Université de La Réunion / l'Harmattan, 1999 et Id., *« Sanz rimer de aucun sens ». Rêveries, fatrasies, fatras entés : poèmes "nonsensiques" des* XIII*e et* XIV*e siècles*, Louvain, Peeters, 2012.

1 Cette hypothèse relève toutefois de la pure spéculation.

2 Rouse – Rouse, « Publishing [...] », art. cité, p. 150.

couvinois aurait acquis la légitimité nécessaire pour se déployer non plus dans la temporalité ponctuelle et actuelle du dit performé, mais dans une temporalité bien plus longue, celle du livre et de l'histoire, une histoire en mouvement dont il est l'observateur et le diseur tout à la fois ? Cette idée permettrait de comprendre l'absence de références à l'objet-livre – qui jure avec la « conscience médiatique » affichée du Couvinois, par exemple, dans le *Dit des huit couleurs*. Cette absence s'expliquerait par le fait que ce ne serait que tardivement dans la carrière du poète qu'un ou plusieurs individus (pas forcément Watriquet lui-même) auraient songé à faire de ses textes un livre contenant une *œuvre*, qui, grâce à des textes tels que le *Dit de l'arbre royal* qui racontent la crise de succession de Philippe le Bel, par exemple, aurait pris rétrospectivement un sens quasi prophétique, une fois l'entourage des patrons de Watriquet portés au pouvoir.

L'hypothèse séduit également du fait qu'elle permet d'imaginer un public (relativement large, à en croire la tradition manuscrite) qui aurait tissé entre Watriquet et Philippe VI, entre l'œuvre de l'un et le règne de l'autre, chacun constellé de remises en question de leur autorité et de leur légitimité poétique ou monarchique, un lien privilégié. L'incertitude politique générée par la mort de Philippe le Bel et de ses successeurs est abondamment décrite dans le *Dit de l'arbre royal* : la révolte de Flandre – région dont serait originaire Watriquet –, réprimée par son patron Gaucher de Châtillon[1] et au cours de laquelle Philippe VI fut surnommé, d'après les *Grandes Chroniques de France*, le « roi trouvé[2] », ou encore le choix même de Philippe VI comme successeur à la couronne de France au détriment d'Édouard III d'Angleterre, clairement évoqué par le narrateur du *Rosarius* en guise d'introduction au *Dit du roi*[3], ancrent, dès le début de son règne, l'autorité de Philippe VI dans une ambiguïté

1 Voir par exemple Alain Derville, *Saint-Omer. Des origines au début du XIVe siècle*, Villeneuve-d'Ascq, Presses Universitaires de Lille, 1995, p. 300 *sq.*

2 « Adoncques quant les Flamens virent l'ost du roy, si firent un grant coc de toile tainte, et en ce coq avoit escript : Quant ce coq ci chanté ara / Le roy trouvé ça entrera. » (*Les Grandes Chroniques de France*, éd. par Paulin Paris, 6 t., Paris, Techener, 1836-1838, t. 5, p. 311).

3 Långfors, « Notice du manuscrit français 12483 [...] », art. cité, p. 555-556, transcrit le prologue : « Un dit en fu fait en tel guise / De Philippe, un roy de France, / Qui d'estre roy fu en balance : / Li regne li vint costé, / Painne mist qu'en feüst osté / Li roys anglois, mès ne post mie ; / Mainte personne en fu perie ».

et une illégitimité[1] semblables à celles qui fondent la figure d'auteur de Watriquet dans ses manuscrits, dépeint en mi-parti et accompagné d'une série d'avatars problématiques ... dont le roi en personne, contaminé par la problématicité de la figure d'auteur du Couvinois. Tout en faisant accéder Watriquet de Couvin à la monarchie littéraire, tout en le faisant « régner » seul sur son œuvre, les livres du poète s'appliqueraient ainsi à saper en partie les fondements de ce règne poétique calqué sur celui, politique, de Philippe. Et peut-être renverraient-ils dos-à-dos – ou plutôt face-à-face – les deux figures, celle du sire trouvère et du roi trouvé, qui se seraient servis mutuellement de miroir et de guide.

Julien Stout
Université de Montréal

1 Pour un survol de la question, on pourra consulter l'ouvrage de Raymond Cazelles, *La société politique et la crise de la royauté sous Philippe de Valois*, Paris, D'Argences, 1958. Des travaux plus récents ont souligné à juste titre le caractère fortement construit et littéraire de l'image qu'on a pu se faire de la crise de succession opposant Philippe VI à Édouard III. Voir, par exemple, Jean-Marie Moeglin, « Qui a inventé la Guerre de Cent Ans ? Le règne de Philippe VI dans l'historiographie médiévale et moderne (vers 1350-vers 1650) », *Écritures de l'histoire (XIV*e*-XVI*e *siècle). Actes du colloque du Centre Montaigne (Bordeaux, 19-21 septembre 2002)*, éd. par Danièle Bohler – Catherine Magnien-Simonin, Genève, Droz, 2005, p. 521-543. Or ces lectures, qui insistent sur l'interpénétration du littéraire et de l'historiographique, vont plutôt dans le sens du propos du présent article.

LES MISES EN PROSE DE L'ATELIER DU MAÎTRE DE WAVRIN : PISTES ET RÉFLEXIONS

Les chercheurs qui se sont intéressés au phénomène de la mise en prose ou du dérimage sont unanimes : « les éléments codicologiques et paléographiques suggèrent qu'il a dû exister dans l'environnement bourguignon des années 1450-1460 une petite équipe organisée de professionnels de l'écriture, au service du duc, dévolue à la confection de manuscrits de mises en prose[1] ». Dans un article paru en 1998, Madeleine Jeay formule une proposition semblable et parle, à propos de la cour des ducs de Bourgogne, d'un « laboratoire privilégié[2] ». Cette image d'une équipe de prosateurs cohérente et harmonieuse oriente depuis quelques décennies la recherche sur ces œuvres qui sont le plus souvent appréhendées comme le résultat d'une pratique partagée et uniforme, tant sur le plan stylistique que poétique.

Aucun indice ne suggère pourtant qu'il existe au milieu du XVe siècle *une* équipe organisée de prosateurs dans l'entourage de Philippe le Bon. La prise en compte de la matérialité des mises en prose romanesques tend d'ailleurs plutôt à circonscrire différents lieux de production – nous parlerons d'*ateliers* – qu'il n'est pas impossible de caractériser. C'est ainsi que Friedrich Winkler a pu reconstituer, dès les années 1920, un pôle de production qu'il situe à Lille, autour de celui qu'il a surnommé le Maître de Wavrin[3], artiste qui doit son surnom à Jean le

1 Tania Van Hemelryck, « Le livre mis en prose à la cour de Bourgogne. Réflexions pour une approche codicologique d'un phénomène littéraire », *Mettre en prose aux XIVe et XVe siècles*, éd. par Maria Colombo Timelli *et al.*, Turnhout, Brepols, 2010, p. 245-254 (en part. p. 254).

2 Madeleine Jeay, « Le travail du récit à la cour de Bourgogne : *Les Évangiles des quenouilles*, *Les Cent nouvelles nouvelles* et *Saintré* », *Lettres romanes*, hors série (1998), p. 71-86 (en part. p. 86).

3 Pascal Schandel, *Le Maître de Wavrin et les miniaturistes lillois à l'époque de Philippe le Bon et de Charles le Téméraire*, thèse de doctorat, Strasbourg, Université Marc-Bloch, 1997 et Id.,

Bâtard de Wavrin[1], pour qui il illustre un ensemble de mises en prose d'œuvres (non-arthuriennes) du XIIIe siècle et une série de productions originales de la mi-XVe siècle[2]. Nous ne retiendrons pour les besoins de la démonstration que les manuscrits de papier au filigrane *P* gothique[3] :

titre	cote	filigrane	possession
Histoire des Seigneurs de Gavre	BRB, 10238	*P*	Jean de Wavrin
Paris et Vienne	BRB, 9632-33	*P*	Jean de Wavrin
Olivier de Castille	Gent, RA, 470	*P*	Jean de Wavrin
Roman du Comte d'Artois	BnF, fr. 11610	*P*	Jean de Wavrin
Les Amours du Châtelain de Coucy et de la Dame de Fayel	Lille, Godefroy 50	*P*	Jean de Wavrin
Gilles de Chin	Lille, Godefroy 50	*P*	Jean de Wavrin
Gérard de Nevers	BRB, 9631	*char*[1] *P*	-
Jean d'Avennes	BnF, fr. 12572	*P*	-

« Le Maître de Wavrin », *Miniatures flamandes (1404-1482)*, éd. par Bernard Bousmanne – Thierry Delcourt, Paris/Bruxelles, Bibliothèque nationale de France/Bibliothèque royale de Belgique, 2001, p. 358-366.

1 Sur Jean de Wavrin, voir surtout les articles d'Antoinette Naber, « Jean de Wavrin, un bibliophile du quinzième siècle », *Revue du Nord*, 69 (1987), p. 281-293, Ead., « Les goûts littéraires d'un bibliophile de la cour de Bourgogne », *Courtly Literature : Culture and Context. Selected Papers from the 5th Triennal Congress of the International Courtly Literature Society (Dalfsen, 9-16 August 1986)*, ed. by Keith Busby – Erik Kooper, Amsterdam, Benjamins, 1990, p. 459-464, Ead., « Les manuscrits d'un bibliophile bourguignon du XVe siècle, Jean de Wavrin », *Revue du Nord*, 72 (1990), p. 23-48 et celui, plus récent, d'Alain Marchandisse, « Jean de Wavrin, un chroniqueur entre Bourgogne et Angleterre, et ses homologues bourguignons face à la Guerre des Deux Roses », *Le Moyen Âge*, 102 (2006), p. 507-527.

2 Léon M. J. Delaissé, « Les principaux centres de production de manuscrits enluminés dans les états de Philippe le Bon », *Cahiers de l'Association internationale des études françaises*, 8/8 (1956), p. 11-34 (en part. p. 17) : « A pu également être localisé à Lille, vers les années 1460, un autre groupe important de mss. bien connus par l'exceptionnelle qualité des dessins à la plume qui les décorent. Winkler les avait réunis sous le nom de ce caricaturiste remarquable, au talent si moderne, qu'il a appelé le Maître de Wavrin. En fait il s'agit plutôt de toute la production d'un éditeur spécialisé en romans d'aventures et en chroniques ».

3 À ce corpus s'ajoutent quelques autres manuscrits illustrés par le Maître de Wavrin, sur un papier au filigrane différent et qui portent plutôt les armes de Philippe le Bon – le *Buscalus* (BnF, fr. 9343-9344) et le *Florimont* (BnF, fr. 12566) – ou celles de Jean II de Croÿ (*Florent et Octavien* : Chantilly, Bibl. du Château, 652 [1082]).

4 Filigranes identifiés par Matthieu Marchal dans sa récente édition de l'*Histoire de Gérard de Nevers* (Villeneuve d'Ascq, Presses universitaires du Septentrion, 2013, p. 23) : n°s 3542 et 3544 du répertoire de Charles-Moïse Briquet, *Les filigranes. Dictionnaire historique des marques du papier*, 4 t., Amsterdam, The Papers Publications Society, 1968 [1907].

Une indéniable cohérence matérielle lie donc entre eux ces sept manuscrits (ou huit volumes), dont cinq donnent à l'initiale du prologue les armes du Bâtard de Wavrin : rédigés sur un papier au même filigrane, ce sont des manuscrits à longues lignes, en bâtarde bourguignonne régulière (sauf *Gilles de Chin*)[1] et de dimension semblable (sur ce point, seul *Olivier de Castille* se distingue des autres)[2]. La cohérence de ce petit groupe d'œuvres narratives n'est cependant pas que matérielle puisqu'elle se remarque aussi sur les plans iconographique et poétique. Pour cinq des titres convoqués, le programme iconographique est lancé par une miniature qui fait la promotion du *livre* – sa fabrication autant que sa réception – à un moment où se répandent dans les manuscrits plus luxueux les images de dédicace qui sont autant de mises en scène et de célébrations du pouvoir du dédicataire. Dans quelques-unes des œuvres convoquées, les illustrations subséquentes – peut-être à cause de la modestie de leur support, le papier – témoignent d'une forte dose d'humour qui distingue assez nettement les œuvres produites dans l'atelier de Lille de l'ensemble des mises en prose (romanesques et épiques) du XVe siècle.

LES MINIATURES D'OUVERTURE : DE LA SALLE DU TRÔNE À L'ATELIER

Les miniatures d'ouverture des manuscrits vraisemblablement produits dans l'atelier de Lille semblent dire d'emblée un intérêt tantôt pour le lieu de production des œuvres, tantôt pour leur lieu de réception « naturel » (l'atelier ou la bibliothèque), caractéristique qui n'a encore jamais été relevée et qui particularise pourtant les productions lilloises. En effet, les scènes d'ouverture réalisées dans l'atelier du Maître de Wavrin contrastent fortement avec les scènes de dédicace réalisées par

1 L'écriture de *Messire Gilles de Chin* est plus petite et moins régulière que celle du *Livre des Amours du Chastellain de Coucy et de la Dame de Fayel*, qui le précède dans le ms. Godefroy 50. Voir l'introduction de *Gilles de Chin, natif de Tournesis*, éd. par Anne-Marie Liétard-Rouzé, Villeneuve d'Ascq, Presses universitaires du Septentrion, 2010, p. 11.

2 Le ms. Gent, RA, 470 diffère des autres par ses petites dimensions (200 mm de hauteur, là où la moyenne est de 285 mm pour les autres).

les « membres [de l']atelier au service de Philippe le Bon, à Bruxelles ou à Bruges[1] », et dont certaines sont devenues très célèbres, la plus connue étant évidemment le frontispice des *Chroniques du Hainaut.* Peinte par Rogier Van der Weyden (Bruxelles, BRB, 9242), la scène – qu'imiteront le Maître de l'*Alexandre* de Wauquelin (BnF, fr. 9342) et celui des *Privilèges de Gand et de Flandre* (BRB, 9043)[2] – met en exergue l'auteur (Jean Wauquelin), son livre (fermé) et le dédicataire (Philippe le Bon). Comme dans les mss BnF, fr. 9342 et BRB, 9043, la scène se déroule invariablement dans la salle du trône, lieu de pouvoir par excellence où s'est réunie une partie du conseil[3].

Les miniatures d'ouverture des manuscrits préparés au même moment dans l'atelier où œuvre le Maître de Wavrin, peut-être parce que ces derniers échappent aux contraintes de la commande ducale, nous transportent ailleurs, tant en termes de style que de contenu. Seule la miniature d'ouverture de *Gérard de Nevers* (BRB, 9631, f. 1r)[4] demeure assez clairement une image de dédicace, puisqu'elle donne à voir le comte de Nevers, assis sous un dais (le même que celui sous lequel est assis le roi, au f. 16v), consultant à une table le roman qui lui est dédicacé et que lui présente ici un personnage que rien ne vient singulariser, sinon qu'il semble guetter la réaction du commanditaire. Si cette scène se rapproche encore de celles qui ouvrent les volumes préparés dans l'atelier de Bruxelles ou de Bruges, le caractère privé de l'offrande distingue fortement l'illustration de la miniature d'ouverture peinte par Loyset Liédet (BnF, fr. 24378, f. 1r), où le livre, fermé, est à nouveau offert dans la salle du trône.

---

1 *Miniatures flamandes [...], op. cit.*, p. 177.

2 *Ibid.*, p. 176 : « Plusieurs enlumineurs paraissent avoir connu et imité la miniature [le frontispice des *Chroniques du Hainaut*] : le Maître du *Girart de Roussillon* [...] et le Maître du *Roman d'Alexandre* de Wauquelin (Paris, BNF, Ms fr. 9342) l'auraient vu dans son état achevé ; en revanche, le Maître des Privilèges de Gand et de Flandre, qui exécuta le frontispice du *Livre du Gouvernement des princes* de Gilles de Rome (Bruxelles, KBR, ms. 9043), n'a peut-être eu accès qu'à un dessin préliminaire ».

3 Les reproductions de ces trois frontispices sont consultables à l'URL : http://expositions.bnf.fr/flamands/. Pour une analyse du frontispice, voir Anne Dubois, « La scène de présentation des *Chroniques de Hainaut.* Idéologie à la cour de Bourgogne », *Les Chroniques de Hainaut, ou les ambitions d'un prince bourguignon*, éd. par Pierre Cockshaw – Christiane Van den Bergen-Pantens, Bruxelles/Turnhout, Bibliothèque royale de Belgique/Brepols, 2000, p. 119-124.

4 Voir à l'URL : http://lucia.kbr.be/multi/ms_9631Viewer.

Jean d'Avennes et le *Roman du Comte d'Artois* forment pour leur part un sous-ensemble qui déplace l'action vers un lieu de réception plus « naturel » que la salle du trône. Comme le *Gérard de Nevers*, *Jean d'Avennes* (BnF, fr. 12572, f. 1r)[1] met en présence un noble, qu'on reconnaît à sa houppelande et à son chaperon, et un personnage anonyme que l'on surprend (comme le personnage de gauche) dans une bibliothèque, où un « professionnel de l'écriture[2] » est en train soit de recevoir le livre latin à traduire (celui que mentionne le prologue, qui rejoue le vieux mirage des sources)[3], soit de présenter le fruit de son travail au commanditaire. Quant à la miniature d'ouverture du *Comte d'Artois*[4], elle semble à son tour s'intéresser au moment de la réception puisqu'elle représente assez clairement une scène de lecture collective[5] et sert dès lors à annoncer le prologue, où il est question autant de la lecture récréative (celle des *volentifs liseurs*) que de la lecture productive (c'est-à-dire celle préalable au travail de celui qui se présente comme un *escripvaint* qui *escript* ce qu'il trouve dans d'autres volumes dont il reprend la *substance* [f. 1-2]).

Les miniatures d'ouverture du dernier sous-ensemble, formé par les *Seigneurs de Gavre* et *Olivier de Castille*, mettent plutôt en valeur le lieu de production du livre. L'*Histoire des Seigneurs de Gavre* (BRB, 10238, f. 1r) propose l'image d'un atelier où l'on « surprend » – comme le troisième personnage qui, ici encore, franchit le seuil de la porte – autour d'une même table un noble et un copiste dans une mise en scène polysémique : on peut soit choisir d'y lire une scène de présentation de l'œuvre dans le lieu même de sa production, soit y voir plutôt un auteur noble (Jean de Wavrin ?) dictant son œuvre à un « professionnel de l'écriture ». La comparaison entre le ms. de Bruxelles et celui, plus récent, conservé à Cambridge (Corpus Christi College, 91, f. 1r) fait d'ailleurs apparaître plus clairement la spécificité des productions de l'atelier du Maître de Wavrin, puisque Philippe de Mazerolles, qui en peint le frontispice, choisit plutôt de retenir l'épisode de la répudiation, scène qui suit

1 Consultable dans *Gallica* (http://gallica.bnf.fr/).

2 Van Hemelryck, « Le livre [...] », art. cité, p. 254.

3 Roger Dragonetti, *Le Mirage des sources. L'Art du faux dans le roman médiéval*, Paris, Seuil, 1987.

4 Consultable dans *Gallica* (http://gallica.bnf.fr/).

5 Pascal Schandel, « Le Roman du comte d'Artois », *Miniatures flamandes [...]*, *op. cit.*, p. 361.

immédiatement le prologue (f. 1r)[1]. Enfin, *Olivier de Castille* s'ouvre lui aussi par une scène de copie ou de *translation* (Gent, Rijksarchief, 470, f. 1r)[2] qui, comme pour le *Gérard de Nevers*, contraste avec la miniature d'ouverture réalisée par Loyset Liédet pour la copie de David Aubert, où le copiste est arraché à son lieu de travail naturel et apparaît, une fois de plus, à la droite du duc dans la salle du trône (BnF, fr. 12574, f. 1v)[3].

On voit donc se dessiner une série de substitutions significatives. Certes, il n'est pas toujours possible de savoir si l'illustrateur a choisi de représenter l'auteur ou le copiste. Il est en revanche évident que l'on quitte le lieu de pouvoir que constitue la salle du trône (sauf dans le *Gérard de Nevers*, où le dais sert peut-être de rappel) et que l'on entre – littéralement, d'ailleurs, avec le personnage qui franchit le seuil de la porte dans *Jean d'Avennes* et les *Seigneurs de Gavre* – tantôt dans la bibliothèque, tantôt dans le lieu de production des œuvres. Ce transfert semble avoir pour conséquence la valorisation du *travail* (c'est-à-dire du processus plutôt que du produit fini), de l'*atelier* (lieu de travail collectif, comme le rappellent les scènes où sont réunis en un même espace plusieurs personnages) et du *livre*, invariablement ouvert et soumis aux regards attentifs du donateur et du donataire. On remarquera d'ailleurs que la seule miniature où les yeux de l'artisan ne sont pas dirigés vers l'objet qu'il a produit le montre néanmoins en train d'en évaluer l'appréciation, à travers le regard du dédicataire dont il guette la réaction (*Gérard de Nevers* [BRB, 9631, f. 1r]). L'atelier de Lille n'est donc pas qu'un centre géographiquement localisable (Lille) et matériellement caractérisable (filigranes, dimensions et écriture semblables, voire identiques). Véritables « marques de commerce » ou « de production » – de la même façon que l'on parle de « marques de possession » –, les miniatures d'ouverture particularisent les manuscrits qui sont produits dans les ateliers et constituent en quelque sorte une signature d'atelier hautement signifiante, puisqu'elle met en avant le travail de ceux qui y œuvrent et l'objet qu'ils y produisent.

---

1 La version numérisée du ms. de Cambridge peut être consultée à l'URL : http://dms.stanford.edu/catalog/.

2 L'auteur du prologue dit : *translater ceste presente hystoire de latin en franchoys* (f. 1v). La version numérisée du ms. se consulte à l'URL : http://search.ugent.be/meercat/x/view/rug01/000990842.

3 Consultable dans *Gallica* (http://gallica.bnf.fr/).

UN HUMOUR DE PAPIER

Depuis les travaux fondateurs de Georges Doutrepont jusqu'à la plus récente édition de *Gilles de Chin*, la présence dans la bibliothèque ducale de livres sur papier est un motif d'étonnement : « on peut s'étonner », écrit Anne-Marie Liétard-Rouzié, « que "de pauvres spécimens de livres sur papier" aient pu voisiner avec les luxueux volumes de la riche bibliothèque du Grand Duc d'Occident : furent-ils achetés, offerts ou prêtés au prince par le Bâtard de Wavrin[1] ? ». Soucieux de nuancer l'appréciation qualitative de Léon Gautier – qui opposait les « manuscrits de mine piteuse » ayant transmis les proses du Moyen Âge tardif et « les vélins éblouissants » ayant conservé la matière du Moyen Âge central –, Doutrepont distingue plutôt les « manuscrits de prix ou de luxe » et les « manuscrits quelconques[2] » :

Manuscrits de prix ou de luxe	Manuscrits quelconques
Alexandre le Grand BnF, fr. 9342 London, BL, Royal 15.R.VI Paris, Musée du Petit Palais, Dutuit 456 Besançon, Bibl. mun., 836	*Belle Hélène* BnF, fr. 19167
Charles Martel Bruxelles, BRB, 6-9	*Berthe* Kraków, Bibl. Jagiellońska, gall. f 130
Conquestes de Charlemaine Bruxelles, BRB, 9066-68	*Beuve de Hamtone* BnF, fr. 1477 BnF, fr. 12554
Gérard de Nevers BnF, fr. 24378	*Chevalier au Cygne* København, KB, Thott 416
Gui de Warwick BnF, fr. 1476 London, BL, Royal 15.E.VI	*Ciperis-Blancandin* Bruxelles, BRB, 3576-77
Guillaume d'Orange BnF, fr. 796	*Cleomadés* BnF, fr. 12561

1 *Gilles de Chin [...]*, éd. citée, p. 12.

2 Nous reprenons la classification proposée par Georges Doutrepont, *Les mises en prose des épopées et des romans chevaleresques des* XIV*e et* XV*e siècles*, Bruxelles, Palais des Académies, 1939 et « corrigée » par Van Hemelryck, « Le livre [...] », art. cité, p. 247-248.

3 Correction proposée *ibid.*

Quatre fils Aymon Ars. 5072-5075 London, BL, Royal 16.G.II	*Cligès* Leipzig, SB, Rep. II. f. 108
	Erec Bruxelles, BRB, 7235
	Fierabras BnF, fr. 2172
	Florimont BnF, fr. 1490
	Guillaume d'Orange Ars. 3351[2]
	Othovien Bruxelles, BRB, 10387
	Quatre fils Aymon BnF, fr. 1481 BnF, fr. 19173

Le XVe siècle verrait donc s'opposer deux modèles de conservation des mises en prose : le manuscrit richement décoré transcrit sur parchemin ou sur vélin – un bon exemple en serait le *Gérard de Nevers* illustré par Loyset Liédet (BnF, fr. 24378) – et le manuscrit sur papier, non illustré, dont la *Belle Hélène* telle que conservée par le BnF, fr. 19167 pourrait constituer le prototype[1]. On a tiré plusieurs conclusions de la « pauvreté » de facture des manuscrits de la colonne de droite.

« Brouillon de copiste » dont la mise au net n'aurait jamais été autorisée ou du moins encouragée par Philippe le Bon[2], le manuscrit de papier n'aurait été qu'un état provisoire, une *étape*, dans la production de l'œuvre. Loin de ne concerner que le corpus des manuscrits « quelconques », cette remarque de Doutrepont s'étend aussi aux manuscrits produits dans l'atelier du Maître de Wavrin, qu'il propose d'envisager comme autant de premières versions sobres de versions

1 Consultable dans *Gallica* (http://gallica.bnf.fr/).

2 Voir sur ce point les travaux de Maria Colombo Timelli, notamment ses éditions du *Cligès* et de l'*Érec* en prose, Charity C. Willard, « The Misfortunes of *Cligés* at the Court of Burgundy », *Arturus rex. 2*, éd. par Gilbert Tournoy *et al.*, Leuven, Leuven University Press, 1991, p. 397-403 et Chrystèle Blondeau, « Alexandre le Grand et Arthur sous le règne de Philippe le Bon : les témoins d'un imaginaire en mutation », dans *Le Héros bourguignon : histoire et épopée. Actes des rencontres d'Edimbourg-Glasgow (28 septembre-1er octobre 2000)*, éd. par Jean-Marie Cauchies *et al.*, Neuchâtel, Centre européen d'études bourguignonnes, 2001, p. 223-246.

luxueuses plus tardives et, donc, définitives[1]. Cette dernière proposition s'appuie, sans le dire ouvertement, sur le fait qu'il existe pour plusieurs mises en prose romanesques des versions en parchemin, enluminées et peintes, et qui sont systématiquement plus tardives que la version papier illustrée à la plume et à l'aquarelle par le Maître de Wavrin (technique que l'on envisage dès lors comme préparatoire plutôt que comme principale) :

Titre	papier	parchemin
Jean d'Avennes	BnF, fr. 12572	Ars. 5208
Gérard de Nevers	Bruxelles, BRB, 9631	BnF, fr. 24378
Roman du Comte d'Artois	BnF, fr. 11610	BnF, fr. 25293
Seigneurs de Gavre	Bruxelles, BRB, 10238	Cambridge, CCC, 91
Olivier de Castille	Gent, RA, 470	BnF, fr. 12574

Plusieurs éléments contredisent pourtant cette équivalence entre le *papier* et le *provisoire* ou le *temporaire*. Si l'on sait, grâce aux travaux de Hanno Wijsman, que 68% des titres de la librairie de Philippe le Bon sont en parchemin et que 75% des titres qu'il se procure après 1445 sont des manuscrits sinon de luxe, du moins enluminés[2], on sait aussi, grâce aux analyses de Carla Bozzolo et Ezio Ornato, que le papier est le support majoritaire dès le dernier quart du XIVe siècle sur le territoire de la Belgique actuelle[3]. Comme le rappelle Tania Van Hemelryck, les auteurs des différentes notices du catalogue de la *Librairie des ducs de Bourgogne* ont par ailleurs déjà montré qu'il arrive qu'un livre de papier – par exemple, l'immense *Othovien* (BRB, 10387) – reçoive une reliure définitive en cuir là où un inventaire précédent le décrivait comme couvert de « ais noirs[4] ». Il peut certes s'agir d'un

1 Doutrepont, *Les mises en prose [...], op. cit.*, p. 331.

2 Hanno Wijsman, *Luxury Bound. Illustrated Manuscript Production and Noble and Princely Book Ownership in the Burgundian Netherlands (1400-1550)*, Turnhout, Brepols, 2010, p. 154 et 236.

3 Carla Bozzolo – Ezio Ornato, *Pour une histoire du livre manuscrit au Moyen Âge. Trois essais de codicologie quantitative*, Paris, Éditions du CNRS, 1980, p. 63.

4 *La librairie des ducs de Bourgogne. Manuscrits conservés à la Bibliothèque royale de Belgique*, éd. par Bernard Bousmanne *et al.*, 4 t., Turnhout, Brepols, 2000-2009, t. 3, p. 161-169

accident de parcours : pour une raison restée inconnue, le duc aurait renoncé à sa version « de luxe » et, par commodité, aurait fait relier en cuir l'immense exemplaire de papier. L'exemple de *Gilles de Chin* suffit cependant, à lui seul, à ébranler cette équivalence entre le *papier* et le *provisoire* : autant la minute de Bruxelles, BRB, 10237 – où aucune réglure n'est visible, alors qu'on sait qu'elles sont indispensables au travail du Maître de Wavrin – que la version illustrée et finale ont été rédigées ou recopiées sur un papier au même filigrane (*P* gothique). Présumer que le manuscrit de papier n'est qu'une étape dans la réalisation d'un manuscrit de luxe revient aussi à suggérer que l'œuvre de papier n'était pas *nécessairement* destinée à la lecture, ce que permet de nuancer la représentation d'un livre systématiquement ouvert dans les miniatures d'ouverture des volumes illustrés par le Maître de Wavrin, qui s'adressent sans conteste à l'œil d'un lecteur. Les productions de l'atelier de Lille échappent donc à la réaction en chaine que l'on voit se dessiner depuis les travaux de Gautier et de Doutrepont : *papier = brouillon = non-lecture*. C'est d'ailleurs ce que disent en creux les listes proposées par Doutrepont, dont la lecture fait vite apparaître que les mises en prose produites dans l'atelier du Maître de Wavrin ne trouvent place ni dans la colonne des manuscrits « de luxe » ni dans celle des manuscrits « quelconques ».

La proposition la plus intéressante et potentiellement la plus productive nous vient sans doute de Catherine Reynolds, dont un article paru dans le collectif *Flemish Manuscript Painting in Context* permet de faire le pont entre la matérialité des œuvres et leur poétique. Dans le cadre d'une réflexion qui porte sur les marges nues, Reynolds formule au passage une remarque qui, plutôt que de simplement reconduire l'opposition entre « manuscrits de luxe » et « manuscrits pauvres ou quelconques », ouvre un espace mitoyen où peuvent venir se loger les manuscrits de l'atelier du Maître de Wavrin. Elle fournit du même coup une amorce d'explication pour le recours systématique au papier dans l'atelier de Lille[1] :

(C. Van Hoorebeeck – H. Wijsman), notice citée dans Van Hemelryck, « Le livre [...] », art. cité, p. 251-252.

1 Catherine Reynolds, « The Undecorated Margin : The Fashion for Luxury Books without Borders », *Flemish Manuscript Painting in Context : Recent Research*, ed. by Elizabeth Morrison – Thomas Kren, Los Angeles CA, The J. Paul Getty Museum, 2006, p. 9-26 (en part. p. 11).

> Between the extremes of blatantly expensive, fully illuminated texts on parchment and « cheap and cheerful » paper manuscripts, however sophisticated, were parchment manuscripts, employing gold yet with comparatively thinly painted miniatures and often without borders.

En employant à propos des manuscrits du maître de Wavrin et de ses imitateurs l'expression figée « cheap and cheerful », Reynolds met le doigt sur une caractéristique de l'atelier de Lille qui n'a pas encore été suffisamment exploitée, soit l'association possible entre l'humour et le papier, support qui autorisait peut-être une pratique un peu plus ludique que les luxueux parchemins présents sur les rayons de la librairie ducale.

Le champ de recherche récemment ouvert par les travaux de Rosalind Brown-Grant et de Rebecca Dixon sur la relation entre le texte et les images dans les manuscrits du Moyen Âge tardif[1], permettent la réhabilitation d'un humour que l'on associe moins spontanément à la littérature narrative du XVe siècle et que viennent exacerber, dans les manuscrits de Lille, les aquarelles du Maître de Wavrin. La réflexion de Brown-Grant sur le décalage entre le texte d'*Olivier de Castille* et les illustrations du peintre[2] dans le manuscrit de Gent tend en effet à montrer que le trait de plume de l'aquarelliste parvient à injecter au texte illustré une dose d'humour qui ne le caractérisait pas d'emblée – par exemple, dans le ms. BnF, fr. 12574 – mais qu'arrive néanmoins à incarner de belle façon la lance à l'envers avec laquelle combat Olivier de Castille dans la miniature du Maître de Wavrin, image carnavalesque s'il en est (f. 66v).

Il semble même possible de systématiser la réflexion de Brown-Grant et de retrouver dans l'ensemble des illustrations du Maître de Wavrin les fonctions strictes de la parodie[3]. Si la lance d'Olivier de Castille témoigne d'une inversion significative, la représentation du « grant deuil » que mène le roi de Castille lorsqu'il découvre son beau-fils, Artus d'Algarbe, dans le lit de son fils, Olivier, et comprend que ce dernier a

1 *Text/Image Relations in Late Medieval French and Burgundian Culture (14th-16th c.)*, ed. by Rosalind Brown-Grant – Rebecca Dixon, Turnhout, Brepols, 2015.

2 Rosalind Brown-Grant, « Laughing at or with the Text ? The Wavrin Master as Illuminator of Burgundian Prose Romances », à paraître dans *Parodies courtoises / Parodies de la courtoisie. Actes du XIVe Congrès international de la Société internationale de littérature courtoise (Lisbonne, 22-27 juillet 2013)*.

3 Voir Isabelle Arseneau, *Parodie et merveilleux dans le roman dit réaliste au XIIIe siècle*, Paris, Classiques Garnier, 2013.

quitté la cour pour fuir les avances de sa belle-mère est soumise au jeu de l'exagération. Loin d'être représenté « en majesté », le roi, que l'on reconnaît à sa couronne, est étendu de tout son long au pied du lit où il découvre Artus et mime ainsi, en les exagérant, les gestes du deuil et de l'affliction (f. 31v).

À l'inverse, la représentation du combat contre le dragon dans *Gérard de Nevers* procède par *réduction* parodique : la scène est banalisée par le pinceau de l'aquarelliste qui y consacre trois miniatures (f. 20r, 21v et 22v), dans lesquelles la bête n'a plus rien du dragon *moult orrible et espoentable* qui menace de dévorer Gérard sous les yeux d'Euriaut et dont les proportions tendent plutôt à le rapprocher du chien de chasse du f. 77r. Le même phénomène se reproduit au moment de la rencontre avec Denise de la Lande, épisode absent de la version en vers du XIIIe siècle, qui propose une énième déclinaison du motif merveilleux de la « fée à la fontaine ». La représentation proposée par le Maître de Wavrin témoigne une fois de plus d'une réduction parodique : *la moult belle pucelle, toutte eschevelee* surprise dans l'eau d'une *moult belle et clere fontaine* au cœur d'une forêt *estrange* (f. 85r) devient ici l'occasion d'un dessin humoristique où l'érotisme n'est pas seulement suggéré, puisqu'on y surprend Denise de la Lande, entièrement nue et tentant de cacher son sexe de sa main, entreprise de dévoilement de la fée qui n'est d'ailleurs pas étrangère au projet de Gerbert de Montreuil (XIIIe siècle)[1]. Certes, ce type de travail suppose une connaissance aiguë du texte de la part de l'illustrateur, ce que confirme la lecture parallèle des deux manuscrits du *Gérard de Nevers*. Si l'on compare, par exemple, les représentations de la scène de tentative de viol d'Euryant par Méliatir, on voit clairement que le Maître de Wavrin ne se contente pas d'imaginer la scène à partir de la rubrique, par ailleurs plutôt vague (*Comment Melyatir, le desloyal chevalier, cuida efforchier Euryant, et du mal qu'il luy pourchassa*), et qu'il a assurément lu le texte, puisqu'il reproduit le coup d'éclat de la pucelle, qui se défend de son agresseur d'un coup de pied au menton plutôt que par la gifle bienséante imaginée par Loyset Liédet (BnF, fr. 24378).

Enfin, cette revitalisation du roman ne passe pas uniquement par l'illustration, puisque Jean de Wavrin semble avoir choisi de (faire)

1 *Ibid.*, p. 96-108 et la thèse de doctorat de Kathy Krause, *Fée and sainte : Discourse, Intertextuality, and the Construction of the Heroine in the « Roman de la Violette »*, Philadelphia PA, University of Pennsylvania, 1993.

recopier des textes à forte teneur ludique ou anti-romanesque, notamment *Gilles de Chin* qui, comme *Jean d'Avennes*, exploite en « l'aggravant » une dimension ludique qui n'était que suggérée dans l'original en vers et procède ainsi à l'inverse de ce qui se remarque dans les mises en prose des romans de Chrétien de Troyes, qui cherchent au contraire à déproblématiser leur modèle[1]. En effet, les trois pages qui suivent immédiatement le prologue sont consacrées à l'amplification des traits négatifs du héros éponyme, un *nice* désormais plus problématique que le jeune Perceval, qui ira jusqu'à se mériter la *haine* de ses parents, et au portrait duquel la version en vers du XIIIe siècle ne consacrait qu'une petite douzaine de vers[2]. Véritable antihéros, le petit Gilles de la version en prose ne retient aucune des leçons du maître qu'il quitte pour aller jouer avec ses amis, passe des jours sans revenir à la maison, se bat, rentre à la maison *esgratinés* aux mains et au visage, la robe *crottée et deschiree et si mal attiré que, a le veoir retourner a l'ostel, on ne se seust tenir de rire*[3], détail absent du modèle en vers.

L'invitation à réfléchir aux centres de productions des manuscrits vernaculaires du Moyen Âge a permis de rappeler que le travail sur la poétique des mises en prose bourguignonnes ne peut faire l'économie ni de leur matérialité – c'est la prémisse de base du projet porté par l'Université de Milan, *Refaire Doutrepont ? Projet pour un nouveau répertoire des mises en prose des XVe et XVIe siècles* – ni de la diversité des centres de production desquels elles sont vraisemblablement issues et dont la prise en compte fait apparaître au moins deux avenues de recherche.

Dès lors qu'on s'intéresse à la dimension matérielle des mises en prose romanesques, on voit se fractionner en différentes cellules de productions la « petite équipe organisée de professionnels » imaginée par Tania Van Hemelryck[4]. Il est tout à fait possible de caractériser, ne serait-ce que

1 « Déproblématiser » est employé au sens où l'entend Keith Busby lorsqu'il analyse les extraits « médiévalisants » qui paraissent dans la *Bibliothèque universelle des romans*, qu'il qualifie de « Readers' Digest du XVIIIe siècle » (« Roman breton et chanson de geste au XVIIIe siècle », *Echoes of the Epic. Studies in Honor of Gérard J. Brault*, ed. by David P. Schenck – Mary J. Schenck, Birmingham AL, Summa, 1998, p. 17-45).

2 Gautier de Tournay, *L'Histoire de Gille de Chyn*, ed. by Edwin B. Place, Evanston / Chicago IL, Northwestern University, 1941, v. 39-52.

3 *Gilles de Chin [...]*, éd. citée, p. 2.

4 Jeay, « Le travail du récit [...] », art. cité et Van Hemelryck, « Le livre [...] », art. cité.

par contraste, les *ateliers* ainsi dégagés. L'arrêt sur image sur l'atelier de Lille suggère que ce lieu de production se distingue par une certaine ouverture au ludisme et à l'humour. Le travail sur les manuscrits qui ont conservé *Ciperis*, *Blancadin* (BRB, 3576-77), *Cligès* (Leipzig, SB, Rep. II. f. 108) et *Érec* (BRB, 7235) – auxquels on peut supposer une origine commune sur la base de leur apparence extérieure similaire, de l'identification des mains et de leur filigrane commun[1] – permettrait quant à lui d'imaginer un autre centre de production, dans les Pays-Bas bourguignons (le filigrane suggère peut-être Troyes)[2], autour d'une pratique « déproblématisante » ou aplanissante des modèles arthuriens et/ou byzantins en vers qui leur servent d'hypotextes (de textes source). Ce couplage est d'autant plus intéressant que le *Cligès* ou *Le Livre d'Alexandre* tente par tous les moyens – et avant tout par son titre qui n'est qu'une fausse promesse – de ramener la Bretagne vers Byzance, Arthur vers Alexandre, le petit bâtard vers le grand conquérant, et que *Ciperis de Vignevaux* s'affaire, par un même travail de *translatio*, à tisser des liens entre les Grecs et les Celtes.

Une fois le corpus morcelé et les manuscrits redistribués dans les différents centres de production retracés à partir de l'observation de leurs éléments codicologiques et paléographiques, les mises en prose romanesques se réinscrivent, paradoxalement, au sein d'un corpus tout aussi vaste où elles côtoient cette fois les productions nouvelles et originales du xve siècle avec lesquelles elles entrent en résonnance. Trop occupé à mesurer les écarts de sens entre les réécritures en prose et leurs modèles en vers ou à retrouver quelles « techniques » (linguistiques, stylistiques, poétiques) permettent de caractériser *globalement* le corpus des œuvres narratives dérimées, on a peut-être oublié que certaines d'entre elles doivent aussi être lues par rapport aux œuvres originales

1 Van Hemelryck, « Le livre [...] », art. cité se demande si l'on ne peut pas proposer pour l'*Érec*, le *Cligès* et le *Ciperis-Blancandin* une origine commune, sur la base de leur apparence extérieure similaire (ce sont des manuscrits de facture très pauvre) et de leur filigrane commun. La proposition est des plus séduisantes lorsqu'on y adjoint les observations de Willard « The Misfortunes of *Cligés* [...] », art. cité et de Charles François, « "Le Roman de Blancandin". À propos d'une édition récente », *Revue belge de philologie et d'histoire*, 43 (1985), p. 983-992, qui ont rappelé que l'*Érec* et le *Cligès* en prose sont de deux copistes distincts, mais que la main de l'*Érec* en prose doit être rapprochée de la seconde main du *Blancandin* (aujourd'hui conservé à Bruxelles, BRB, 3576-3577, f. 67-88).

2 *L'Histoire d'Erec en prose*, éd. par Maria Colombo Timelli, Genève, Droz, 2000, p. 10, n. 5.

du paysage littéraire dans lequel elles s'inscrivent : ainsi, la version en prose de *Gilles de Chin* – mise en prose du roman en vers de Gautier de Tournai – semble avoir plus en commun avec *Jean d'Avennes* qu'avec les autres œuvres qui, comme elle, procèdent à la réfection des « vieux » romans en vers des XIIe et XIIIe siècles.

Isabelle ARSENEAU
Université McGill

NOTES SUR LE CONTEXTE ARTISTIQUE DE QUELQUES MANUSCRITS DE FABLIAUX

Établir un contexte artistique pour les manuscrits de fabliaux est une tâche difficile. Les fabliaux ont été transmis de façon irrégulière[1]. Le cas du manuscrit contenant un seul fabliau est connu, mais habituellement les fabliaux font partie d'un recueil dont ils sont soit une partie intégrante, soit un ajout. Il est indispensable d'établir d'emblée la structure codicologique des manuscrits concernés pour déterminer si les fabliaux font ou non partie intégrante du recueil, s'ils ont été copiés dans les mêmes cahiers que d'autres textes, si le travail du ou des copiste(s), décorateur(s) ou enlumineur(s) apparaît ailleurs que dans les parties consacrées aux fabliaux. Ceci requiert une étude détaillée pour chaque cas, travail qui est parfois possible à travers des bases de données telles que *Gallica*, mais plus souvent impossible sans consulter les originaux ou leurs reproductions. Par exemple, les mss Bern, Burgerbibliothek Berne, 354 et Genève, Bibl. de Genève, 179bis ne sont pas disponibles dans la base *e-codices* ; le ms. Berlin, Deutsche Staatsbibliothek / Preußischer Kulturbesitz, Hamilton 257 ne figure pas dans *Manuscripta Mediaevalia*, et ainsi de suite[2]. En revanche, les manuscrits anglo-normands sont dans l'ensemble très bien étudiés

1 Voir surtout Ian Short, « L'avènement du texte vernaculaire : la mise en recueil », *Théories et pratiques de l'écriture au Moyen Âge. Actes du Colloque (Palais du Luxembourg-Sénat, 5 et 6 mars 1987)*, éd. par Emmanuèle Baumgartner – Christiane Marchello-Nizia, Nanterre, Paris X-Nanterre, 1989, p. 11-24, Geneviève Hasenohr, « Les recueils littéraires français du XIIIe siècle : public et finalité », *Codices Miscellanearum (Colloque Van Hulthem, Bruxelles 1999)*, éd. par Ria Jansen-Sieben – Hans van Dijk, Bruxelles, Bibliothèque royale de Belgique, 1999, p. 37-50, Richard Trachsler, « Observations sur les "recueils de fabliaux" », *Le recueil au Moyen Âge. Le Moyen Âge central*, éd. par Olivier Collet – Yasmina Foehr-Janssens, Turnhout, Brepols, 2010, p. 35-46, Gabriele Giannini, « Les "petits recueils" de fabliaux : présence, composition, perspectives », *Actes du XXVIIe Congrès international de linguistique et de philologie romanes (Nancy, 15-20 juillet 2013)*, Nancy, ATILF, sous presse.

2 À noter que les bases de données se développent de manière exponentielle et que des vérifications ponctuelles sont donc recommandées.

et certains sont reproduits en facsimilé[1]. C'est le cas également du ms. italien Paris, BnF, fr. 2173 et de sa copie tardive, le ms. Cologny, Fondation Martin Bodmer, Bodmer 113[2]. Si les fabliaux sont rarement dotés d'illustrations, on peut néanmoins établir certains regroupements sur la base du décor qui apparaît dans d'autres parties des mêmes manuscrits. Cette analyse permet d'esquisser un aperçu général du contexte probable de confection, à condition que les données codicologiques confirment, partiellement ou entièrement, l'unité d'exécution du livre. Nous proposons donc ici quelques repères géographiques et chronologiques à partir du décor des manuscrits contenant des fabliaux. Nous avons déjà revu certains manuscrits dans d'autres contextes, notamment ceux contenant des œuvres de Chrétien de Troyes ou de Gautier de Coinci[3]. Cette contribution nous offre l'occasion d'amplifier,

1 Pour le ms. London, BL, Harley 2253, un recueil dévotionnel du XIVe siècle contenant une partie consacrée aux fabliaux, voir *Facsimile of British Museum Ms. Harley 2253*, ed. by Neil R. Ker, London / New York NY, Oxford University Press, 1965 ; pour le ms. Oxford, BL, Digby 86, un *commonplace book* de la fin du XIIIe siècle confectionné pour la famille Grimhill du South Worcestershire, voir *Facsimile of Oxford Bodleian Library Digby 86*, ed. by Judith Tschann – Malcolm B. Parkes, London / New York NY, Oxford University Press, 1996; pour le ms. Princeton, University Library, Taylor Medieval 12, voir *Medieval and Renaissance Manuscripts in the Princeton University Library*, ed. by Don C. Skemer *et al.*, 2 t., Princeton NJ, Princeton University Press, 2013, t. 1, p. 428-431. Le ms. de Princeton est un recueil de fabliaux et d'autres textes copiés dans le deuxième quart du XIVe siècle. Il a dû faire partie d'un recueil plus important puisque sa reliure actuelle date du XVIe ou du XVIIe siècle seulement. Gabriele Giannini a pu identifier un cas analogue avec le ms. Ars. 3114, qui est composé de 18 feuillets depuis la rénovation de sa reliure au XVIIIe siècle. À ce propos, voir Gabriele Giannini, « Poser les fondements : lieu, date et contexte (essai sur le recueil L.II.14 de Turin) », *Études françaises*, 48/3 (2012), p. 11-31 (en part. p. 12, n. 4) et sa contribution dans ces actes. Une version numérisée, en couleur, de ce manuscrit est désormais disponible dans *Gallica* (URL : gallica.bnf.fr). Le cas du ms. London, BL, Add. 10289, de confection normande, offre un exemple inversé : le fabliau de *Jouglet* par Colin Malet (f. 175v-178r) est un ajout, copié par un scribe qui n'interviendra pas ailleurs dans le manuscrit.

2 Voir *Manuscrits enluminés d'origine italienne. 2. XIIIe siècle*, éd. par François Avril – Marie-Thérèse Gousset, Paris, Bibliothèque Nationale, 1984, p. 9-10, n° 9. Le ms. de Paris est attribué à la production vénitienne du troisième quart du XIIIe siècle. Le recueil de Cologny en est une copie directe, datée du XVe siècle. Une version numérisée de ce dernier est disponible dans *e-codices. Bibliothèque virtuelle des manuscrits en Suisse* (URL : e-codices.unifr.ch). De nombreuses reproductions de mss parisiens sont disponibles dans *Gallica* : BnF, fr. 837 (*A*), fr. 19152 (*D*), fr. 1593 (*E*), fr. 12603 (*F*), fr. 2168 (*H*), fr. 1553 (*J*), fr. 24432 (*P*), fr. 1446 (*W*), fr. 12581 (*X*), fr. 375 (*a*), fr. 14971 (*d*), Ars. 3525 (*S*).

3 Pour les mss Bern, BB, 354 (*B*), BnF, fr. 375 (*a*) et Ars. 3527 (*p*), voir Alison Stones, « The Illustrated Chrétien Manuscripts and their Artistic Context », *Les manuscrits de Chrétien de Troyes*, éd. par Keith Busby *et al.*, 2 t., Amsterdam, Rodopi, 1993, t. 1, p. 227-322. Pour les

de modifier ou de nuancer les résultats des examens antérieurs et de passer en revue d'autres manuscrits provenant d'une part de Paris, d'autre part de plusieurs centres du Nord de la France, entre le début du XIIIe siècle et le début du siècle suivant (le XVe siècle pour un autre *item*). Nous verrons que les manuscrits contentant des fabliaux proviennent, sauf quelques exceptions, des grands centres de production du livre et qu'ils sont le produit des pratiques de confection et, parfois, d'illustration dont procèdent également nombre d'autres livres de luxe[1].

NOTTINGHAM, UL, WLC/LM/6 : SAINT-OMER, PREMIER QUART DU XIIIe SIÈCLE ?

Nous commençons par le ms. de Nottingham (*G*), parce qu'il s'agit vraisemblablement du plus ancien recueil de romans français illustré, à dater du premier quart du XIIIe siècle, ou peu après[2]. Pour Ralph Hanna,

mss BnF, fr. 837, Pavie, Bibl. Universitaria, Aldini 219 (*O*), BnF, fr. 24432 (*P*), Chantilly, Bibliothèque du Château, 475 (1578) (*T*), BnF, fr. 375, Chartres, Bibl. municipale, 620 (*f* [détruit]) et Ars. 3527, voir *Gautier de Coinci. Miracles, Music, and Manuscripts*, ed. by Kathy M. Krause – Alison Stones, Turnhout, Brepols, 2006, n°s 19, 31, Add-12, b, 18, 4 et f.

1 Pour des raisons de droits nous limitons les reproductions à des images qui ne sont pas disponibles sur le web, à savoir le f. 249v du ms. de Nottingham, UL, WLC/LM/6, ainsi que la couverture et le f. 1 du ms. Oxford, BL, Douce 111.

2 Cette datation fut proposée par Terry Nixon dans une étude inédite, conservée à la Section romane de l'IRHT. Elle a été retenue dans *The Wollaton Medieval Manuscripts : Texts, Owners and Readers*, ed. by Ralph Hanna – Thorlac Turville-Petre, Woodbridge, Boydell & Brewer, 2010, par Hanna (p. 95-98) et par nous-mêmes (« Two French Manuscripts : WLC/LM/6 and WLC/LM/7 », p. 41-56). Nous localisons le manuscrit dans la région de Saint-Omer en raison de son originalité, dont on trouve des pendants dans l'illustration religieuse et dévotionnelle si vibrante de cette région à la fin du XIIe siècle (par exemple, la *Bible en images* de Saint-Bertin et le psautier de Ham, conservés tous les deux à Den Haag, KB, 76 F 13 et 76 F 5). Il faut toutefois admettre qu'on ne retrouve pas de motifs iconographiques communs. Le coloris est dominé par les encadrements rouge-orange, eux-mêmes accompagnés par les bleu et vert clairs et le blanc des vêtements des personnages. Dans le ms. de Nottingham, on est plus particulièrement frappé par le décalage existant entre les miniatures-portrait et les miniatures-narration et par les scènes de chevaliers qui décorent surtout le *Roman de Troie*, avec parfois une exactitude si surprenante vis-à-vis du texte : notamment, au f. 84r, la scène où le valet d'Hector attache le heaume de son seigneur, ou au f. 240v, dans le *Roman d'Alexandre*, lorsque Eumenidus lace ses chausses de mailles. Remarquons pour comparaison que le *Roman de Troie* transmis par l'Ars. 3327,

la partie contenant les fabliaux appartient au cinquième *booklet* (f. 336-345, a-f), sur lequel travaille son scribe 4, responsable également de la majeure partie du *Roman de Troie* (à partir du f. 121). Cette opinion est peut-être à revoir. La partie contenant des fabliaux, placée à la fin du livre, aux f. 336-351, n'a pas été exécutée avec le même soin que le reste du manuscrit dont le décor, qui consiste en de petites miniatures et en des initiales filigranées, est relativement homogène. Si l'écriture du segment qui nous intéresse est comparable à celle des autres copistes, des réserves sur deux lignes ont été laissées au profit des initiales, probablement des initiales filigranées dont le reste du manuscrit est doté. Ce fait suggère qu'ici le travail a été exécuté à la hâte (fig. 1). Cependant, pour Keith Busby, les fabliaux offrent une continuité thématique : le burlesque, le comique et l'anti-féminin font suite au texte qui les précède, la *Vengeance Raguidel*[1]. Dans d'autres cas, le fabliau fait pendant au contenu du recueil : dans une étude exemplaire sur le recueil L.II.14 de Torino, Gabriele Giannini a montré comment l'adaptation habile du fabliau de *La Housse partie*, évoquant la charité de saint Martin, s'intègre aux textes qui le précèdent[2].

copié en 1237, ne contient qu'une seule initiale historiée, représentant les murs de Troie. Cette représentation est basée sur le texte, mais ne met en scène aucun des personnages du récit. C'est dans les sceaux des nobles flamands que se trouvent les meilleurs modèles pour les chevaliers du ms. de Nottingham ; ou inversement, car, on le sait, les sceaux présentent souvent des tendances archaïsantes. Néanmoins, dès le XIIe siècle, on trouve des heaumes plats et des housses de chevaux armoriées dans ces mêmes régions, par exemple sur le sceau d'Anselme Candavène, comte de Saint-Pol, daté de 1162 (Germain Demay, *Inventaire des sceaux de Picardie*, Paris, Imprimerie Nationale, 1875-1877, n° 209, id., *Inventaire des sceaux de la Flandre*, Paris, Imprimerie Nationale, 1873, n° 287 [1164], cité de manière incorrecte par Donald L. Galbreath – Léon Jéquier, *Manuel du blason*, Lausanne, Spes, 1977, p. 30-31, fig. 17). Voir aussi le deuxième grand sceau de Thibaut IV de Champagne (1232), reproduit dans Arnaud Baudin, « Enquête sur le premier sceau de Thibaud IV le Chansonnier (1214-1232) », *Les Sceaux sources de l'histoire médiévale en Champagne*, éd. par Jean-Luc Chassel, Paris, Société française d'héraldique et de sigillographie, 2007, pl. 31-37, fig. VI.11, ainsi que celui de Hugues, seigneur d'Antoing et de l'Épinoy, daté de 1230, dans Ernest Warlop, *The Flemish Nobility*, Courtrai, Desmet-Huysman, 1977, p. 614, n° 7, pl. 124). Nous remercions Christiane Pantens pour son aide précieuse.

1 Keith Busby, *Codex and Context. Reading Old French Verse Narrative in Manuscript*, 2 t., Amsterdam/New York NY, Rodopi, 2002, t. 2, p. 364, n. 215, p. 413, 415-421, 515-516, 690, n. 201, p. 692-693.

2 Giannini, « Poser les fondements [...] », art. cité, p. 27-31.

BERN, BURGERBIBLIOTHEK, 354 : NORD DE LA FRANCE, PREMIER TIERS DU XIIIe SIÈCLE ?

Retenu dans *Les manuscrits de Chrétien de Troyes* comme provenant du Nord de la France, nous reconnaissons la difficulté de situer le recueil de Berne (*B*) en raison de son état de conservation[1]. Comme c'est le cas du ms. BnF, fr. 25566, plus amplement illustré, le recueil de Berne est un manuscrit qui a servi, au point que ses deux initiales historiées sont aujourd'hui extrêmement abîmées : l'une est placée en tête du manuscrit et, dans la lettre *Q*, présente un personnage debout devant un autre assis (f. 1r) ; l'autre, placée au début du *Perceval* de Chrétien de Troyes (f. 208r), est un autre *Q* montrant Perceval à cheval, vêtu d'un capuchon et étendant son bras droit derrière lui comme s'il tenait des javelots (aujourd'hui disparus)[2]. Ces initiales présentent peu d'éléments permettant une attribution stylistique. Toutefois, on remarque que les initiales peintes en bleu et ornées de motifs de perles blanches prennent place sur un fond rose, encadrant des antennes à motifs végétaux sur un fond rectilinéaire. Ces formes présentent certaines ressemblances avec les initiales historiées (15 au total) du livre arthurien conservé à Modena (BEU, étr. 39). Terry Nixon comparait déjà les manuscrits de Modena et Bern au *Roman de Troie* daté de 1237, qui est conservé à Paris (Bibl. de l'Arsenal, 3340), remarquant par ailleurs que les textes ont tous été copiés au-dessus de la première ligne rectrice horizontale[3]. Quant à la provenance de ce petit groupe, les fonds carrés des initiales pourraient peut-être suggérer un lien avec certains manuscrits faits à l'usage d'Arras, par exemple le missel du Mont-Saint-Éloi (Arras, Méd. mun., 58 [38])[4].

---

1 *Les manuscrits de Chrétien [...], op. cit.*, t. 2, p. 33-34, n° 10.

2 Wagih Azzam – Olivier Collet, « Le *Conte du Graal* de Chrétien de Troyes sous l'œil du XIIIe siècle : le témoignage d'un exemplaire atypique (Bürgerbibliothek Bern 354) », *« Ce est li fruis selonc la letre ». Mélanges offerts à Charles Méla*, éd. par Olivier Collet *et al.*, Paris/Genève, Champion/Slatkine, 2002, p. 69-97.

3 Neil R. Ker, « From "above top line" to "below top line" : a change in scribal practice », *Celtica*, 5 (1960), p. 13-16. Pour l'Angleterre, cela suggère une datation avant 1240 environ ; pour la France, la fourchette chronologique de cette pratique n'a pas encore été établie avec autant de précision.

4 Sur la datation, voir Alison Stones, *Gothic Manuscripts, 1260-1320. Part one*, 2 t., London, Harvey Miller, 2013, t. 1, p. 48, n. 4.

ARS. 3527 ET BNF, FR. 1446 : AUTOUR DU MAÎTRE DE BUTE (CAMBRAI OU TOURNAI ?), VERS 1285

Nous avons déjà attribué le ms. de l'Arsenal (*p*) à deux artistes, le Maître de Bute et son assistant[1]. Ainsi dénommé pour avoir peint seul les initiales historiées du psautier ayant appartenu au marquis de Bute, aujourd'hui conservé à Los Angeles (J. Paul Getty Museum, 46 [92 MK 92])[2], le Maître de Bute fut un peintre extrêmement prolifique, capable de modifier son module suivant le type de texte concerné et réservant ses meilleurs efforts pour sa part du pontifical de Cambrai, conservé maintenant à l'Archivo Capitular de Toledo (ms. 56.19)[3]. Dans le pontifical, le Maître de Bute occupa une place secondaire, le premier rôle et les images les plus importantes, telle que la consécration de l'église, étant réservés à l'artiste principal, dit Maître du Pontifical. Dans le psautier de Los Angeles, le Maître de Bute travailla seul, mais pour d'autres manuscrits, y inclus l'Ars. 3527, il était aidé par un assistant. Ce dernier jouit lui aussi d'une carrière indépendante, puisque sa main se laisse reconnaître dans cinq autres manuscrits, dont le *Perceval* de Mons, Bibl. Centrale de l'Université de Mons, R 2/C 331/206. Gabriele Giannini a établi que l'Ars. 3527 et le recueil de Mons ont été écrits par le même copiste et qu'ils sont « deux produits d'un système de production standardisé où interviennent de surcroît les mêmes artisans[4] ». L'initiale historiée (*D*) qui ouvre, au f. 179v de l'Ars. 3527, le fabliau du *Sacristain* (version II) montre une femme et un moine s'embrassant, représentation similaire aux scènes de séduction peintes pour certains miracles de Gautier de Coinci, aux f. 32v et 65v du même recueil.

Le ms. BnF, fr. 1446 (*W*) n'a que deux initiales historiées, représentant toutes les deux un personnage assis, vu de profil. L'une est placée au début du *Roman de Kanor* de Baudouin Butor, à l'ouverture du volume ;

1 Stones, « The Illustrated Chrétien Manuscripts [...] », art. cité, p. 244-246.

2 *Ibid.*, p. 246-248.

3 Voir Alison Stones, « Stylistic Associations, Evolution, and Collaboration : Charting the Bute Painter's Career », *The J. Paul Getty Museum Journal*, 23 (1995), p. 11-29 et ead., *Gothic Manuscripts [...]*, *op. cit.*, t. 2, p. 278-285.

4 Giannini, « Les "petits recueils" [...] », art. cité.

l'autre, au f. 88r, figure Marie de France, auteure de l'*Ysopet* qui nous est transmis. Malgré l'état très abîmé de ces initiales, on reconnaît la main du Maître de Bute, travaillant dans le même module et ayant recours aux traits d'encre noire. Le personnage est vu de profil et le portrait simplifié, dans la veine du psautier de Bute ou, encore plus, du trio de mss BnF, fr. 14970, fr. 15104 et fr. 15106. La parenté de ces manuscrits contenant l'*Image du monde*, le *Roman de Judas Machabé* et la traduction du *Livre des monstres* de Thomas de Cantimpré a été démontrée par François Avril, qui releva les traces d'impression de l'un aux autres manuscrits, prouvant qu'à l'origine ils ne formaient qu'un seul ensemble[1]. En effet, le texte du *Livre des monstres*, composé pour Marie d'Enghien, fait mention d'un *Ysopet* : le ms. BnF, fr. 1446 semble correspondre à cette référence[2]. Mais plusieurs copistes ont participé à son exécution, et la décoration mineure est également due à plusieurs décorateurs. L'initiale (*V*) attendue pour le fabliau *Des vilains et des courtois* manque, lacune qui se répète dans de nombreuses autres pages, suggérant, une fois de plus, que le volume n'a pas été exécuté lors d'une seule campagne de production.

BNF, FR. 1553 : CAMBRAI, VERS 1285 ?

Ce célèbre recueil (*J*) contient plusieurs informations de date et de provenance[3]. Le colophon du *Roman de la Violette* dit que le texte fut complété en février 1284 (1285 n.s.), et la *Complainte sur la mort d'Enguerrand de Créquy*, évêque de Cambrai, date vraisemblablement

1 *L'Art au temps des rois maudits. Philippe le Bel et ses fils, 1285-1328*, Paris, Réunion des musées nationaux, 1998, p. 297-298, n° 201.

2 Stones, *Gothic Manuscripts [...]*, *op. cit.*, t. 2, p. 295.

3 *Cf.* Yvan G. Lepage, « Un recueil français de la fin du XIIIe siècle (Paris, Bibliothèque Nationale, fr. 1553) », *Scriptorium*, 29 (1975), p. 23-46, Anton von Euw, « Die Buchmalerei », *Schatz aus den Trümmern : der Silberschrein von Nivelles und die europäische Hochgotik*, hg. von Hiltrud Westermann-Angerhausen, Köln, Schnütgen-Museum, 1995, p. 261-274 (en part. p. 263 et fig. 3 [f. 1v]), Kathy M. Krause, « Généalogie et Géographie : les manuscrits du *Roman de la Violette* », *Babel*, 16 (2007), p. 81-99 et Stones, *Gothic Manuscripts [...]*, *op. cit.*, t. 1, p. 28, 64, 131 et t. 2, p. 306, 311, 321, 526, 573.

de la même année[1]. Le portrait d'un clerc devant la Vierge à l'enfant – à supposer qu'il fît partie du manuscrit dès le début – suggère que le recueil a été confectionné à l'usage d'un chanoine de la cathédrale de Cambrai[2]. Cette image de la Vierge placée dans un encadrement architectural montre de fortes ressemblances avec les images du canon de la messe dans la paire de missels à l'usage de Cambrai (Cambrai, Méd., 153 et 154), ainsi que l'avait remarqué Anton von Euw. En même temps, certains éléments – le coloris, le traitement des personnages sur certaines pages – rappellent l'œuvre de Maître Henri, enlumineur auquel on doit le ms. BnF, fr. 412, complété en 1285[3]. Les fabliaux du ms. BnF, fr. 1553 ne sont pas illustrés, mais comportent un décor d'initiales à motifs végétaux ou des initiales filigranées. Une foliation continue en chiffres romains indique que les divers éléments avaient été réunis au Moyen Âge, fort probablement dès la confection du livre.

BNF, FR. 12603 ET BNF, FR. 375 : ARRAS, VERS 1290-1310

Nous avons traité de ces manuscrits dans le cadre de l'étude des témoins de Chrétien de Troyes et du *Roman de la Manekine*[4]. Ils font partie de la vaste production arrageoise qui comportait aussi bien des manuscrits littéraires en vers et en prose que des livres dévotionnels et liturgiques. Ces derniers sont particulièrement importants pour

1 La date de la mort du prélat a été sujette à caution, mais une bulle du pape Honorius IV (1285-1287), qui fait référence à ce prélat *bone memorie*, semble confirmer la date de 1285 pour son décès : voir Alison Stones, « The *Terrier de l'Évêque* and some Reflections of Daily Life in the Second Half of the Thirteenth Century », *Tributes to Jonathan J.G. Alexander*, ed. by Susan L'Engle – Gerald Guest, London/Turnhout, Harvey Miller/Brepols, 2006, p. 371-384.

2 Cette miniature est peinte sur un feuillet simple collé au f. 2.

3 Stones, *Gothic Manuscripts [...], op. cit.*, t. 2, p. 302-308, où est indiquée la littérature antérieure. Les illustrations sont reproduites dans la base *Mandragore* (URL : mandragore.bnf.fr).

4 *Cf. Les manuscrits de Chrétien [...], op. cit.*, t. 2, p. 69-70, n° 35 et p. 64-67, n° 33, Stones, *Gothic Manuscripts [...], op. cit.*, t. 2, p. 152-202, *Le Roman de la Manekine*, éd. par Barbara Sargent-Baur, Amsterdam, Rodopi, 1993, p. 1-39. Sur le premier, voir également Richard Trachsler, « Le recueil Paris, BN fr. 12603 », *Cultura neolatina*, 44 (1994), p. 189-211.

confirmer la provenance arrageoise et la datation, qui s'échelonne autour de 1297, selon la présence ou l'absence de la fête de saint Louis, canonisé en 1297 et vénéré dans le comté d'Artois, apanage royal donné par Louis VIII († 1226) à son fils Robert et ratifié par Louis IX. On trouve notamment un motif végétal caractéristique du style des manuscrits arrageois de cette époque, représentant une gerbe de feuilles disposée autour d'initiales filigranées ou d'autres éléments et, parfois, des personnages dessinés en silhouette sur le parchemin blanc ; ou bien dans des initiales historiées ou dans des miniatures au sein desquelles les personnages sont dessinés à l'aide de traits flous et présentent des visages simplement esquissés par des lignes courbes. Plusieurs peintres étaient actifs à Arras. Dans le ms. BnF, fr. 375 (*a*), on voit deux artistes à l'œuvre sur la même image. Le ms. BnF, fr. 12603 (*F*) ne contient qu'une initiale historiée représentant un chevalier chevauchant sous une arche, accompagnant le *Chevalier aux deux épées*. Le motif architectural invite à la rapprocher, par exemple, du livre d'heures à l'usage d'Arras conservé au Walters Art Museum de Baltimore sous la cote W.104[1]. Le reste du décor consiste en des initiales filigranées dont les ouvertures de texte sont traitées avec une grande sophistication, en utilisant notamment des motifs laissés en réserve sur le parchemin. Ce traitement des filigranes se retrouve, par exemple, dans le Sénèque du ms. BnF, lat. 15377. De rares miniatures en pleine page se trouvent dans le recueil littéraire BnF, fr. 25566, objet de la contribution d'Olivier Collet dans le présent volume.

1 Voir *Medieval and Renaissance Manuscripts in the Walters Art Gallery. 1. France (875-1420)*, ed. by Lilian M.C. Randall *et al.*, Baltimore/London, Johns Hopkins University Press, 1989, p. 142-145, n° 55 et fig. 114-115, pl. Vc (f. 1v, 51r, 81v), puis Stones, *Gothic Manuscripts [...]*, *op. cit.*, t. 2, p. 174-176.

TORINO, BNU, L.II.14 : MAÎTRE DE SAINTE BENOÎTE (ENTRE ARRAS, SAINT-QUENTIN ET LAON), DÉBUT DU XIVe SIÈCLE

Ce recueil (*r*) a été décoré par le Maître de sainte Benoîte, ainsi nommé pour avoir enluminé la *Vie de sainte Benoîte* pour Heluis de Conflans, nonne de l'abbaye de Sainte-Benoîte (près de Saint-Quentin) en 1312. Le ms. L.II.14, amplement traité par Gabriele Giannini[1], n'a apparemment pas de sœurs parmi les manuscrits contenant des fabliaux.

BNF, FR. 837 ET BNF, FR. 19152 : MAÎTRE HOSPITALIER (PARIS), DERNIER QUART DU XIIIe SIÈCLE

La décoration du ms. BnF, fr. 837 (*A*) offre très peu de données permettant une attribution[2]. Nous avions néanmoins proposé, sur la base des initiales champies, de rapprocher ce manuscrit de la production du Maître Hospitalier, ainsi dénommé pour avoir exécuté les enluminures de la traduction des œuvres de Cicéron, réalisée en 1282 pour Guillaume de Saint-Étienne, Hospitalier de Jérusalem[3]. Ce peintre et ses collaborateurs ont été actifs à Paris et ont confectionné dès 1276 le rentier de la paroisse de Sainte-Geneviève à Paris (Archives nationales, S 1626). Dans cette fourchette chronologique se placent de nombreux manuscrits historiques et littéraires illustrés par de petites miniatures et des lettres historiées, ainsi que par des lettres champies de plusieurs formats. Dans le ms. fr. 837, les lettres champies se caractérisent par leurs encadrements

1 Giannini, « Poser les fondements [...] », art. cité. Voir les riches dossiers d'images contenus dans Ingrid Gardill, *Sancta Benedicta. Missionarin, Märtyrerin, Patronin. Der Prachtcodex aus dem Frauenkloster Sainte-Benoîte in Origny*, Petersberg, Imhof, 2005 et Simonetta Castronovo, *La biblioteca dei conti di Savoia e la pittura in area savoiarda : 1285-1343*, Torino, Allemandi, 2002, p. 55-69, 75-79, 194-206, 215-219 et pl. VI-IX, fig. 21-39.

2 Sur ces deux mss, *cf.* Busby, *Codex and Context [...]*, *op. cit.*, t. 2, p. 437-463.

3 Jaroslav Folda, *Crusader Manuscript Illumination at Saint-Jean d'Acre : 1275-1291*, Princeton NJ, Princeton University Press, 1976, p. 42-52.

dessinés en ronds (f. 182v, 209r), comme dans l'*Histoire d'Outremer* du ms. Bruxelles, BRB, 9492-93[1], ou bien en pointes (f. 164r, 211v, 332r), comme dans l'*Histoire universelle* du ms. BRB, 19295[2], ou dans la *Bible* en français aujourd'hui à København (KB, Thott 7), qui contient aussi des initiales à rinceaux qui ressemblent à celles du ms. BnF, fr. 19152 (*D* : f. 1r, 15r, 24v, 28r, etc.)[3].

BNF, FR. 2188 : MAÎTRE DU MELIACIN

Reconnu par Georg von Vitzthum pour avoir illustré le *Roman de Meliacin* (ou *Le Cheval de fust*) de Girart d'Amiens dans l'exemplaire conservé à Paris (BnF, fr. 1633), le Maître du *Meliacin* fut, en dépit de son anonymat, l'un des peintres les plus prolifiques exerçant à Paris dans les dernières années du XIIIe siècle[4]. Il semble avoir commencé sa carrière comme assistant du célèbre Maître Honoré, qui fut payé en 1296 pour un bréviaire destiné au roi Philippe le Bel, un manuscrit traditionnellement identifié avec le ms. BnF, lat. 1023, où l'on décèle la contribution du Maître du *Meliacin*. Il a collaboré aussi à l'illustration du livre d'heures conservé à Nürnberg (SB, Solger 4.4°), dont l'artiste principal a également été identifié comme étant Maître Honoré. De très nombreux manuscrits ont été attribués à ces deux maîtres, qui pourtant semblent avoir surtout travaillé de manière indépendante ou avec d'autres collaborateurs. Le Maître du *Meliacin* travailla, par exemple, avec le Maître Hospitalier dans le *Décret* de Gratien conservé

1 *Ibid.*, fig. 221-247.

2 *Ibid.*, fig. 252-259.

3 *Ibid.*, fig. 284-289.

4 Georg von Vitzthum, *Die Pariser Miniaturmalerei zur Zeit des heiligen Ludwig bis zu Philipp von Valois und ihr Verhältnis zur Malerei in Nordwesteuropa*, Leipzig, Quelle und Meyer, 1907, p. 24-32, pl. III, *L'Art au temps des rois maudits [...]*, *op. cit.*, p. 266-267, n° 174 (F. Avril), Richard H. Rouse – Mary A. Rouse, *Illiterati et uxorati. Manuscripts and their Makers. Commercial Book Producers in Medieval Paris, 1200–1500*, 2 t., London/Turnhout, Harvey Miller/Brepols, 2000, t. 1, p. 106-108, 112, 120, 123-124, 354-355, n. 75, p. 355, n. 80 et t. 2, pl. 56, 58, 62, Stones, *Gothic Manuscripts [...]*, *op. cit.*, t. 1, p. 55-56 et t. 2, 64-87, 88-96, 103-106.

à Arras, Méd. mun., 93 (46). On peut lui attribuer aussi d'autres exemplaires du *Décret* de Gratien, des *Décrets* de Grégoire IX, trois livres liturgiques confectionnés pour Étienne Becquart de Panoul, archevêque de Sens (1292-1309), des livres dévotionnels dont le Burdett Psalter (Sotheby's, Auction 23 June 1998, lot 50), au moins trois bibles, un antiphonaire à l'usage dominicain, une *Chronique de la Bible*, les œuvres de Jean Peckham et de Ramon Llull, les *Louanges en l'honneur de la Vierge* par Richard de Saint-Laurent, deux exemplaires de la *Généalogie du Christ* par Pierre de Poitiers, deux exemplaires de l'*Image du monde*, deux exemplaires de Végèce dans la traduction de Jean de Meung, des œuvres d'Aristote et de Thomas d'Aquin, un recueil de textes sur les arts libéraux, un livre de médecine et un grand nombre de textes vernaculaires : *Faits des romains*, *Roman de Jules César*, *Roman des Sept Sages*, *Eracles*, *Enfances Ogier*, *Roman de Tristan*, *Bestiaire d'Amours* dans le célèbre recueil Ars. 3142, confectionné vraisemblablement en 1285 à l'intention de Marie de Brabant ou, plus probablement, de son jeune neveu, le futur duc de Brabant, d'ailleurs représenté en compagnie de sa tante, et enfin *Trubert*[1].

Le manuscrit contenant *Trubert* (BnF, fr. 2188 [*j*]) se distingue de tous les autres témoins de fabliaux, car il est copieusement illustré par cinq initiales historiées. Isabelle Engammare les a analysées, remarquant que leur distribution, concentrée au début du texte, surprend et que le choix des sujets ne correspond pas toujours au texte. Le Maître du *Meliacin* a-t-il utilisé des modèles ? Au f. 5v, l'initiale historiée montre Trubert humiliant Garnier, duc de Bretagne, qui présente son cul pour que Trubert en prenne des poils, motif qui rappelle l'image d'un examen rectal peint dans la marge du recueil médical conservé à Kraków, Bibl. Jagiellońska, 816, f. 154r[2]. Mais ce dernier ne compte pas parmi les œuvres du Maître du *Meliacin*. Il est issu de la vaste production parisienne qui fait suite aux travaux de Maître Honoré,

1 *Cf.* Douin de Lavesne, *Trubert, fabliau du XIIIe siècle*, éd. par Guy Raynaud de Lage, Genève, Droz, 2003. La notice sur l'illustration du ms. BnF, fr. 2188 est due à Isabelle Engammare.

2 Une indication marginale guida l'enlumineur : *c'est .i. home nu covert de .i. mantel* | *.i. altre home li gete .i. clistere u cuch* | *a ses brees avales* (f. 154r). L'image a été fortement grattée, sans doute par censure. Voir Zofia Ameisenova, *Rekopisy i pierwodruki iluminowane Biblioteki Jagiellónskiej*, Wrocław/Kraków, Zaklad Narodowy imienia Ossolinskich/Wydawnictwo Polskiej Akademii Nauk, 1958, p. 74-76, n° 96 et fig. 104-109 (f. 1r, 6v, 24r, 101v, 40v, 122v) et Stones, *Gothic Manuscripts [...]*, *op. cit.*, t. 2, p. 108-110, pl. 23, fig. 217.

au début du XIVe siècle. En effet, les illustrations du recueil médical BAV, Pal. lat. 1149, dû au Maître du *Meliacin*, sont peu nombreuses et ne contiennent rien d'aussi dramatique que l'examen rectal du ms. de Kraków[1]. La comparaison suggère pourtant que l'image de Trubert pourrait dépendre d'un modèle médical aujourd'hui perdu. Cette fois, elle correspond parfaitement au texte, et elle pourrait aussi avoir été inventée exprès.

OXFORD, BL, DOUCE 111 : XVe SIÈCLE

Décrit de façon sommaire dans le *Summary Catalogue* et par Otto Pächt et Jonathan J.G. Alexander[2], le ms. Douce 111 (*o*) ne contient qu'un texte, le fabliau du *Chevalier a la robe vermeille*, copié sur 8 feuillets et illustré par une belle miniature occupant la moitié supérieure de la première page : celle-ci représente le protagoniste à cheval, faucon au poing, quittant sa dame, l'épouse d'un riche vavasseur du comté de Dammartin, encore dans son lit (fig. 2)[3]. En dépit de sa place liminaire,

1 *Ibid.*, t. 2, p. 83.

2 Voir *A Summary Catalogue of Western Manuscripts in the Bodleian Library at Oxford*, ed. by Herbert H.E. Craster – Falconer Madan, 6 t., Oxford, Clarendon Press, 1895-1953, t. 4, p. 525, n° 21685 et *Illuminated Manuscripts in the Bodleian Library, Oxford. 1. German, Dutch, Flemish, French and Spanish Schools*, ed. by Otto Pächt – Jonathan J.G. Alexander, Oxford, Clarendon Press, 1966, p. 61, n° 786.

3 Pour le texte, voir *NRCF*, t. 2, p. 241-308. Ce fabliau a été transmis par cinq témoins : *A* (f. 128r-129v), *C* (f. 29r-30v), *E* (f. 152r-153v), *O* (f. 85v-87v) et *o* (f. 1r-8r). Les rapports stemmatiques entre *A*, *C*, *E* et *O* ont été l'objet d'un article d'Anthonij Dees, « Sur une constellation de quatre manuscrits », *Mélanges de linguistique et de littérature offerts à Lein Geschiere par ses amis, collègues et élèves*, Amsterdam, Rodopi, 1975, p. 1-9. *NRCF*, t. 2, p. 244-245 remarque qu'aucun de ces témoins n'est l'original, qu'on ne peut pas dater le texte avec précision, que son action se place à Dammartin-en-Goële (Île-de-France) et qu'il « témoigne d'une connaissance assez précise des lieux [...], de sorte qu'on peut penser que le fabliau a été composé dans cette région ». Il est à noter que les mss parisiens et celui de Berlin (*C*), dont le copiste œuvre aussi dans *E* (*cf.* en dernier lieu Olivier Collet, « Les "ateliers de copistes" aux XIIIe et XIVe siècles : errances philologiques autour du *Chevalier qui faisait parler les cons* », « *Philologia ancilla litteraturae* ». *Mélanges de philologie et de littérature françaises du Moyen Âge offerts au Professeur Gilles Eckard par ses collègues et anciens élèves*, éd. par Alain Corbellari *et al.*, Neuchâtel, Université de Neuchâtel, 2013,

l'image s'inspire de la conclusion de l'histoire, à savoir le départ du protagoniste, faucon à la main, portant sa robe écarlate, accompagné de ses deux chiens, alors que sa dame est encore couchée, ayant toutefois pris le soin de duper son mari en le persuadant que la robe qu'il avait vue dans la chambre, ainsi que le cheval, le faucon et les chiens, prétendus cadeaux de son frère, n'étaient qu'un produit de son imagination et qu'il devait partir à Compostelle pour regagner sa santé mentale. Le mari ne figure pas dans l'enluminure et le dialogue entre le mari et la femme est également laissé de côté. L'image met l'accent sur le chevalier et ses vêtements ; même la dame est reléguée au second plan, dans sa petite chambre à gauche de la composition. Il s'agit d'un rare exemple de fabliau illustré par une belle miniature et transcrit dans une élégante écriture à grand module. En outre, la première page est agrémentée d'une bordure dans la marge droite. Ces quelques feuillets n'ont pas fait partie d'un recueil plus ample, car le manuscrit conserve sa reliure d'origine (fig. 3)[1].

Falconer Madan, suivi par Pächt et Alexander, date le manuscrit de la fin du XVe siècle, sans identifier un artiste ou un centre de production. François Avril nous a suggéré que l'écriture formelle pourrait se rapprocher de celle d'un manuscrit ayant appartenu à Jean de Chabannes, comte de Dammartin (1462-1503) : l'*Histoire des comtes de Dammartin* de Nicolas Houssemaine, contenue dans le ms. 2320 de la Bibliothèque municipale d'Angers, dont les illustrations, bien plus grandioses que celle du *Chevalier a la robe vermeille* et dotées d'encadrements architecturaux et de bordures à motifs de feuilles d'acanthe et de pensées, sont attribuées au Maître des Entrées parisiennes (miniatures) et au Maître d'Étienne Poncher (bordures)[2]. On se demande pour qui a pu être réalisé ce petit

---

p. 61-72), datent du XIIIe siècle, tout comme le recueil de Pavie (d'après Robert le Clerc d'Arras, *Les Vers de la mort*, éd. par Annette Brasseur – Roger Berger, Genève, Droz, 2009, p. 19), et qu'ils sont donc bien antérieurs au ms. Douce 111. Nous remercions Gabriele Giannini pour ces références.

1 Nous remercions Marie-Pierre Laffitte, qui a confirmé la datation de la reliure en la rapprochant de celle du ms. BnF, lat. 1004 (*Missa* de Johannes Chrysostomus, dans la traduction érasmienne en latin), volume qui figure, à la fin du XVIe siècle, dans le catalogue de la Bibliothèque du roi à Paris, sous le n° 70.

2 Angers, Bibl. mun., Réserve 2320, reproduit dans *Trésors enluminés des Musées de France : Pays de la Loire et Centre*, sous la direction de Pascale Charron *et al.*, Angers/Paris, Musée d'Angers/INHA, 2013, p. 208-213, n° 52 (M.-É. Gautier). Voir aussi *ibid.*, p. 214-217, n° 53, la notice de Pierre-Gilles Girault sur le *Sacre, couronnement, triomphe et entrée de*

livret qui, à la différence des manuscrits ayant appartenu aux membres de la famille des comtes de Dammartin qui cherchent à glorifier cette dynastie, se moque du vavasseur de Dammartin et le tourne en dérision. Est-ce qu'un membre de l'entourage de Jean de Chabannes a pris plaisir à illustrer les infortunes des comtes de Dammartin ?

CONCLUSION

Les attributions proposées ici ne sont convaincantes que dans la mesure où il est possible de citer des manuscrits apparentés, les rapports entre manuscrits illustrés étant plus parlants que les initiales filigranées ou l'écriture, données utiles, certes, mais pour lesquelles les points fixes ne sont pas établis de façon consistante. Le travail d'ensemble qui réunira les résultats du projet de recherche sur le corpus manuscrit des fabliaux doit impérativement inclure des reproductions[1]. Pour le moment, on peut constater que les manuscrits de fabliaux se répartissent entre Paris et le Nord de la France, l'aire anglo-normande et l'Italie, et qu'ils datent de la fin du XIIIe au début du XIVe siècle, avec deux exemples de volumes confectionnés au XVe siècle. Une provenance approximative peut être proposée pour certains d'entre eux, mais nous sommes loin de pouvoir tirer des conclusions assurées sur l'ensemble du corpus. Espérons qu'à l'avenir plus de précisions

---

Madame Claude de France (Blois, Musée du Château, inv. 73.7.90). Nous rapprochons l'image du *Chevalier* de la miniature de la *Décollation de saint Jean-Baptiste* (Angers, Musée des Beaux-Arts, inv. III.R.404) : voir *ibid.*, p. 98-99, n° 18 (M.-É. Gautier). Le motif des fleurs en forme de coquille dans la bordure peinte du ms. Douce 111 se retrouve, par exemple, dans le livre d'heures dit de Pixerécourt, attribué au Maître d'Étienne Poncher (Nantes, Musée Dobrée, 14, f. 78r), décrit *ibid.*, p. 175-177, n° 43 (I. Delaunay). Au sujet du mécénat de la famille des comtes de Dammartin, voir Elizabeth A.R. Brown – Thierry Claer, « Fraude, fiction et fausseté : les sombres affaires de Jean de Chabannes, comte de Dammartin, et le curieux cas du testament de sa fille Anne de Chabannes (1500-1502) », *Juger le faux (Moyen Âge-Temps modernes)*, éd. par Olivier Poncet, Paris, École nationale des Chartes, 2011, p. 89-115.

1 Nous recommandons pour modèle *Les manuscrits de Chrétien [...]*, *op. cit.*, où, pour un corpus similaire de 45 manuscrits et fragments, la main de chaque copiste et toutes les illustrations ont pu être reproduites et accompagnées d'un grand nombre d'images. Toutefois, l'analyse comparative des manuscrits non illustrés est restée à l'état d'ébauche.

comparatives puissent nous éclairer sur la provenance des manuscrits sans illustration, pour compléter les suggestions fragmentaires que nous proposons ici.

Alison STONES
Université de Pittsburgh

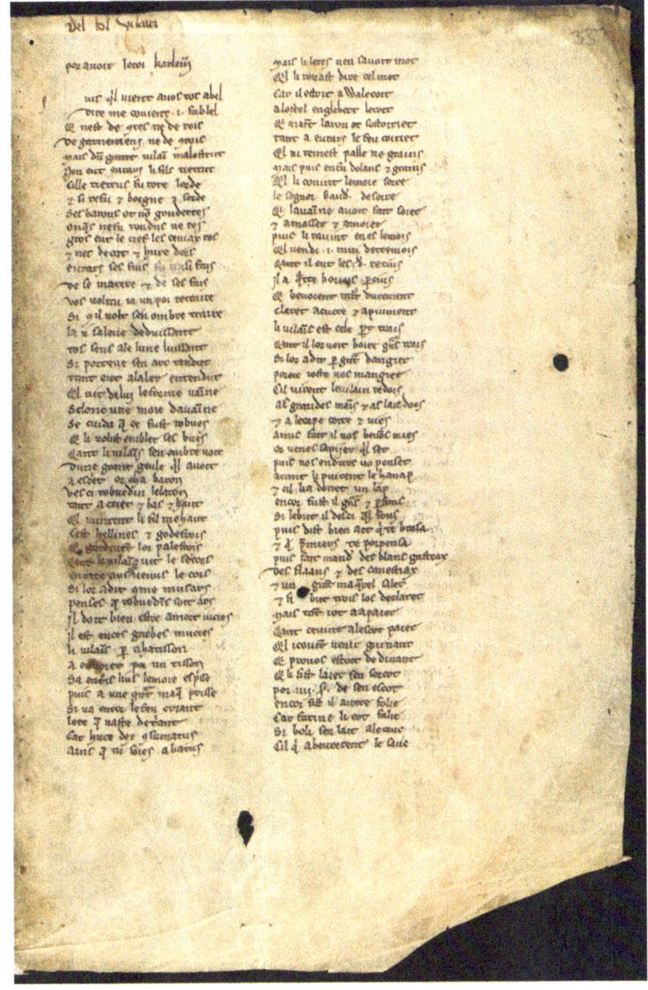

Fig. 1 – WLC/LM/6, f. 337r © avec l'aimable autorisation de « Manuscripts and Special Collections », University Library of Nottingham.

FIG. 2 – Douce 111, f. 1r © Bodleian Library, Oxford.

FIG. 3 – Douce 111, plat supérieur © Bodleian Library, Oxford.

INDEX DES MANUSCRITS

PRÉSENTATION DES AUTEURS ET RÉSUMÉS DES CONTRIBUTIONS

Francis GINGRAS

Francis Gingras est professeur de littérature française du Moyen Âge à l'Université de Montréal. Ses recherches portent sur l'histoire du genre romanesque et la mise en recueil des textes médiévaux.

Francis Gingras is a professor of medieval French literature at the University of Montreal. His research focuses on the history of the novelistic genre and the establishment of collections of medieval texts.

Maria CARERI, « Luoghi della produzione manoscritta in francese del XII secolo »

Maria Careri est professeur de philologie romane à l'université de Chieti-Pescara et chercheur associé à l'Institut de recherche et d'histoire des textes au CNRS de Paris. Elle s'occupe de traditions manuscrites en domaine occitan et français selon différents angles d'approche.

Maria Careri is a professor of Romance philology at the University of Chieti-Pescara and an associate researcher at the Institute of research and history of texts at the CNRS in Paris. She works on manuscript traditions in the Occitan and French area using a variety of approaches.

À la lumière de l'enquête ayant conduit à la publication du catalogue illustré des manuscrits français et occitans du XIIe siècle, cet article étudie les problèmes que soulève toute tentative de localisation et de datation de ces manuscrits et les retombées que cette démarche comporte pour l'étude des textes et de leur histoire.

In light of the enquiry which led to the publication of an illustrated catalogue of twelfth-century French and Occitan manuscripts, this article studies the problems raised by any attempt to localise or date these manuscripts, and the effects this approach has on the study of the texts and their history.

Beatrice BARBIERI, « Les "manuscrits de fabliaux". Typologies et lieux de production en domaine anglo-normand »

Beatrice Barbieri est titulaire d'un doctorat en philologie romane des universités de Sienne et Paris-Sorbonne. Ses recherches portent sur la transmission des textes au Moyen Âge et sur les manuscrits médiévaux, notamment anglo-normands. Elle s'intéresse également à la matière arthurienne et aux fabliaux.

Beatrice Barbieri holds a doctorate in Romance philology from the universities of Siena and Paris-Sorbonne. Her researches lie in the transmission of texts in the Middle Ages and on medieval manuscripts, in particular Anglo-Norman manuscripts. She works also on Arthurian material and fabliaux.

Trilingues, truffés de textes utilitaires (prescriptions médicales, calendriers, herbiers, prières, etc.) et issus de contextes de production privés, certains grands recueils anglo-normands des XIIIe et XIVe siècles permettent d'établir un lien étroit entre profil typologique et origine géographique et sociale.

Trilingual, full of utilitarian texts (medical prescriptions, calendars, herbariums, prayers etc.), and produced privately, certain extensive Anglo-Norman collections of the thirteenth and fourteenth centuries let us establish a direct link between the typological profile and the geographic and social origins.

Isabelle DELAGE-BÉLAND, « Des "bibliothèques personnelles". Copie, compilation et matière du livre anglo-normand : l'exemple des manuscrits London, BL, Harley 2253 et Oxford, BL, Digby 86 »

Isabelle Delage-Béland prépare une thèse à l'Université de Montréal, sous la direction de Francis Gingras, dans laquelle elle se penche sur le statut problématique du fabliau, du point de vue aussi bien générique que structurel.

Isabelle Delage-Béland is preparing a thesis at the University of Montreal, under the supervision of Francis Gingras, in which she focuses on the problematic status of the fabliau *from the generic as well as structural point of view.*

L'examen du choix, de la composition et de l'agencement des contenus dans deux grands recueils anglo-normands des XIIIe et XIVe siècles amène à une considération problématisante de la place occupée par le fabliau au sein de ces insaisissables dépôts de textes.

An examination of the choices, composition, and organisation of the contents of two extensive Anglo-Norman collections of the thirteenth and fourteenth centuries leads to a problematising consideration of the place occupied by the fabliau *at the heart of these elusive stores of texts.*

Olivier COLLET, « Le recueil BnF, fr. 25566 ou le trompe-l'œil de la vie littéraire arrageoise au XIIIe siècle »

Olivier Collet est professeur de langue française médiévale à l'université de Genève. Éditeur de nombreux textes littéraires du Moyen Âge, il s'intéresse aux formes et aux motivations de la composition des recueils littéraires médiévaux.

Olivier Collet is a professor of medieval French language at the University of Geneva. As the editor of numerous literary texts dating from the Middle Ages, he is interested in the forms and motivations behind the composition of medieval literary collections.

Au XIIIe siècle, Arras a constitué assurément un centre crucial pour la création littéraire et un haut lieu de bouillonnement intellectuel. Mais qu'en est-il des manuscrits vernaculaires effectivement produits ou circulant sur place, de leurs commanditaires et lecteurs ?

In the thirteenth century, Arras constituted a crucial centre for literary creation and a place of intellectual fermentation. But what about the vernacular manuscripts produced or circulating there, their patrons and their readers?

Gabriele GIANNINI, « L'Arsenal 3114 et la production de manuscrits en langue vernaculaire dans l'ancien diocèse de Soissons (1260-1300 environ) »

Gabriele Giannini est professeur de philologie romane à l'Université de Montréal. Ses recherches portent essentiellement sur les traditions manuscrites en domaine occitan, français et italien.

Gabriele Giannini is a professor of Romance philology at the University of Montreal. His research focuses principally on the manuscript traditions in the Occitan, French, and Italian domains.

Cet article recompose les différentes parties d'un recueil datant de la fin du XIIIe siècle dépecé au XVIIIe siècle (Ars. 3114, BnF, fr. 24431, Ars. 3122) et examine son contexte de production environnant.

This article reassembles the different parts of a collection dating from the end of the thirteenth century but divided up in the eighteenth century (Ars. 3114, BnF, fr. 24431, Ars. 3122) and examines the context surrounding its production.

Ariane BOTTEX-FERRAGNE, « De la production à la réception : le Reclus de Molliens en morceaux dans les recueils de fabliaux »

Ariane Bottex-Ferragne poursuit une thèse à l'Université de Montréal, sous la direction de Francis Gingras, sur la réception de l'œuvre du Reclus de Molliens.

Ariane Bottex-Ferragne is working on a thesis at the University of Montreal, under the supervision of Francis Gingras, on the reception of the work of the Reclus de Molliens.

Cet article étudie les formes de circulation et de réception des poèmes du Reclus de Molliens, à partir de l'examen d'un échantillon de leur imposante tradition manuscrite.

This contribution studies the forms of circulation and the reception of poems by the Reclus de Molliens, based on an examination of a sample of their impressive manuscript tradition.

Gaëlle MOREND JAQUET, « La matière dans tous ses états. Du recueil révisé au livre recomposé : les cas des mss Paris, BnF, fr. 1593 et Genève, BGE, 179bis »

Gaëlle Morend Jaquet a travaillé à l'université de Genève, sous la direction d'Olivier Collet, au projet de recherche « Lire en contexte à l'époque prémoderne. Enquête sur les recueils manuscrits de fabliaux ».

Gaëlle Morend Jaquet has worked at the University of Geneva under the supervision of Oliver Collet on the "Lire en contexte à l'époque prémoderne. Enquête sur les recueils manuscrits de fabliaux" research project.

Bâtis par accumulation d'unités distinctes, destinées à l'origine à un autre usage, et objet de manipulations et de révisions incessantes, l'étude des recueils composites permet de considérer les enjeux et les procédés de la mise en recueil à une époque tardive.

Assembled from an accumulation of distinct units, originally intended for another use, and the object of incessant manipulations and revisions, the study of composite collections enables a consideration of the stakes and processes of establishing collections in a later period.

Julien Stout, « Sire trouvère et roi trouvé. Aspects géographique, poétique et politique de la production des manuscrits de Watriquet de Couvin »

Julien Stout poursuit une thèse à l'Université de Montréal, sous la direction de Francis Gingras, sur la figure de l'auteur dans les manuscrits littéraires en français des XIIIe et XIVe siècles.

Julien Stout is working on a thesis at the University of Montreal, under the supervision of Francis Gingras, on the figure of the author in thirteenth and fourteenth-century literary manuscripts in French.

Bien que le noyau de la tradition manuscrite de Watriquet de Couvin ait été circonscrit et étudié dans le détail, nombre de questions capitales concernant son interprétation restent à affronter, de la représentation de la figure de l'auteur aux implications politiques de celle-ci.

While the core of the Watriquet de Couvin manuscript tradition has been defined and studied in detail, numerous important questions concerning its interpretation remain to be answered, from the representation of the figure of the author to its political implications.

Isabelle Arseneau, « Les mises en prose de l'atelier du Maître de Wavrin : pistes et réflexions »

Isabelle Arseneau est professeur de littérature française du Moyen Âge à l'Université McGill. Elle s'intéresse au roman en vers à partir de différentes perspectives et travaille sur les mises en prose de la cour de Bourgogne.

Isabelle Arseneau is a professor of medieval French literature at McGill University. She is interested in the verse novel from different perspectives, and works on the court of Burgundy's prose translations.

L'effervescence du phénomène de la mise en prose et du dérimage qui caractérise le milieu bourguignon au milieu du XVe siècle ne doit pas laisser dans l'ombre la pluralité des centres et des acteurs de cette production, la diversité des approches et des objectifs, le poids du dialogue instauré avec les œuvres originales du XVe siècle.

The flourishing prose translation phenomenon which characterised Burgundian circles in the mid-fifteenth century should not eclipse the plurality of centres and production agents, the diversity of approaches and objectives, and the weight of the dialogue established with the original fifteenth-century works.

Alison Stones, « Notes sur le contexte artistique de quelques manuscrits de fabliaux »

Alison Stones est professeur émérite de l'Université de Pittsburgh, où elle a enseigné l'histoire de l'art et de l'architecture. Elle est spécialiste de l'enluminure des manuscrits du Moyen Âge et s'intéresse aux recueils vernaculaires, notamment français.

Alison Stones is an emeritus professor at the University of Pittsburgh where she has taught the history of art and architecture. She specialises in medieval illuminated manuscripts and is interested in vernacular collections, French in particular.

Cet article étudie de nouvelles pistes de localisation, de datation et d'ancrage dans des contextes artistiques et culturels pour les manuscrits contenant des fabliaux dotés d'illustrations.

This article studies new leads concerning the localisation, dating, and anchoring of the artistic and cultural contexts for manuscripts containing illustrated fabliaux.

TABLE DES ILLUSTRATIONS

TABLE DES MATIÈRES